生活·讀書·新知 三联书店

李开元 著

秦崩

从秦始皇到刘邦

图书在版编目（CIP）数据

秦崩：从秦始皇到刘邦/李开元著. —北京：生活·
读书·新知三联书店，2015.5　（2016.5 重印）
ISBN 978 - 7 - 108 - 05262 - 9

Ⅰ.①秦…　Ⅱ.①李…　Ⅲ.①中国历史－研究－秦代
Ⅳ.① K233.07

中国版本图书馆 CIP 数据核字（2015）第 032205 号

责任编辑　张　龙　曾　诚
装帧设计　薛　宇
责任印制　崔华君
出版发行　**生活·讀書·新知** 三联书店
　　　　　（北京市东城区美术馆东街 22 号　100010）
网　　址　www.sdxjpc.com
经　　销　新华书店
印　　刷　北京市松源印刷有限公司
版　　次　2015 年 5 月北京第 1 版
　　　　　2016 年 5 月北京第 8 次印刷
开　　本　635 毫米×965 毫米　1/16　印张 25
字　　数　290 千字　图 42　地图 7
印　　数　64,001－69,000 册
定　　价　45.00 元
（印装查询：01064002715；邮购查询：01084010542）

历史的错觉

感觉，是被历史学遗忘了的一个话题。

之所以重提这桩旧事，是因为一桩小小的发现。

多年以来，我一直有一种印象上的错觉，秦始皇嬴政和汉高祖刘邦，仿佛是隔世的两代人。

考究起来，这种错觉的产生，在于我所阅读的书籍和所接受的教育。浏览教科书，翻阅文献论著，秦始皇建立秦帝国，汉高祖建立汉王朝，秦始皇消灭六国统一天下，汉高祖灭亡秦国再封王侯，二人确是活跃于不同时代的不同历史人物。

不过，当我自己著书教人，试着对这两位历史人物作仔细的考察时，才发现事情并非尽然如此。秦始皇生于公元前259年，汉高祖生于公元前256年，他们之间只有三岁的年龄差。秦始皇死于公元前210年，享年50岁，汉高祖死于公元前195年，享年

62岁，他们曾经在同一天空下生活了四十七年[1]。所以，以自然年龄论，嬴政和刘邦是同一世代的人，隔代的印象，是时代区分割裂人物，历史观念影响历史时间的结果。

这样一桩小小的发现，小到只能说是一种历史感觉的矫正，却使我感受到了莫大的乐趣。我进而深入地追寻下去。

在刘邦与嬴政共存的四十七年间，历史经历了战国和帝国两个时代，七国争雄的余绪延续三十余年而一统结束，秦帝国强暴专横十余年又濒临崩溃。刘邦四十七岁起兵反秦时，人生已经过去了大半，他的前半生，都是在战国时代度过的，他的人格和思想，与他的同时代人一样，都是在战国末年，由当时的风土人情和时代精神抚育定型的。入秦以来，受帝国时代世风变化的影响，一代人的生活环境和精神风貌有所变迁，然而，秦末之乱爆发，

---

[1] 本书中人物的年龄，一概以出生即为一岁的传统方法计算。刘邦的生年，史书上有两种说法。1.《史记·高祖本纪》十二年高祖崩，《集解》引皇甫谧曰："高祖以秦昭王五十一年生，至汉十二年，年六十二。"同纪二世元年起兵沛县，《集解》引徐广曰："高祖时年四十八。"计算下来与皇甫谧同。2.《汉书·高帝纪》十二年帝崩于长乐宫，注引臣瓒曰："帝年四十二即位，即位十二年，寿五十三。"梁玉绳《史记志疑》曰："《御览》八十七引'史'云'四月甲辰，崩于长乐宫，时年六十二。在位十二年，葬长陵。'今《史记》无之……盖瓒说非也。"梁先生举出了新的依据支持徐广皇甫谧说，得到学界的认同，今从之。

保留在人们头脑中的战国时代的历史记忆复活，刘邦与同时代的英雄豪杰们一道，恢复战国，复兴王政，承前启后，复旧革新，一同开创了后战国时代的历史局面。

在后战国时代，战国七雄复国，合纵连横，纷争并立再现，诸子又开始游说，百家重新争辩，游侠复活，豪杰蜂起，前后六十余年间，历史仿佛回到了战国末年。这种后战国时代的新观念，也许又是一桩历史发现，不过，这桩发现，已经是一种升华了的历史感，是由直观的感觉出发，通过历史研究而提炼出来的一种时代精神[1]。

在这种新的历史感的引导之下，我从刘邦开始，追述后战国时代的英雄豪杰，探寻他们的踪迹，连带着将战国末年的人情风土，一一复活出来。

呈现在读者面前的这本小书，就是我复活这一段历史的部分结果。

---

[1] 关于后战国时代的叙述，参见本书第四章之九 "'亡秦必楚'的真意义"，其论述，参见拙著《汉帝国的建立与刘邦集团——军功受益阶层研究》第 3 章第一节之一 "秦楚汉间的国际关系"，三联书店，2000 年。

这本小书，先在中国大陆由中华书局出版，得到大陆读者的认可。后来在台湾由联经公司出版，受到台湾读者的欢迎。如今承蒙生活·读书·新知三联书店的厚意，以学术注释版的形式提供给文化界的读者，使我在感受到立言的价值经受时间考验的同时，也滋生一种连通古今的当下历史感。

　　我希望用自己的努力，培植一种新的历史感，人类共同的历史感。

目 录

地图目录

第一章

战国时代的刘邦

一 平民家世

大凡人发了迹，周围都是利害，真心难见，性情的流露，往往显现在对往事的回忆和对应当中。刘邦对于微时的旧事，是一一记了账的。一顿饭的恩怨，他要报回来，当年难堪受的气，如今要还回去，倒是很有一点天真的性情。

二 出生的神话

刘邦出生的神话，应该是司马迁在当地采访时听来的民间传说。在表面荒唐的传说背后，是否也隐含着未知的历史真实，留待后来的历史学家去解读？

三 访丰县龙雾桥

在远古的氏族传说中，母亲与神怪相结合诞生英雄，是父系不明的古代婚姻关系的遗绪；在近古的民间传说中，母亲与神怪相结合所诞生的英雄，或许就是婚外野合的结果？

四 公元前 256 年前后的战国世界

公元前 256 年前后的战国世界，是一强六弱的天下。秦国一强在西，无日无休地东进蚕食，秦国灭亡六国、统一天下的大势已经成形。

五 沛县山川地理

以泗水郡为中心的这一地区，古称淮泗地区，就是我们今天所说的黄淮平原一带。这一地区，古来常是战场，历史上决定中国命运的大战，多次在这里进行。

六 从模范少年到浪荡游侠

刘邦后来一生蔑视儒生，公然能在大庭广众之下解下儒生的帽子撒尿，这种行为，没有早年的压抑是很难理解的。儒生高冠，正是师道的象征。

七 战国时代的游侠风尚

战国时代的任侠风气，植根于人性中个人自由放任，不受社会群体约束的天性，是对于法制吏制的反动，是中国历史上第一次出现于自由的个人与个人间的友谊，是一种新的价值观念、一种新的生活方式。

八 信陵君窃符救赵

信陵君的交游，不问血缘世系，不问财富职位，看重的是个人的能力技艺，上自经邦治国，下至鸡鸣狗盗，有一技之长者皆为所用。

九 门客侯嬴、朱亥、张耳

门主和宾客、宾客和游侠，一物的两面，贯穿的都是男儿间的然诺交情，豪侠间的人际交往。

十 刘邦的追星历程

对于游侠少年刘邦来说，信陵君伟大遥远，是身不能至、心向往之的偶像，自己则是归心低首的追随者。用今天的话来说，信陵君是光照世界的灿烂明星，刘邦是蛰居乡下的狂热粉丝。

十一 进退两难的拂臣

拂臣出现之日，就是君王危殆之时。拂臣以君臣俱伤的非常手段，拯救国家社稷于万难，不论成败与否，都失去了在同一君王下共生的天地。

一　平民家世

汉帝国的创建者，汉高祖刘邦生于公元前 256 年，他的出生地，是属于楚国的沛县丰邑中阳里，也就是现在的江苏省丰县一带。

刘邦本名刘季，出生于一个富裕的下层平民家庭。他的父亲被称为刘太公，母亲被称为刘媪。刘太公，就是刘大爷，刘媪，就是刘大妈，都不是名字，而是下层社会的俗称。想来，当年都是随便起的名，一、二、三、四排行，鸡、狗、猪、羊别名，或许太公和刘媪本来另有不太雅驯的名字，到了儿子刘季发达做了皇帝，旧名难免丢人现眼，上不得桌面，反不如刘大爷、刘大妈来得洒脱亲切，上上下下挑不出毛病，于是就如此沿袭下来，被写进了史书、正史。

刘太公兼顾农商，长于理财置业，在丰邑乡镇上算得上是家境殷实、有头有脸的人物。他为人豁达，睦邻乡里，对于沽酒卖饼、斗鸡蹴球的市井生活情有独钟，日子过得滋润有味，用当时社会的话来说，算是地方上父老一类的人物，用我们今天的话来说，算是生活小康。刘太公有四个儿子，大儿子叫刘伯，二儿子叫刘仲，刘季是老三，另有一个小儿子叫刘交，与三位哥哥不同母，家庭和文化背景也有所不同。伯、仲、季，本是兄弟排行的通称，刘伯、刘仲、刘季，用我们今天的话来说，就是刘大、刘

二、刘三，俗气是俗气一点，与刘大爷、刘大妈的家庭背景倒是一致协调。[1]刘大妈过世得早，刘太公则一直活到高帝十年才去世，沾儿子的光，被加了太上皇的封号，很享了些晚年的清福。

大哥刘伯是老实本分的人，勤劳耕作而家境不乏，很得刘太公的喜爱和厚望。刘伯死得早，留下了大嫂和儿子刘信单独生活。青年时代的刘季，游荡厮混，不务正业，常常带领一帮三朋四友到大嫂家混饭寄食。事多人杂，次数多了，难免惹得大嫂讨厌心烦。于是某天，当刘季一帮人又吆三喝四地跨进大嫂家院门时，只听得一阵洗锅声传了出来，宾客朋友们纷纷散去。刘季扫兴，进屋一看，锅中尚有饭菜，知道是大嫂使的坏，从此怨恨大嫂，不再往来。刘季发迹做了皇帝以后，对于其他兄弟亲戚都有王侯的封赏，唯独对于大哥家没有表示。

后来，刘太公直接向刘邦提及此事，刘邦怏怏说道："并不是我忘记了，实在是大嫂当年不地道。"经太公一再说情，刘邦终于碍不过一荣俱荣的亲情，追封大哥刘伯为武哀侯，以其子刘信继封为侯，不过，侯名很特别，叫做羹颉侯。羹者，锅中饭菜也；颉者，用勺刮锅也。羹颉侯，就是饭菜刷锅侯，光亮亮的行头，偏要给你撕个露丑的口子，安了心糊弄人。大凡人发了迹，周围都是利害，真心难见，性情的流露，往往显现在对往事的回忆和对应当中。刘邦对于微时的旧事，是一一记了账的。一顿饭的恩怨，他要报回来，当年难堪受的气，如今要还回去，倒是很有一点天真的性情。

二哥刘仲同大哥刘伯是同一类型的人，也是勤苦耕耘，小康殷实。刘伯死后，太公将刘家的希望、自己未来的依托，寄望在

---

[1] 古代兄弟的排行，常用的是伯、仲、叔、季，刘氏兄弟排行是伯、仲、季，无叔，作为一种可能，原来有老三刘叔，早年夭折，刘季成了老三。

了刘仲身上。刘季起兵后，刘仲没有跟随出去，一直留在老家伺候供养刘太公，大概后来也同太公、吕后等一同被项羽扣押于军中做了人质，很是受了些苦，直到高帝五年，楚汉和谈成功，才被释放。刘邦做了皇帝后，刘仲改名刘喜，被封作代王，酬谢他看家养老的功劳。

刘喜生产持家是个本分人，实在不是做国王的料。代国在现在的山西省北部，邻近匈奴。刘喜做了代王不到一年，匈奴兵打来，他就弃国逃到洛阳，虽说没有被深究定罪，但做国王是不合适了，经过赦免，降级封为合阳侯，衣食租税不虞匮乏，安安稳稳地在领地上过日子。刘喜于惠帝二年死去，比刘邦多活了两年。刘喜碌碌一生，没有什么值得多说的事，他的儿子刘濞，就是景帝时期掀动七国叛乱的吴王，在历史上却是声名昭著，这已经是后话了，我们将来再细谈。

幼弟刘交，有字称"游"。刘交与刘伯、刘仲、刘季不同母。他的母亲，大概是刘媪死后太公续娶的妻子，比刘大妈有文化，人也年轻得多。或许是母方的因素使然，刘交名字不俗，也有字号，他在务农置产上没有可以称道的事情，却是好书法，多才艺，兴趣和才能在文化艺术上。

刘交年轻的时候，广泛交游，与后来成为著名学者的穆生、白生、申公等人一同在大学者浮丘伯的门下学习，直到秦始皇焚书时方才散去。浮丘伯是战国末年大名鼎鼎的学者荀子的门人，学识广博，尤其精于《诗经》之学，在学术史上也是有地位的人物。刘交比刘邦要年少得多，他死于汉文帝元年，已经是刘邦死后的十六年。他大概要比刘邦小十岁以上。

四兄弟中，刘交与刘季习性相近。刘季起兵后，刘交一直跟随身旁，在三哥身边进进出出，充当联络内外的机要秘书，最为亲密。刘邦当了皇帝后，刘交被封为楚王，延续青年时代的喜好，以礼贤下士、奖励学术著称，这已是后话。

二　出生的神话

刘季的母亲刘媪过世得早，有人说是死于刘季起兵反秦的时候，我想是还要早得多，因为《史记》和《汉书》在秦末之乱的事情中完全没有提及她。[1] 高帝五年，刘邦即皇帝位，曾经下过诏书，追尊刘媪为昭灵夫人，除此以外，史书上就没有正儿八经的像样记载。不过，刘媪毕竟是高皇帝的生母，生母的一生可以不见经传，皇帝诞生的瞬间却是不可不加以渲染的。

俗话说，龙生龙，凤生凤，老鼠生儿打地洞。这种说法的本源，就是古来贵族社会的血统论。中国古来的贵族社会，从夏商周一直延续到春秋战国，到了刘邦的时代算是走到了尽头。刘邦出身于战国时代的平民阶层，龙凤血统论的说法，怎么也和他的身世合不到一起。

前面已经说到，刘邦本名刘季，就是刘老三的意思。做了皇帝以后，名字实在不雅，经过文人学士精心推敲，改名刘邦。邦，就

---

[1] 关于刘邦的母亲刘媪，《史记》中除了与龙相遇生刘邦的神话外，没有其他的记载。《汉书·高帝纪》高帝五年正月条，刘邦接受了诸侯王的推举称皇帝后，下达诏书"追尊先媪曰昭灵夫人"。这位先媪，就是生母刘媪。这条记载，是见于正史所载法令中的关于刘邦生母的唯一一条正式记载。《高帝纪》十年条中还有一条记载："夏五月，太上皇后崩。"对于这条记载，历代学者的看法有分歧，较多的学者认为这条记载是衍文，也有部分学者认为是指刘邦的继母，异母弟刘交的母亲。参见同纪颜师古注及《补注》所引诸家说。至于《史记集解》中所引用的关于刘媪的姓氏名字和死时死地的几种说法，都是在东汉以来谶纬盛行的时代风气中出现的有关刘氏的谶语神话，不可信，而为本书所不取。

是国，有经邦治国的大名，才可以不负皇帝统治天下的重任，这都是事后的追补。刘邦在世时，从来不文饰自己的出身，言行质朴，每每提到何以成了真龙天子时，口口声声老子提三尺剑取天下，这皇帝位子，是骑在马上打下来的。到了儿子、孙子、重孙子的时代，都是依靠血统继承的皇位，没有人再有本事骑马打仗，马上天下的本源渐渐变质、神化，血统论的舆论不断创新、加强。这个时候再来回忆高祖，编撰刘邦的传记，难免要做些符合时代需要的添加，用现代的专业行话来说，历史总是不断地被重新解释和应时修正。

司马迁著《史记》的时候，已经是刘邦重孙武帝的时代，距离刘邦死去已经有一百多年了。司马迁撰写的《高祖本纪》说，刘邦出生时有非同寻常的奇事异象。刘邦的家乡丰邑地势低洼，多湖泊沼泽、池塘水洼。据说有一天，刘邦的母亲刘媪在水塘边休息，困顿睡着了，梦见与神不期而遇，一时天色昏暗，雷电交加。刘太公匆匆跑去观看，只见有条龙在刘媪身上盘旋显现。不久，刘媪有了身孕，生下来的男孩就是刘邦。

用我们今天的眼光来看，人龙交配生子，当然是不可信的荒唐事情。不过，有趣的是，如果我们查阅《史记》的记事，司马迁笔下开创王朝的先祖，出生多有类似的神话。殷的先祖叫做契，商王朝的兴起，奠基于契的功业。契的母亲叫简狄，传说她到野外林中沐浴洗澡，有玄鸟飞过掉下蛋来，简狄吞食了玄鸟蛋，受孕生下了契。弃是周王朝的先祖，姜原是他的母亲。传说姜原到野外去，看见巨人的足迹，她十分兴奋，踩踏了巨人的足迹，受孕生下了弃。弃从小就继承了巨人的因子，与鸟兽友善，长于农耕，受帝舜的赏识，成为农耕之神。秦的先祖叫大业，他的母亲叫女修。大业的出生，与殷的先祖契相通，说是女修纺纱织布，有玄鸟飞过掉下蛋来，女修吞了玄鸟蛋，受孕生了大业云云。

司马迁是个重事实、跑调查的历史学家，基本上不太信怪力乱神的，他记叙殷、周、秦先祖出生的神话，根据的是殷族、周族、秦族古来的记忆传说，有文献典籍的依凭。表面看来，这些记忆传说荒唐不经，留心推究，荒唐不经的里面却包藏着历史的真实。科学地分析殷、周、秦先祖出生的神话，我们可以确认这样的事实：作为远古以来世代相传的氏族之殷族、周族和秦族，他们最初的男性祖先可以追溯到契、弃和大业，他们最后的女性祖先可以追溯到简狄、姜原和女修。在这个事实后面，我们更可以窥探到远古人类社会变革的信息：女性当权的母系氏族社会，在殷族结束于简狄，在周族结束于姜原，在秦族结束于女修；与此相应，男性当权的父系社会，在殷族开始于契，在周族开始于弃，在秦族开始于大业。在母系氏族社会的群婚制度下，人人只知其母不知其父，世系只能由母系确认。契、弃和大业，是殷、周、秦父系氏族社会的先祖，他们以后的世系，由男系确认和排列，他们自己的出生，是只知道母亲而不知道父亲的。

刘邦的家乡沛县丰邑一带，司马迁是亲自去看、去听、去查过的。司马迁在记叙沛县出生的几位西汉开国元老的生平时曾经说道："我到丰沛一带采风，访问当地的遗老故旧，寻观萧何、曹参、樊哙、夏侯婴的故居，搜求他们当年的逸闻往事，真是闻所未闻，大长见识。"[1]刘邦出生的神话，应该是司马迁在当地采访

---

[1] 《史记·樊哙传》太史公曰："吾适丰沛，问其遗老，观故萧、曹、樊哙、滕公之家，及其素，异哉所闻！方其鼓刀屠狗卖缯之时，岂自知附骥之尾，垂名汉廷，德流子孙哉？余与他广通，为言高祖功臣之兴时若此云。"司马迁除了亲自到丰县、沛县作实地调查外，还通过与高祖功臣后代的交往，直接从他们口中了解当年的历史。此处的"他广"，就是樊哙的孙子樊他广。关于司马迁取材历史当事人后代的事情，参见拙文《论〈史记〉叙事中的口述传承——司马迁与樊他广和杨敞》，刊于《周秦汉唐文化研究》第4辑，2006年。

时听来的民间传说。在表面荒唐的传说后面，是否也隐含着未知的历史真实，留待后来的历史学家去解读？

三　访丰县龙雾桥

　　未去沛县以前，我结识几位徐州的朋友，都是好古的同行，见面不时议论起刘邦在沛县的事情。徐州师范学院的王云度先生在徐州多年，对沛县山川人物了如指掌。他告诉我，沛县民间，男女风气开放，野合外妇，是古往今来的常事。刘邦的大儿子刘肥，就是外妇曹氏所生。外妇是婚外的情妇，刘肥是刘邦与情妇间的私生子。刘邦做了皇帝以后，堂堂正正地封刘肥做了齐国的国王，当时当地，没有人忌讳这种事情，甚至流传以为美谈。以此推想，司马迁所采录的刘邦出生的神话传说后面，可能也藏有刘邦是野合私生的隐事。[1] 有道理的见解，动了我去当地的念头。

　　2005年3月，我循先人故友的足迹，到丰沛访古问旧。丰县县城东北两公里的古泡水上，现在的新沙河畔，有龙雾桥遗址，据说就是刘邦的母亲与龙相交合的地方。龙雾桥早年建有庙宇，已经毁失，现立有两座碑亭，为丰县政府所指定的保护文物。1981年，遗址近处的梁楼村出土两块石碑，一块是明代宗景泰二年（1451）所刻的《重修丰县龙雾桥庙记》，一块是清朝康熙五十九年（1720）所刻的《丰县重修龙雾桥碑记》，现都重刻立于龙雾桥碑亭。

　　《重修丰县龙雾桥庙记》碑的刻主，是景泰年间的丰县县令

---

[1]　王云度先生这个意见，已经写进论文《刘邦身世辨析》，刊于《陕西历史博物馆馆刊》
　　　第4辑，西北大学出版社，1997年。

龙雾桥碑亭

　　2005 年 3 月，我循先人故友的足迹，到丰沛访古问旧。丰县县城东北两公里的古泡水上，现在的新沙河畔，有龙雾桥遗址，据说就是刘邦的母亲与龙相交合的地方。龙雾桥早年建有庙宇，已经毁轶，现立有两座碑亭，为丰县政府所指定的保护文物。

　　我到龙雾桥时，已是夕阳晚照，河畔寂寥，碑亭残破，有船牵动水波渺渺驶过。身临其境，睹物生情，感沛县风土，儿女情事浓，神怪傅会深，久远的历史，若隐若现在水气雾霭中。（作者摄。如非特别注明，书中照片均为作者所摄。）

侯孙。他为求雨重修龙雾桥庙,在桥旁掘得一宋代石碑,是北宋哲宗绍圣三年（1096）的丰县令杜某所立。惺惺相惜,侯孙由此而生"物事建筑有终穷,神灵精气不衰灭"的感慨,特撰文刻碑,彰显汉高祖生于人龙相遇的旧事:"嗟乎,桥祠一物,固有终穷,而其有云气者,钟于神物,虽久而不衰。况其龙也雾也,乃天地阴阳之全,变化聚散,皆不可测,是以龙兴雾溡,理势必然,而取以为斯桥之名,断自汉高初生,母遇交龙而得,后基四百年之帝业,岂偶然哉。"

"龙也雾也",龙就是雾,龙雾桥得名的由来,在于龙、雾的混沌,水气所聚的天象雾气,演化为灵气所钟的神怪龙景。龙雾桥,失去灵气就是浓雾桥。

我到龙雾桥时,已是夕阳晚照,河畔寂寥,碑亭残破,有船牵动水波渺渺驶过。身临其境,睹物生情,感沛县风土,儿女情事浓,神怪傅会深,久远的历史,若隐若现在水气雾霭中。

往事迷茫,古代的事情不得不多多借助于推想。在对刘邦诞生神话的各种解说中,浓雾野合的推断合于民俗学的研究,容易被有科学观念的现代人接受。在远古的氏族传说中,母亲与神怪相结合诞生英雄,是父系不明的古代婚姻关系的遗绪;在近古的民间传说中,母亲与神怪相结合所诞生的英雄,或许就是婚外野合的结果?

溯源历史,追述先祖,明了今我的由来,是植根于人类本性的思路。古代社会,先祖与神明一体,是今我的保护和精神的依归。子孙后代追踪回忆过去,战战兢兢,敬敬畏畏,当触及与当今的道德意识相逆相悖的往事时,本能无意识地会作委婉的掩饰、曲折的表达,为后代留下需要解说的梦呓。近古以来,文化发展规范本能,为尊者讳,为长者讳,成为文化避免道德尴尬的传统。

伟人英雄的不雅情事，往往不是被隐去，就是被改造。

不过，因神灵感应而生贵人的故事，在西汉初年并不止于这一桩。汉文帝的母亲薄姬，生文帝刘恒前曾经梦见青龙盘踞在腹部；汉武帝的母亲王夫人，生武帝刘彻前曾经梦见太阳落入胸怀，都被视为"贵征"。特别是武帝诞生之日落胸怀的梦象，直接影响了汉景帝立刘彻为太子，立王夫人为皇后的决定，已经成为一种连接梦境和现实，勾通怪异和大事的文化意识。[1] 有意思的是，这种借助龙种和太阳以神化帝王的事情，在先秦时代似乎没有见到，却出现在西汉初年，倒也是一个值得深思的问题。

想来，先秦时代是世袭贵族政治的时代，根基源远流长，代代高贵自负的贵族王侯，也许不需要借助于龙种和太阳来神化自己，扰乱清晰光荣的先祖世系。如同刘邦这样草根出身的帝王，倒是没有可以夸耀的血缘世系，需要制造龙种的神话来弥补身世的不足，借助太阳的光辉来使人感到炫目。[2]

四 公元前 256 年前后的战国世界

公元前 256 年，是刘邦的生年。这一年，以刘邦的祖国楚国的历法计算的话，是楚考烈王七年；以天子所在的周朝的历法计

---

[1] 薄姬梦苍龙据腹和王夫人梦日入其怀的事情，俱见《史记·外戚列传》。

[2] 对于刘媪与龙相遇生刘邦的记事，我在本书初版中依据王云度先生"刘邦可能是私生子"的说法，从民俗学的角度作了解读。后来再次仔细读史书，注意到薄姬梦苍龙据腹和王夫人梦日入其怀的记事，特别是联想到先秦时代，这种遭遇龙和太阳入怀而生王侯的事情似乎还没有见到，遂感觉可能有另外解释的余地。想来，这种事情的出现，当与汉王朝是中国历史上第一个非承袭的王朝政权有关，也当与战国、秦汉时代的民间信仰，特别是占卜解梦等术数有关。具体的研究，只能留待今后了。

算的话，是周赧王五十九年；以后来统一天下的秦国的历法计算的话，是秦昭王五十一年。就在这一年，秦国攻灭西周国，周赧王去世，天下失去了挂名的天子。这一年，秦始皇四岁，与母亲一道在赵国的首都邯郸做人质。

当时的中国，正处在战国时代的晚期。战国时代，顾名思义，就是列国混战的时代。当时参加混战的国家，主要有七个大国，秦国、楚国、齐国、魏国、韩国、赵国、燕国，史称"战国七雄"。

战国时代，虽说是列国混战的时代，不过，也是有其来龙去脉的，各国间的离合走向，也并非无章可循。大体说来，当时混战中的列国，有一个基本的离合关系，叫做"合纵连横"。合纵连横的纵，是指南北方向；合纵连横的横，是指东西方向。合纵，就是南北联合；连横，就是东西串连。合纵连横，就是南北联合以割断东西，东西串连以分化南北，讲的是列国间多极外交上的战争谋略。合纵连横的关系，千头万绪，人事纷纭，绝非三言两语说得清楚，不过，如果我们打开当时的中国地图来看的话，由合纵连横所表达的天下形势，大致是可以一目了然的。

秦国　首都在咸阳（今陕西咸阳），以关中地区为中心，兼有四川盆地和甘肃、宁夏部分地区，位于战国世界的西边。秦国经过商鞅变法，国势日益强大。到了秦昭王时，秦国已经成为列国中最强大的国家，咄咄逼人，持续不断地侵攻周边国家，步步向东蚕食扩张，是天下的西极，列国中的超级大国。

楚国　以淮河流域和长江中下游为中心，是战国世界的南极。楚国曾经强大一时，将势力一度扩张到淮北和河南一带。不过，到了楚怀王时，楚国内乱纷争不已，国势日渐衰落。公元前278年，秦将白起领军攻破楚国的首都鄢郢地区（现湖北宜城、江陵一带），占领了楚国西部和南部的大片领土，楚国被迫将首都向东

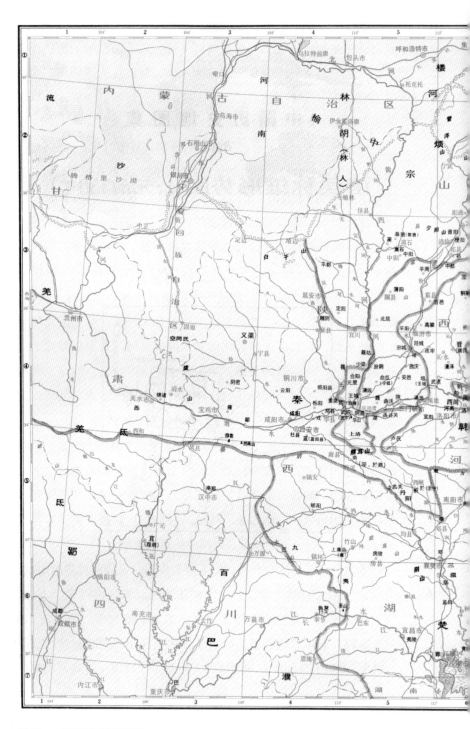

地图 1　诸侯称雄形势图

（谭其骧主编：《中国历史地图集》第一册，地图出版社，1982 年）

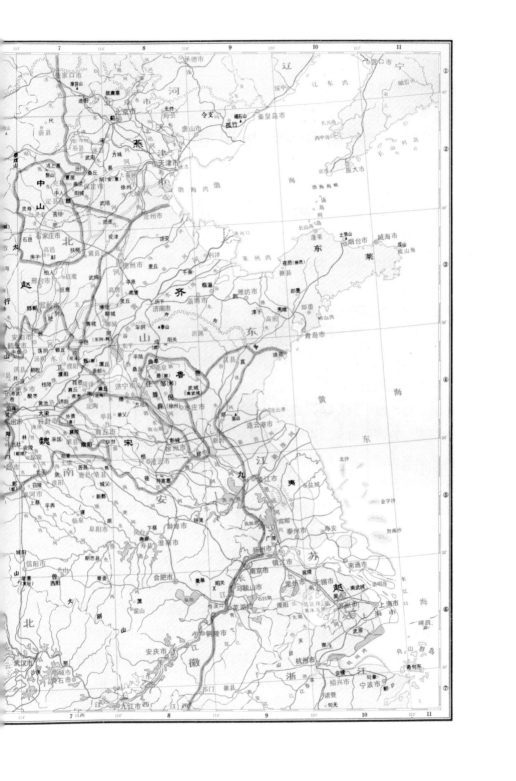

北方向迁移到了陈（现河南淮阳）。从此以后，楚国日渐削弱，失去了扩张的势头。

齐国 以山东半岛为中心，首都在临淄（今山东淄博），地理上与秦东西相望，算是战国世界的东极。齐国也曾经强大一时，与秦国东西呼应，各自称霸称帝。公元前284年，燕国、秦国、赵国、韩国、魏国五国联军攻破齐国，齐国国势衰退，从此一蹶不振，基本上退出了列国间的争斗，力求自保。

燕国 以河北北部为中心，兼有辽宁南部，首都在蓟（今北京），是战国世界的北极。燕国在地理上偏处中原的东北，在七国中力量最为弱小。不过，正因为燕国弱小，单独成事困难，更需要多利用外交手段获取自己的利益，倡导合纵连横的游士说客，常常汇集到这里来。当时最有名的纵横家苏秦，就是在燕国发迹的，齐国被五国联军攻破，就是他为燕国施展谋略的结果。

赵国 在西秦、东齐、南楚、北燕之间，有韩、赵、魏三个王国。韩、赵、魏三国，都是从原来的晋国分离出来的，又被称为三晋。赵国以邯郸（今河北邯郸）为首都，领土北及陕西东北部，兼有山西大部、河北东南部，山东西部和河南北部的部分地区，也在其领土内。赵国在三晋当中最为强大。有名的赵武灵王胡服骑射，在赵国率先引进游牧民族的骑兵技术和装备服饰，赵国的军事力量由此称冠各国，长期与秦国抗衡，势均力敌。公元前260年，秦国和赵国在长平（现山西省高平西北）展开大战，结果赵军惨败，四十万赵军投降秦国，被秦将白起坑杀。从此以后，赵国衰弱，再也没有力量和秦国争夺天下了。

魏国 魏国的首都在大梁（今河南开封），领土主要在今山西省西南部的河东地区和河南省北部的河内地区。魏国国土分散，西接秦，东南接楚，东接齐，北接赵，中间与韩国犬牙交错，为四战之国。魏文侯的时候，魏国率先进行改革，国势一度非常强大。然而，公元前 342 年，魏军在马陵之战中大败于齐国，从此一蹶不振。公元前 293 年，魏韩联军被秦将白起击败，二十四万将士阵亡。尔后魏国的命运，就是不断地被秦国攻击蚕食。

韩国 韩国的首都在郑（今河南新郑），领土主要在今山西省东南部和河南省中部，国土西接秦国，南接楚国，西北东三面与魏国交错相连。韩国在三晋中领土最小，国力也最为弱小，一直困处于周边大国之间。公元前 293 年魏韩联军败于秦将白起后，韩国基本上沦为秦国的属国。

总的来说，公元前 256 年前后的战国世界，是一强六弱的天下。秦国一强在西，无日无休地东进蚕食，秦国灭亡六国、统一天下的大势已经成形。为了便于东进，分断六国，秦国分别与六国各个联盟，对处于守势的六国实施又拉又打的策略，这就是当时连横之策的基本方向。六弱之楚国、齐国、燕国、赵国、魏国、韩国在关东，都没有力量单独抗衡秦国，为了阻止秦国无厌无止的侵攻，六国组织南北同盟共同抵抗秦国，这就是当时合纵之策的基本方向。当然，各国之间利害关系交错复杂，合中有分，分中有合，因人成事，因事及人，更使当时的列国关系增添了无量的变数，常常使人眼花缭乱。[1]

五　沛县山川地理

刘邦出生的沛县丰邑中阳里，就是今天江苏省北部的丰县一

---

[1]　关于战国时代的天下形势，请参见杨宽《战国史》，上海人民出版社，1998 年。

带。沛县丰邑中阳里，是秦始皇统一天下后的地名，刘邦出生时，沛县属于楚国，刘邦是楚国的臣民。

沛县地区，本来是宋国的领土。宋国是殷代遗民的国家，公元前11世纪，周灭掉了殷，为了安定殷的遗民，周王朝分封殷纣王的庶兄微子为诸侯，建立宋国，奉祀殷代的先祖，领土在淮北的睢水和泗水一带。到了战国后期，宋国与诸多小国一样，奄奄一息，苟延残喘于大国的争夺之间。

公元前286年，东方的大国齐国将宋国灭掉，宋国的领土并入了齐国。齐国的势力扩张，引起其他大国的不满，两年后，燕、秦、韩、赵、魏五国联合进攻齐国，齐国首都临淄失守，几乎亡了国。齐国所吞并的宋国领土，一部分被西方邻国魏国攻占，一部分被北来趁火打劫的楚国兼并。沛县，几经反复易手，被并入楚国，直到公元前224年，秦军攻取淮北，沛县入秦，成为秦泗水郡的属县。沛县归属于秦的时候，刘邦已经32岁了。他的前半生，都是在楚国的沛县，作为楚国的国民度过的。

沛县在淮河之北，古泗水之西，地处黄淮平原的中部，境内地势平坦，西南高东北低，古来多沼泽湿地。刘邦出生的丰邑，是沛县所属的乡，为城镇型聚落。他的出生地中阳里，是丰邑城镇内众多的居住区之一。丰邑在沛县的西北，是沛县内的大邑，有城墙环绕，能够设防自守。

刘邦生于丰邑，以沛县为根基取得天下，他做了皇帝以后，将丰邑从沛县分离出来，设置了丰县。为了满足父亲刘太公思念故里的乡情，在首都长安东部，现在的西安市临潼区一带，另外修建了一个丰邑，完全如同旧丰邑的原貌，称为新丰，并将旧丰邑的居民一齐迁徙到新丰，与刘太公重作邻居。刘邦自己偏爱沛县，将沛县作为自己的私人奉养地，世世代代免除沛县人的徭役租税，又将秦时沛县所属的泗水郡改名为沛郡。所以，到了汉代，丰县、沛县，都成了沛郡的属县，首都长安附近，另有一个新丰县。当然，这些都是后话了，楚国时代丰沛地区的政区情况，由于史书失载，我们不大清楚。不过，依据秦帝国时代的状况作理解的话，大致上是不会相差得太远的。[1]

秦始皇统一天下，帝国郡县的设置，基本框架是比照六国的旧土和区划的。打开秦帝国的政区地图，泗水郡的北部是薛郡，东部是东海郡，南部是九江郡，西南部是陈郡，西北部是砀郡。战国末年，泗水郡是楚国的地方，陈郡、九江郡和东海郡也在楚国境内。薛郡本是鲁国的所在，孔子的家乡，公元前256年，也就是刘邦出生的这一年，楚国趁秦国和赵国相持于长平大战时，将鲁国吞并，归了楚国。西北方向的砀郡，则是魏国的属地。

统而言之，以泗水郡为中心的这一地区，古称淮泗地区，就是我们今天所说的黄淮平原一带。这一地区，古来常是战场，历史上决定中国命运的大战，多次在这里进行，著名的有楚汉彭城之战、垓下之战，秦晋淝水之战。到了现代，决定国民党和共产党胜负的淮海之战，也发生在这个地区。战场出英雄，英雄出帝王。秦末叛乱蜂起，楚汉相争持续，其中心地区就在淮泗一带，秦末汉初的风云人物，多出生于这里。一千五百多年后，在元末群雄中崛起的另一位英雄——建立明朝的朱元璋，他的祖籍就在沛县，后来迁徙到濠州（今安徽凤阳），也在这个地区，算是刘邦的同乡。

---

[1] 楚国的各种制度，如历法、祭祀、官制和地方行政制度等，都与秦制不同，由于文献史料的失载，详情是不清楚的，从而，本书的叙述多基于秦代的制度，这种不尽如人意的情况，从司马迁以来就是如此。近年来，由于楚简的出土，有所改观，不过，远远没有达到能够在楚国的制度框架中叙述历史人物之生活的程度。关于楚国各种制度，特别是地方行政制度的新研究，参见陈伟《包山楚简初探》，武汉大学出版社，1996年。

六　从模范少年到浪荡游侠

刘邦的幼年时代是怎么度过的，我们几乎一无所知。他大概也如同当时万万千千家境优裕的乡镇少年一样，在游戏玩耍、与朋友的打闹中成长。

刘邦的童年朋友，我们只知道一位，就是一生跟随刘邦的卢绾，他后来被封为燕王。有趣的是，秦始皇的童年朋友，我们也只知道一位，就是后来指使荆轲到咸阳行刺的姬丹，他是燕国的太子。

卢绾与刘邦是同乡同里的邻居。刘太公与卢绾的父亲卢太公意气相投，亲近友爱，两家日常往来，宛若一家人。事情也巧，刘媪有了身孕，卢媪也有了身孕，到了刘邦出生的那天，卢绾也出生了。古来结拜兄弟，对天起誓说，不能同年同月同日生，但愿同年同月同日死，视不能同生为友情的遗憾。刘邦与卢绾同年同月同日生，又同乡同里，父辈相亲相爱，里中父老乡亲都以为美事，纷纷牵羊持酒前来道贺，平添了许多乡党之情。

刘邦和卢绾从小一块儿长大，到了十来岁，孩子们要开始学习认字写字了，两人又同在一起学，也是意气相投，相亲相爱。乡里更是以为值得赞美鼓励，再一次牵羊持酒前来道贺，一时传为美谈。据说今日丰县地方，尚有"马公书院"遗址，被视为刘邦少年时代与卢绾一道师从马维先生读书的地方，不妨算是后世为美谈添加的一点花絮。

大体说来，刘邦从出生到童年、少年，他的生活是优裕平凡的，没有衣食困乏的忧虑，也没有天灾兵祸的苦愁。在这个时期，他与外面的世界似乎也没有什么接触，其乐融融地生活在丰邑封闭的乡里社会中。就刘邦所生活的乡里社会而言，他是受到了尽可能好的教育，尊师向学，读书识字，亲情友爱，被家庭和社会所期待和规范着。在这个阶段，刘邦天性中叛逆不安、桀骜不驯的因子似乎尚未显现出来，被压抑着，被克制着，或者只是环境尚未成熟，宣泄的渠道尚未成形，宣泄的时机尚未来到而已。

我在梳理刘邦一生的事迹时，有一种姗姗来迟的感受。相对于他人而言，刘邦的一切都是太晚，出仕晚（三十四岁），结婚晚（三十七岁），生子晚（四十岁），起兵晚（四十七岁），做皇帝晚（五十岁），哪怕考虑到生年的误差，他也是典型的大器晚成。由此生发，我感觉刘邦可能是晚熟的人，他天性中的基本因子，是到成年以后才显露出来。在他平淡无奇、近乎模范少年的早年生活中，隐隐地承受着家庭和社会的压抑。这种压抑，也许与他出生的传闻有关，也许与他早年被老师的过于管教有关？他后来一生蔑视儒生，公然能在大庭广众之下解下儒生的帽子撒尿，这种行为，没有早年的压抑是很难理解的。儒生高冠，正是师道的象征。

在刘邦所生活的战国晚期，对于男子来说，十七岁是一生中的重要时点。以当时最强大的国家秦国而论，男子十七岁算是成年，必须开始承担国家的赋税徭役，称为傅，也称傅籍，就是身为适龄的服役者登记于户籍的意思。入仕为吏，征兵从军，都以十七岁为年龄标准。秦以外的国家，虽然详情不是很清楚，大致与秦不会有太大的差异。

楚考烈王二十三年，也就是公元前 240 年，刘邦满十七岁，告别了顺顺当当、无忧无虑的童年和少年，进入了成年时代。这一年，在秦国，是秦王政七年，秦始皇做秦王已经七年了。以刘太公的心愿而言，大儿子刘伯和二儿子刘仲都是本分守成的人，结婚生子，成家立业，靠着勤劳耕耘，费心营运，都挣下一份家业，早早地独立门户了；老三刘季似乎对于务农经商置业没有兴趣，虽说有些不安分，却也向学友爱，识字读书，得到乡里的称誉，照此发展下去，通过乡里的推荐，再通过政府的选拔，如果能够入仕作乡县政府的小吏，倒也是一条不错的出路。乡里的推荐，首先要家境富裕，财产达到一定的标准；同时，被推荐的人要品德优良，声誉良好。在刘太公看来，这两个条件，刘季都是具备的；政府的选拔考试，主要是读写会算，刘季是从小练就准备了的，也不成问题。

不知道是什么原因，十七岁以后进入成年期的刘邦，没有走上出仕为吏的道路，究竟是没有得到乡里的推荐，还是考试的失败，或者另有原因，我们已经无从考查。我们现在所知道的事实是：进入成年时代以后的刘邦，似乎完全变了一个人，从一个为父母所喜爱、为乡里所称誉嘉奖的向学友爱的模范少年，变成了一个游手浪荡、聚众生事的不良青年，为亲人所不喜，为乡里近邻白眼相看。用当时的话来说，进入成年期以后的刘邦，走上了任侠的道路。他从成年以后到三十多岁的历史，就是一部任侠的历史。

七　战国时代的游侠风尚

政府法制，总是有力不可及的地方；统治的真空，一定有隐形的力量来填补。这种填补统治真空的隐形力量，就是民间的政治社会。民间的政治社会，是政府政治社会的对立统一体，二者既互相对立，又互相补充，也可以互相转化，一切取决于相互存在的条件之变化。用通俗的话来说，政府政治社会是庙堂，民间政治社会是江湖；政府政治势力是白道，民间政治势力是黑道；政府政治是明流，民间政治是暗潮，二者同质异体，本质上都是强制性的人间统治体系。

商周以来的古代社会是世袭氏族社会，一切关系基于血缘氏族。天下是氏族国家的邦联体制，社会是世袭氏族的宗法社会，政治是分封氏族的世卿世禄，经济是氏族共同体的井田邑里，一切一切，都在氏族血缘的网络之中。庙堂与江湖同体，白道与黑道混淆，明流与暗潮共涌，人与人之间，无独立的个人间的交往关系，独立于血缘氏族的民间政治社会也不存在。

到了战国时代，由于列国间战争兼并的结果，古来的国家社会崩溃，政治经济关系瓦解，各国迫于战争的压力，纷纷实行变法改革，全民皆兵，建立官僚政治，以官制法制维系国家和社会，重新规范人与人之间的关系。在社会的这种新旧交替之中，一部分从旧有的氏族血缘关系网中解脱出来的武士，由于种种缘故，没有被新的官制法制体系编入吸收，成为脱离于社会主流之外的游民，他们在新旧社会交替的缝隙间，以自身的行动，寻求新的个人与个人之间的连接关系，开始构筑新的民间社会。由此产生的新的人际关系，就是任侠风气；由此构筑成的新的民间社会，就是游侠社会。[1]

所谓任侠，就是任气节、行侠义，个人与个人之间基于知遇相互结托，行武用剑，轻生死，重然诺，以感恩图报相往来。用我们今天的话来说，任侠就是哥们儿义气，男子汉间的友谊，大丈夫间的情义。任侠者之间，并无严密的组织，合则留，不合则

---

[1] 关于刘邦少年时代的行迹和政治身份，司马迁语焉不详，两千年来更是不明不白，流行世间的所谓"流氓"、"无赖"、"农民"、"贫民"的说法，都是过于含糊而止于皮相。我整理战国到汉初的历史，在"后战国时代"的历史背景中明确了刘邦是战国游侠，填补了刘邦在体制外的政治经历和政治身份，合理地连接了他后来在体制内的发展。可以说，没有战国游侠这一个环节，我们是无法正确理解刘邦其人及其时代的。关于战国秦汉的游侠，参见劳榦《论汉代的游侠》，收于同氏著《劳榦学术论文集》，台北：艺文印书馆，1976 年。也请参见增渊龍夫《中国古代の社会と国家》第一编《戦国秦漢社会の構造とその性格》，岩波书店，1996 年。

去，也无固定的章程约束，只是凭借人与人之间的交谊，形成广泛的社会关系，构筑起网络状的民间社会势力。

在战国时代，任侠者往往是强项的游民，他们不事生产，崇尚武力，在主流的法制礼制、伦理道德之外，凭着放纵的生活、不顺从的精神，营造独自的精神和实力的世界。任侠者之间，有取必予，有恩必报，讲的是义；承诺的事，一定做到，救人之难，不避生死，讲的是信。对于任侠者来说，人生的目的，不在金钱和享受，也不在实现伟业，只求结成人情的关系，达到义气的境界而已。"士为知己者死"的名言，就是任侠者的理想极致。

战国时代的任侠风气，植根于人性中个人自由放任，不受社会群体约束的天性，是对于法制吏治的反动。战国时代的游侠风气，是中国历史上第一次出现于自由的个人与个人间的友谊，是一种新的价值观念、一种新的生活方式。

战国时代的游侠风气，从上层社会一直渗透到民间下层，既包括许多不法亡命之徒，也不乏王公贵人。战国七雄当中，秦国法制严明，对于游侠明令禁止，严加镇压，[1]关东六国行政相对宽舒，游侠们在各国间奔走往来，纷纷寄托于贵族门下，促成了各国的养士之风。楚国的春申君、赵国的平原君、齐国的孟尝君、魏国的信陵君，是名重当时的四大公子，以养士著名；他们的府邸，是游侠们集聚的去处。

在刘邦的任侠生活中，对他有影响的游侠人物有三位，一位是沛县的王陵，一位是外黄的张耳，还有一位，就是魏国的信陵君。

---

[1] 在秦国严密的法治之下，游侠作为体制外的不法之民，几乎没有生存的余地。韩非子是法家思想的集大成者，也是秦始皇的思想导师，他在《韩非子·五蠹》中将"侠"列为危害法治国家的五种蛀虫之一，他明确指出"儒以文乱法，侠以武犯禁，而人主兼礼之，此所以乱也"。

八　信陵君窃符救赵

信陵君姓魏名无忌，是魏昭王的小儿子，魏安釐王的弟弟。他的姐姐，就是赵国公子平原君的夫人。公元前 276 年，魏安釐王即位，封无忌为信陵君，食邑封土，成为魏国境内的一方诸侯。信陵君贵为公子，却不以贵胄傲慢待人，他大开侯门，礼贤下士，广泛结交天下英才。信陵君的交游，不问血缘世系，不问财富职位，看重的是个人的能力技艺，上自经邦治国，下至鸡鸣狗盗，有一技之长者皆为所用。风闻传说之下，各国有才能的人士，纷纷慕名前往，争投于其门下。极盛时期，信陵君门下的食客，号称有三千之众。

在信陵君的一生中，最为脍炙人口的故事，也是对历史影响最大的事件，就是窃符救赵。公元前 260 年，秦国与赵国大战于长平，赵国战败，四十万赵军投降，被秦将白起坑杀。长平之战后，秦军乘胜围困赵国首都邯郸，赵国危在旦夕。当时的赵王是年轻的孝成王，他的叔父就是赵国丞相、平原君赵胜。赵胜的夫人，是信陵君无忌的姐姐。为了解救赵国，平原君亲自前往楚国求救，平原君夫人不断派遣使者前往魏国求援。

魏国是平原君夫人的娘家，魏安釐王是她的哥哥，信陵君是她的弟弟，赵国与魏国，同出于晋，同样面对秦国的侵攻蚕食，是一脉相连、唇亡齿寒的邻国。魏安釐王派遣大将晋鄙领军救赵，十万魏军开拔出动，抵达邯郸南部的邺城，临漳水与秦军对峙。秦昭王派遣使者警告魏王："赵国即将被攻灭，诸侯各国胆敢有救援赵国者，待我灭赵以后，马上移师攻击。"魏安釐王害怕了，迅速派人前往军中，命令晋鄙停驻邺城，观望秦赵间战事

信陵君故宅

2006 年 8 月，我由荥阳经郑州前往开封。车行东出郑州，入中牟县，过官渡古战场，进入开封市境内。先去大相国寺，是始建于北齐天宝六年（555）的佛寺，据说是信陵君旧宅所在地。我流连于现存的清代建筑中，想见当年信陵君大宴宾客，延请夷门隐士侯生就座上席的光彩。

形势的发展。

邯郸被围困已经有八九个月，赵国君臣上下，男女老幼，一体同心抗秦。平原君家的妻妾妇人，人人都在军中什伍之间，为士兵炊事缝补，同仇敌忾，无有贵贱之别。赵国军民之所以能够殊死撑持，是因为心中有援军到来的希望。魏军停止不前，平原君不断派遣使者催促，信陵君多次请求魏王，魏王始终惶恐犹豫，

夷门故址

夷门是魏都大梁的东门，以邻近夷山得名。夷山顶上建有开宝寺塔，千百年岁月沧桑，洪水反复淤积，夷山成为平地，山顶的铁塔也就齐同于地面了。环绕开封的城墙保存完好，经友人指点，我上夷山攀城堞，荒草萋萋，林木掩映之中，远远有车马铃声，仿佛是魏公子无忌亲自驾车来迎接侯生、朱亥。

不愿进兵。信陵君度量魏王最终不会接受自己的请求，悲愤感慨之下，豪侠情义之中，不愿苟且偷生，坐看亲姐无助哭泣、赵国绝援灭亡，他决定尽个人的可能之力，领门下宾客，发车骑百余乘，誓死奔赴邯郸，与赵国同死共亡。

信陵君是重情义的人，虽然决断仓促，出发之前，他没有忘了去见多年深交的上客、自己视为师友的隐士侯生。信陵君见到侯生，将赴死秦军的事情缘由详细相告，彼此多年朋友一场，如今离国赴死他乡，特来作最后的辞别。不料侯生淡淡无言，末了只有一句话："公子勉为努力，恕老臣不能陪同从行。"信陵君心中好生不快。

侯生姓侯名赢，本是魏国都城大梁东边的城门即夷门的看门人，尽管家境贫穷，在江湖社会、游侠民间，却有贤达之名。信陵君风闻侯生的声名时，侯生已经七十多岁了。信陵君以厚礼邀请侯生，被侯生婉言谢绝。于是信陵君在府邸置酒大宴宾客，待客人入席坐定以后，信陵君备马车，空座席，亲自执辔驾驭，由侍从骑士跟随，一行浩浩荡荡前往夷门迎接侯生。

侯生闻信陵君前来，着平常衣冠，也不谦让多礼，径直登车就座，并注意信陵君作何反应。信陵君宛若迎客的车御，奉客人就座，执辔驾车越发恭敬小心。侯生看在眼里，对信陵君说道："小臣有友人住在商街的屠宰场中，望车骑绕道经过稍作停留。"信陵君驾车引导，车骑一行进入商街闹市。侯生下车见其朋友屠户朱亥，二人亲密久谈，旁若无人，几乎不往等待的车骑方向留意过一眼。当时，信陵君府上，魏国的将相大臣、宗室贵人，云集满座，只等信陵君回来举杯开筵；大梁商街屠市上，庶人商贩围观，稀奇魏公子车骑入市，执辔待客；跟随信陵君的侍从骑士，人人低声窃骂，只有信陵君始终和颜愉色，毫无焦急愠怒的流露。久等之后，侯生终于结束谈话，辞别朱亥坐上车来。

车骑回到信陵君府上，信陵君引侯生就座高堂上席，向久等的宾客们一一作了介绍，满座惊奇，人人诧异。酒宴酣畅中，信陵君起身离座，到侯生座前敬酒祝寿。侯生这才对信陵君说道："小臣侯赢，今日羞辱公子也够了。侯赢本是夷门看门人，公子驾车率骑，亲自迎接小臣于大庭广众之中，本来不应当再生枝节，却故意又去访问朋友。不过，小臣今天让公子车骑久在商街等待，是有意成就公子的名声。来往过客观望之下，小臣倨傲无礼，公子谦恭有度，人人皆以为侯嬴是小人，公子是长者，能够礼贤下士。"信陵君也豁然，与侯生举杯畅饮。从此以后，信陵君奉侯生为上等宾客，尊为亲近师友。

据说信陵君告别侯生，已经走了几里地，始终闷闷不乐，若有所失，自言自语道："我礼遇厚待侯生，可谓完备无虞，天下贵贱，家喻户晓，如今我赴死在即，而侯生没有一言半语相送，难道是我有所过失不成？"越想越觉得不安，于是命令掉转车头，再到侯生家中。侯生笑脸相迎，引信陵君入座说道："小臣知道公子一定会回来的。"信陵君惊奇不解，侯生继续说道："公子喜士好客，名闻天下，如今赵国有难，牵动魏国，公子不自量，无端引领您的宾客去抵抗数十万秦军，如此行事，宛若以鲜肉投掷饿虎，会有什么功用，如何对得起宾客？公子厚遇小臣，专程前来辞行，小臣失礼不送，知道公子一定会心里不平而回来。"信陵君知道侯生对于时局已经有所考虑，再次施礼请教。

侯生示意信陵君让左右退出，低声凑近说道："小臣听说，魏国的兵符存放在魏王的卧室里面，如姬是魏王的宠妾，受宠幸经常出入卧室，窃取兵符最为便利。听说如姬的父亲被仇人杀害，如姬请求魏王，举国追究凶手三年，毫无结果。如姬无可奈何，涕泣请求公子，公子使手下宾客杀死仇人，将斩下的头颅献送如姬。如姬感恩图报，为公子不惜一死，只是没有机会而已。公子有所请求，如姬定会允诺。为天下大事计，请公子求如姬窃得兵符，公子持兵符矫王命夺晋鄙军，北向救赵，西向退秦，如此可以成就春秋五霸的功业。"

战国时代，军权掌握在国君手中。国君调兵遣将，用兵符作为凭证。兵符用铜制作，多铸成虎形，居中一分为二，左半符授予领兵出征的大将，右半符留在国君手中。国君调遣军队时，书拟王命，同右半符一并交付使者，使者至军中宣读王命，将所持右符与将军所持的左符合符，验证生效。侯生是通达社会上下的贤达，对于魏国的政情军情，以至王室隐私了如指掌，窃符救赵的办法，他自有精心的策划。信陵君接受了侯生的建议，请求如姬盗得魏王的兵符。

信陵君持兵符，引宾客再次到夷门与侯生辞行。侯生告诫信陵君说："将在外，君命有所不受，是便于国家的成例。公子至军合符，如果晋鄙不受命，再次遣使请求魏王复核，事情就危险了。小臣的友人，屠户朱亥是位力士，公子可请他一同前往。晋鄙听命，大好事；不听命，由朱亥击杀他。"信陵君当即潜然泪下。侯生问道："公子为何哭泣，难道是怕死不成？"信陵君答道："晋鄙是魏国元勋宿将，功高老成，怕是不会听从，不得不击杀了。我是为此痛心，岂有怕死的事情。"

信陵君往请朱亥同行，朱亥笑着说："小臣本是市井操刀屠夫之流，而公子居然数次亲来问候，我之所以没有报谢的表示，是认为小礼节没有什么用处。如今公子有急难，这正是小臣效命的时候。"于是，信陵君、朱亥一行昼夜兼程，抵达邺城晋鄙军中，以兵符传令取代晋鄙。晋鄙合符以后，怀疑不信。他举手持符，直视信陵君说："如今我受王命，统领十万之众停驻于国境之上，魏军精锐悉数在此。换将进兵，如此军国大事，公子携虎符单车而来，没有魏王的命书节杖，如何说得过去？"完全如侯生所预料，晋鄙拒绝移交兵权，准备再次请示魏王。早有准备的朱亥，将四十斤重的铁椎藏在衣袖当中，随着信陵君一声令下，当即出椎击杀晋鄙。信陵君夺得兵权，整军宣布王命和晋鄙罪状，下令军中："父子俱在军中的，父亲归家；兄弟俱在军中的，兄长归家；独子一人的，归家奉养父母。"由此选得精兵八万人，誓师进军击秦救赵。

当时，楚国的军队在将军景阳的统领下已经出动，楚国和赵国国土不相连，中间隔着魏国，不得不观望等待魏军的动向。信陵君遣使通告楚军，接着统领魏军急速渡过漳水，越过赵长城，与楚军合作，一举击破围困邯郸的秦军。秦将郑安平被魏楚赵联军反包围，领部下二万人投降。进攻赵国的另一名秦军将领王龁西向溃退，信陵君指挥魏楚赵联军步步紧追，在河东汾城再次大败秦军，为魏国收复了河东的部分失地。在魏楚赵联军对秦的乘胜追击中，韩国也加入合纵的联军阵营，趁机收复被秦所蚕食的领土。

信陵君窃符救赵，名震天下。赵孝成王和平原君感激，两人亲自往边界迎接信陵君。平原君本与信陵君同列为战国四公子，此时此刻，归心低首，身背箭袋为信陵君开路导行。信陵君不便再回魏国，于是将魏军遣返，自己留居赵国。

九 门客侯嬴、朱亥、张耳

信陵君救赵，依靠的是门客的力量。信陵君门下号称有三千宾客，在历史上留下姓名的只有三人，侯嬴、朱亥和张耳。

侯嬴是窃符救赵的主谋，与信陵君结识时已经七十多岁了。从侯嬴的为人行事看，他有相当丰富的人生阅历，长于谋略策划。他的交际往来，上至王侯公卿，下及市井细民，是民间社会中有声望有势力的领袖人物。

结识侯嬴以前，信陵君已经宾客盈门，对于魏国的民间社会，已经有相当程度的掌握。如姬的父亲被杀，魏王动用政府的力量不能捕捉凶手，而信陵君使唤门客，迅速将凶手的头颅献于如姬座下。即便如此，就在首都大梁城门，竟然还有侯嬴这样的高名隐士不为自己所知晓，怪不得信陵君要大宴宾客，不惜卑躬屈节，亲自执辔驾车深入商街屠市，低心俯首礼遇侯嬴为上客。信陵君网罗侯嬴入门，无异于将魏国民间社会的政治势力完全收纳于自己的掌握当中。

不过，侯嬴极有可能是新近的外来移民，如同当时的游士豪侠，在各国民间活动驰骋，有影响有名望于江湖，一时犯案在身，被某国政府通缉，或者是恩怨报复，被仇家所逼迫，来到大梁避事，做夷门看守以隐居度日。信陵君的到来，对于避事隐居的侯嬴来说，身名已经大白于天下，未来只有两条路选择，或者出山入于信陵君门下，或者是再次逃避隐居。侯嬴年事已高，他选择了前者，不过，他并没有如同大多数宾客那样，入居信陵君府上的客舍，按等级享受饮食车马用度的提供，而是坚守自己看门的职业，作为一名非依附的独立上客，保持人格和精神的独立。侯嬴终生修身洁行，不因贫困接受馈赠。

信陵君救赵时，侯嬴的人生已经进入暮年，信陵君请得朱亥最后辞别侯嬴时，侯嬴辞谢道："小臣本是应当跟随同行，无奈年老不能。公子走后，小臣将计算行程，数到公子至晋鄙军中的那一天，北向以剑自刭，遥送公子领大军启程。"信陵君与众门客至邺城军中，杀晋鄙夺得兵权，大梁有消息传来，侯嬴北向邺城方向，伏剑自刭。他用烈士侠义的死，激励英雄，美丽地结束了自己的人生。

朱亥与侯嬴类似。朱亥是力士，是散落在民间的行武侠客，在市井商街以屠宰为生。古代社会，田猎常常是贵族军旅的战争演习场，屠宰往往是民间侠客的栖身职业处。战国初年，聂政为韩国大臣严仲子所礼遇，激情于士为知己者所用，独自深入相府，刺杀韩国丞相侠累，为严仲子报了仇。当初严仲子不远千里而来，备百金之礼结交聂政时，聂政杀人避仇，流落齐国隐居，就是在市井屠场，以杀狗为职业。战国晚年，荆轲为燕国太子姬丹刺杀秦王嬴政，功败垂成。荆轲的友人，筑琴名师高渐离隐名改姓潜入宫廷，尽管双眼被剜失明，仍然举筑琴扑击秦始皇，一死以报知音。高渐离与荆轲结为知己时，也是隐居于燕国首都蓟城商街中做屠狗生意。

　　侯生使信陵君驾车到商街屠市见朱亥，算是为朱亥和信陵君作了引见。事后，侯生向信陵君介绍朱亥，称朱亥是尚未知名于世间的贤者勇士。信陵君数次邀请朱亥，朱亥都婉言回绝，也不多礼回谢，使信陵君好生奇怪。战国游侠的风格，重在心领神受，恩怨铭心刻骨，喜怒不形于色，然诺不轻出口。朱亥受信陵君礼遇，点滴之恩以涌泉相报，内心已经以性命相许，只是等待合适的时机而已。所以，当信陵君请朱亥同行前往晋鄙军时，朱亥欣然应诺。救赵以后的朱亥，史书上再也没有记载。他或许是一直跟随信陵君客居赵国，或许是再次游离出行他国，都不得而知。人生一世，能够在历史上有瞬间的光彩，足矣！足矣！

　　张耳是信陵君门下另一位知名的门客，他的活动，从战国末年一直持续到西汉初年，是一位连接战国和秦汉的历史见证人。张耳是魏国首都大梁人，信陵君的事迹，从小就耳闻目睹，心向往之。信陵君窃符救赵以后，不敢回到魏国，受赵王和平原君感谢礼遇，一直侨居邯郸。魏安釐王三十年（前247），魏国受到秦军的猛烈攻击，陷于危机。在魏王的一再请求下，信陵君结束客居赵国十年的流亡生活，回到大梁，接受魏王的任命出任上将军，联络诸侯各国，组成魏、楚、赵、韩、燕五国联军合纵攻秦，大败秦军于河东，迫使秦兵退守函谷关。当时秦军的统帅是蒙骜，就是后来秦帝国名臣蒙恬、蒙毅兄弟的祖父。合纵击秦的成功，使信陵君再一次名扬天下，宾客盈门。当时的张耳，还是一名热血少年，景仰慕从，如愿进入信陵君门下做了宾客，攀附龙尾，直接习染了游侠养士的战国时风。

古话说，富贵多士，贫贱寡友，不过是人世间的冷暖常情。信陵君死于魏安釐王三十四年（前243）。信陵君去世后，门下宾客散去，张耳失主，散落民间成为游侠。无职无业的张耳，在大梁待不下去了，他脱籍亡命，离开大梁，流落到外黄县城（今河南省民权县西北）。

外黄在大梁东边二百来里，城里有一位心高气盛的奇女子，父亲是外黄有名的富豪，本人则是外黄绝色的美女。她出嫁以后，发现丈夫是位平庸不堪的俗汉子，实在是不能忍受，于是离开丈夫，跑到父亲过去的宾客那里暂时投靠，寻求帮助。这位宾客与张耳相识，他对外黄美人说："如果一定要另外找好丈夫，除了张耳没有别人。"听了宾客对于张耳的介绍，外黄美人同意了，她请宾客为仲介，与丈夫了结夫妻关系，同时，也请宾客为媒人，试探张耳的意思。张耳亡命客居外黄，孤身穷困无援，如今有富家美人愿意委身下嫁，真是天上掉下来的礼物，当即同意了这门婚事。

战国时代民风开放，男女交往比较自由，婚姻嫁娶，没有儒门道德君子后来搞的那套从一而终的妇德，而是夫妇对等，好说好散，丈夫主动休弃妻子，妻子主动离弃丈夫，都在情理习俗当中。结婚登记，虽说没有什么特别繁杂的手续，不过，需要在官府制作单独立户的户籍。张耳的户籍在大梁，脱籍流落外黄，算是违法亡命，幸好女家是外黄的豪门富户，一县上上下下，没有打通不了的关节。张耳娶美人在外黄安家落户后，外有女家重金厚财的资助，内有心高美人的期待督促，如鱼得水，开始成就事业。

信陵君在世时，张耳入其门下做宾客；信陵君去世后，张耳出门下回归游侠。在外黄得美女财富后，张耳继承信陵君之流风逸韵，以英雄后人自任，疏财仗义，网罗游士，摇身变为门主，外黄张宅，也成为远近游侠向往的高堂。

门主和宾客、宾客和游侠，一物的两面，贯穿的都是男儿间的然诺交情，豪侠间的人际交往。张耳在民间社会的影响愈深，势力愈强，进而一身三变，在妻家及宾客们的声援下进入政界，被魏王任命为外黄县令，成为贯通官府和民间、跨越白黑两道的要人。张耳的名声，不但超越外黄县、及于魏都大梁，进而超越国界，成为各国间声闻遐迩的名士。

这时候，有一位人物慕名来到张耳的门下，他就是以游侠自任的刘邦。

十　刘邦的追星历程

刘邦家在楚国的沛县丰邑，沛县是楚国和魏国间的边县，丰邑乡镇上，多有魏国的移民，甚至有传闻说刘邦的祖先就是从魏国首都大梁迁徙过来的。是否真的如此，久远的往事，实在是扯不清楚。不过，从青少年时代起，刘邦的眼光就一直是向着西方的，先是向着魏国，后是向着秦国。

刘邦向着魏国，西望的是魏都大梁，景仰的是信陵君；刘邦向着秦国，西望的是秦都咸阳，景仰的是秦始皇。信陵君和秦始皇，是刘邦崇拜的两个偶像，是他引以为人生模范的榜样，也是对他一生影响最大的两位历史人物。秦始皇，刘邦是见过的。他成为秦帝国的臣民后，在咸阳服徭役时观望过秦始皇车马出行，感叹如此辉煌的人生才是男子汉大丈夫的追求。秦始皇对刘邦的影响，是在他起兵以后的政治生涯中，我们将来再来谈论。信陵君对于刘邦的影响，是从少年时开始，贯穿终生的。

刘邦没有见过信陵君，当他开始游侠生涯时，信陵君已经过世。[1] 人世间物事的真价，常常由身后名声来反映。信陵君好贤养士、窃符救赵的事迹声誉，生前已经响亮于各国朝野，身后更是广布于天下民间。以政府庙堂舆论，信陵君是抗君之命、安国之危、从道不从君的拂弼之臣；以民间江湖平议，信陵君是打破门第、以贤能结交天下英才、将游侠风气推向历史顶点的豪贤。

刘邦是乡镇少年，他的游侠生涯，开始于丰邑乡间。在他手下，聚集了一帮无业浪荡少年，跟着刘邦到处生事闲荡。刘邦也俨然以大哥、门主自居，带领一帮小兄弟到兄嫂家混饭吃，模仿的就是游侠寄食的风范。他在这个时候有个小兄弟，就是出生以来的亲友，后来被封为燕王的卢绾。

游侠间虽然没有严密的组织，却有上下尊卑关系，在上的是大哥，在下的是小弟，大哥照顾小弟，小弟服从大哥。游侠间虽然没有国籍阶级的差异，却有大致不成文的等级，游侠归附门主，有下客、中客、上客的分别。品论游侠，可以有国侠、县侠、乡侠、里侠的差异。

大体而言，在战国的游侠世界里，最高一级如同魏国的信陵君、赵国的平原君、齐国的孟尝君、楚国的春申君、燕国的太子丹等人，本人或是王族公子，或是高官豪门，身居国都，别有领

---

[1] 《史记·魏公子列传》记信陵君归国统领五国联军破秦后，秦国使反间计离间魏国君臣，信陵君受猜疑，"日夜为乐饮者四岁，竟病酒而卒。其岁，魏安釐王亦薨"。魏安釐王卒于公元前243年，信陵君同年卒。关于战国时代的纪年，本书主要依据杨宽《战国史》及其所附"战国大事年表"（上海人民出版社，1998年），该书的纪年有同氏著《战国史料编年辑证》（上海人民出版社，2001年）之考订支持，比较可靠而便于查询。

地封邑行侠养士，手下宾客，来自全国，甚至外国，数量可以千人计，他们是势力足以敌国的游侠养主，不妨称为国侠。

次一级的游侠，如同张耳在外黄，王陵在沛县，本人或者是土生土长的豪富，或者是与豪富关系密切的游士，身居县城，饶有资产，一县之内的游侠，慕名附势于其门下，人数可以数十百人计，不妨称为县侠。

再下一类，大致就是丰邑乡镇上的刘邦一类了。他们身居乡镇街上，或者家境富裕，或者别有生财之道，可以聚集乡里少年，三五成群，浪荡游闲，人数以数十人计，不妨称为乡侠。至于最下端的游侠，大概就是居住在闾里间，跟着乡镇上的大哥吃喝的少年，如同丰邑中阳里的卢绾、沛县屠市上的樊哙一类人物了，我们不妨称他们为里侠。

刘邦是乡侠，在丰邑的游侠少年间是大哥，可以呼风唤雨，招呼一方。不过，出了丰邑到了沛县街面上，却是吃不开了。王陵是沛县的县侠，家资富裕，仗义疏财，任气使性，出言耿直，在沛县江湖上颇有名望，是公认的领袖人物。在游侠社会的沛县场面上，刘邦与众多乡侠、里侠一样，是归附在王陵门下，奉王陵为大哥，服侍跟随着的。

不过，与一般的乡里之侠不同，乡侠刘邦是有抱负的人，在他的眼里，人生的最高境界，就是能够跟从信陵君作天下游。对于游侠少年刘邦来说，信陵君伟大遥远，是身不能至、心向往之的偶像，自己则是归心低首的追随者。用今天的话来说，信陵君是光照世界的灿烂明星，刘邦是蛰居乡下的狂热粉丝。刘邦做了皇帝以后，每每经过大梁，一定要祭祀信陵君。公元前 195 年，他最后一次来到大梁，祭祀以后，为信陵君设置守墓专户五家，世世祀奉公子无忌，将游侠少年以来的慕从和景仰，作了辞世前最后的寄托。

偶像崇拜，古今中外皆然，在舞台影视尚未问世的时代，口碑文字流传的政治文化人物，自然成了人心关注的所在。信陵君去世以后，张耳接续信陵君的遗风，在外黄结交天下豪杰，声名由魏国传到楚国。刘邦听说以后，慕名心动，决心前去跟从。丰邑到外黄县间有数百里之遥，出楚国以后，中间隔着魏国的单县、蒙县、甾县等地。对于少年刘邦来说，这是他第一次出门远游。用我们今天的眼光来看，一个二十来岁的无名青年，独自由江苏省丰县徒步到河南省民权县，风餐露宿，无所依凭，只是为了想投奔想结识一个自己景仰崇拜的名人，其热情、意志和决心，当是不难想见。

刘邦如何见到张耳，张耳如何接待刘邦，其间的详细，史书上没有记载。史书上只是说，刘邦曾经数次从沛县来到张耳门下做宾客，随同活跃于江湖，前前后后，在外黄住过数个月之久，可见得他们一开始就相处得相当融洽，从此延续不断，终生不渝，共同称王后还成为儿女亲家。

刘邦跟随张耳，大约是在刘邦十七岁到三十二岁之间，也就是公元前240年到前225年之间的战国末年。以秦国的历法计，正当秦王政七年到二十二年。公元前240年，刘邦十七岁，而秦王政二十岁，开始亲政掌权，灭六国的步伐加快。前230年，刘邦二十七岁，秦国攻灭韩国，建立颍川郡。前228年，刘邦二十九岁，秦军攻破赵国，俘虏赵王安。前226年，刘邦三十一岁，秦军攻下燕国首都蓟城。前225年，刘邦三十二岁，秦军水灌大梁，大梁城坏，魏王魏假投降。秦灭魏国后设置了东郡和砀郡，外黄县归属于砀郡。

秦军进入外黄以后，开始整顿秩序，打击民间不法势力。不久，游侠名士、故外黄县令张耳被秦政府通缉。追捕之下，张耳逃离魏国地区，隐姓埋名，在本来属于楚国的陈郡陈县潜伏下来。

刘邦与张耳的主从游侠关系，从此中断，刘邦的游侠生涯，也由此告一段落。时代潮流，一步步进入了帝国。

十一　进退两难的拂臣

明人唐顺之著有《信陵君救赵论》，[1] 从六国救亡的角度，肯定信陵君窃符救赵无罪有功。他说："夫强秦之暴亟矣，今悉以兵临赵，赵必亡。赵，魏之障也，赵亡，则魏且为之后。赵魏，又楚燕齐诸国之障也，赵魏亡，则楚燕齐诸国为之后。天下之势，未有岌岌于此者也。故救赵者，亦以救魏；救一国者，亦以救六国也。窃魏之符以纾魏之患，借一国之师以分六国之灾，夫奚不可者。"行文铿锵紧凑，持论中肯有力，不乏历史眼光。

长平之战以前，燕国弱小，齐国衰退，秦国在秦昭王的坚强统治下，先后得到穰侯魏冉和谋士张禄的策划协助，任用天才的军事将领白起，先击败韩魏联军，后攻占楚国的国都鄢郢。前260年秦赵长平之战爆发，秦军又在白起的统领下，将赵军主力消灭，天下已经没有可与秦国抗衡的国家了。秦军围困邯郸，赵国岌岌可危。当时形势下，赵国是阻止秦国吞并六国的最重要屏障，一旦赵国灭亡，韩国、魏国和燕国亦将失去后援和依凭，亡国指日可待。韩国、魏国和燕国归秦，楚国和齐国就直接面临秦军的包围，战不能胜，守不能保，也只有走上被消灭的命运。

以多国间战略的角度论，援救赵国，就是保卫魏国，也就是保卫六国，以历史的结果而论，信陵君救赵的成功，使秦国吞并

---

[1]　唐顺之的这篇文章，作为名文流传，收于《古文观止》下，中华书局，1978 年。

六国的时间，推迟了四十年。大梁不至于早成废墟，安釐王生前免于成为秦军俘虏，这些都不可不归于信陵君的功绩。信陵君窃符救赵，大有功于魏国和六国，断无非议的余地。

然而，唐文先扬后抑，转而却从君臣论的角度，指责信陵君窃符救赵的行为专重人际间恩信，无视魏王的权力威望，是人臣植党，背公卖恩。他说："自世之衰，人皆习于背公死党之行，而忘守节奉公之道，有重相而无威君，有私仇而无义愤。"唐生此议，以明代君主极权的专制臣道，衡量战国纷争时代的君臣关系，失之远矣！

荀子是信陵君的同时代人，他著有《臣道》一文，称信陵君是社稷之臣、国君之宝，是明君之所尊厚的拂臣。荀子以为，君主有错谋错事，即将危及国家社稷之时，能够救亡存危，解救国难者，唯有谏、争、辅、拂四臣。谏臣，就是劝谏之臣。谏臣以礼劝谏君主，用则留，不用则去。争臣，就是死争之臣。争臣以生死强谏君主，用则生，不用则死。辅臣，就是辅弼之臣。辅臣能够合谋同力，率领群臣强力匡正国君，国君虽然不安，却不能不接受，国家的祸患由此得以解除，最终得到君尊国安的结果。拂臣，就是拂弼之臣。拂臣抗拒君王的命令，窃取君王的权力，纠正君王的错误，安定国家于危难之时，解除君王于失政之辱，最终大利于国家社稷。[1]

信陵君窃符救赵之时，赵魏唇亡齿寒的大局已明，晋鄙军出动抵境，魏王中途畏惧狐疑，导致魏军鼠首两端，时局陷于非常，

---

[1]《荀子·臣道》是一篇极为精彩的人臣论，不仅归纳了人臣的各种类型，而且申明了"从道不从君"的光辉思想，至今仍然有不可估量的意义。他列举谏、争、辅、拂四臣的典型说："伊尹、箕子可谓谏矣，比干、子胥可谓争矣，平原君之赵可谓辅矣，信陵君之于魏可谓拂矣。传曰：'从道不从君。'此之谓也。"

失去正常解决的余裕。非常之时，非常之事，必有非常之人，用非常之手段才能解决。当此之时，信陵君行拂臣之行，窃符救赵，虽然拂逆了国君的权力和意志，却安定了国家社稷。臣道的根本，是从道不从君，国家社稷在先，君主帝王在后。当此之时，信陵君先谏争后拂行，违逆然后有功，功成之后，遣军归还魏王，自己选择了客居赵国政治流亡。他的行为，不顾生死而无私心，忠诚无畏而至于大公，可谓通于臣道之极致，臻于四臣之峰巅。

峰巅极致，也是危险的顶点。拂臣之行，已经抵达臣道的极限，虽然挽救了国家社稷的危难，却动摇了君王统治的根基，也断绝了继续为人臣的后路。信陵君身处战国，得门客之助，高游侠之行，他明智地选择了客居赵国的流亡生活，既是高风亮节，也是拂臣的善终。数十年后，项羽抗拒楚怀王之命，杀宋义夺军救赵，重演信陵君杀晋鄙救赵的故事，再次做了拂臣。不过，项羽事成以后杀怀王自立，选择了夺权革命，欲行霸王之道，改变危险局势重建天下，虽然一时成功，最后未获善终。

我梳理历史，观览历代英雄，感拂臣行事艰难，结局险恶，非年轻气盛、血气刚烈而置生死于不顾之人不能行之。信陵君窃符救赵时的年龄，想来当在三十来岁。项羽杀宋义渡河救赵，只有二十五岁。两千年后，张学良扣押蒋介石发动西安事变，做了现代的拂臣。他当时的年龄，是三十五岁；他的命运，是终身囚禁。

我不禁感慨，历史以不同的形式重演，历史有仿佛的相似，类似的结构之下，不变的人性编织大同小异的史剧。荀子称拂臣是国君之宝，是明君之所尊厚，未免是理想化的设想。历史上没有一位君王能够容忍拂臣，拂臣出现之日，就是君王危殆之时。拂臣以君臣俱伤的非常手段，拯救国家社稷于万难，不论成败与否，都失去了在同一君王下共生的天地。

第二章

秦帝国的民间暗流

一 沛县归秦

刘邦回归正道，由游侠出任地方小吏，是迫于时局的变动。公元前 224 年，楚国的淮北之地全部被秦军占领，刘邦的家乡沛县也在其中。

二 泗水亭长和他的哥们儿

水涨船高，地势使然，亭长刘邦的往来圈子，自然地由地痞流氓扩展到沛县政府的末端属吏。这些人际关系，又成了他的一大财富。秦末随同刘邦起兵，后来成为汉帝国开国功臣的一大批人物，多是刘邦在泗水亭长任上结识的沛县中下级官吏。

三 酒色婚配新生活

刘邦的时代，华夏古风尚存，男儿血气方刚，轻生重义，尚武豪侠，至于好色贪杯，使酒任气，也是丈夫之习性自然，绝无魏晋以来敏感文弱、玄学贪生、精气为文化所消磨的蔫菱气。

四 韩国贵族张良

张良是王室血统的贵族，聪明智慧的青年，经历国难家难以后，对于伟大先祖的怀念愈益深厚，对于破灭之祖国的爱恋愈益执著。他内心深藏对于秦国的仇恨，一心一意要为韩国复仇。

五 博浪沙的一击

《博浪沙考察记》，我多次阅读，连接《史记》张良与仓海力士刺杀始皇帝的只言片语，身临其境、触景生情之历史体验，油然而生。历史不可以回转，历史却可以体验，现场考察的实感，可以超越时空，再现历史的影像，诚然信矣！

六 智者黄石公

历史不仅是往事的记录，也是对于往事的解读。作为一种历史学的解读，张良是信奉黄老道家的人，黄老道家是假托黄帝和老子为始祖的新道家学派。假托黄石现身的老者，大概是战国末年黄老道家的一位智慧的传人。

七 刘邦见秦始皇

在秦末战国复活的大潮中，刘邦之所以不甘于为王，一心一意要做皇帝，其中的因素之一，缘于秦始皇早就是建树于他心中的偶像，他要像秦始皇一样君临天下，在万人观瞻的车马出行中体验人生的满足。

八 亭长做了亡命徒

从此以后，刘邦等人就在芒砀山隐藏下来，成为秦政府通缉追捕的盗贼团伙。就沛县官方而言，刘邦是知法犯法的首犯；就沛县地方乡亲父老而言，刘邦是脱民于难的好汉。

九 芒砀灵犀通井冈

三十年人生，两千年历史，以山川地理而论，芒砀缓浅，岂能比况井冈高峻；以英雄足迹而论，井冈芒砀，都是龙腾虎跃前的销隐潜藏。一旦风云骤起，天下生变，芒砀山的亡命集团，井冈山的红色部队，竟然能够席卷中国，改朝换代，山河历史，也有灵气相通乎？

一 沛县归秦

刘邦作为楚国人，在楚国的沛县生活了三十二年，度过了他的前半生。其中，在楚考烈王治下度过了十八年，在楚幽王治下度过了十年，最后四年，是在楚王负刍治下度过的。三十二年的楚国楚人生活，刘邦无缘于仕途，没有从军打仗，没有出任过乡官小吏，也不曾致力于农耕商贩，殖产置业。读书写字计算，刘邦是从小学过的，不过，也只是能读能写能算而已，至于进一步师从学者求学上进，如同异母少弟刘交一样，也不是他的喜好。成年以后的刘邦，以游侠自任，无职无业，他外出浪荡游历，上下结交豪杰，不为父兄所喜爱，也不为乡里社会称道认可，完全游离于主流正道之外，被视为无赖。无赖无赖，刁顽而不成材。

俗话说，浪子回头金不换。浪子并非都能回头，回头的浪子，各有各的缘由。刘邦回归正道，由游侠出任地方小吏，是迫于时局的变动。公元前 223 年，也就是秦王政二十四年，楚王熊启元年，秦将王翦、蒙武统领六十万大军进攻楚国，楚军兵败，楚王熊启死，楚将项燕自杀，楚国灭亡，[1] 刘邦的家乡沛县也被秦军占

---

[1] 关于末代楚王昌平君熊启的史迹及其考证，参见拙文《末代楚王史迹钩沉——补〈史记〉昌平君列传》，刊于《史学集刊》2010 年第 1 期。详细的叙述，参见拙著《秦谜：重新发现秦始皇》第三案"寻找秦始皇的表叔"，北京联合出版公司，2015 年。

领。亡楚归秦，对于沛县地方丰邑乡里来说，算是一次重大的政治革命；对于游侠刘邦来说，也是人生中的一次重大转折。

秦是法治国家，严密的法律和高效率的官僚机构是其战胜六国、统治天下的法宝。秦军占领淮北以后，依照多年来推行的政策，摧毁旧有的楚国地方政府，设置泗水郡统领淮北。沛县作为泗水郡属县的编制，也开始于这个时候。新的郡县政府，迅速按照秦的户籍什伍制度重新编制乡里社会，五家一伍，十家一什，与军队的什伍编制联动，将集权政府的行政控制彻底地落实到家户人头上。秦的户籍什伍制度，以小家庭为单位，登记人口财产，征收赋税和兵役劳役，人人固定在户籍所在的土地上，邻里之间互相监督连坐，不得随意脱籍流动。在这种新制度的实行过程中，受影响最大的，就是无业游民了，特别是作为无业游民之代表的游侠，几乎是失去了生存的余地。

秦国法治的理论基础是法家思想。法家以游侠为流民之雄，视之为扰乱国家制度的害虫，明令严加取缔。沛县所在的楚魏交界地区，历来是吏治松弛、游侠盛行的老大难地区，新政权建立以后，对于管区内的游侠不法之徒厉行镇压打击，自是当然的事情。刘邦跟从过的名侠张耳，就曾经长期活跃在魏国大梁外黄一带，秦军攻占魏国后，马上就成了秦政府通缉的对象，隐身逃亡，不知去向。时局变迁之下，游侠刘邦面临重大选择，要么纳入新的体制当中，固定居所职业，重新做人，要么逃亡流徙，成为帝国法外的亡命罪人。

法治国家的秦国，事事处处以法律章程办事。法律章程，虽然冷酷无情，对于不同地域、不同阶层、有不同社会关系的人来说，又是一视同仁而公平的。沛县归属于秦以后，按照秦国的官制，新来的县令以及县的主要官僚，由秦国政府直接任命，不用当地人；属下的官吏，则在当地人中推举考选任命。秦国郡县小吏的选任，有多种途径，可以由军队的军吏转任，可以由地方依据一定的财产和行为标准推荐，也可以通过考试选拔。沛县是新占领的地区，秦军是外来的军队，军吏的转任有限，似乎比不上推荐和考试便于施行。通过推荐和考试来选拔小吏，为当地人参与当地政权打开了门户，也为一般的编户齐民进入政权开创了机会。

孔老夫子有教导说，三十而立。沛县亡楚归秦时，刘邦已经过了三十。年过三十的刘邦，游侠的路被堵死，务农又无兴趣，推荐出仕，需要德行和乡里的称誉，刘邦别无出路，他选择了考试出仕。秦选考小吏，分文武两途，文吏主要考读写计算，武吏则须会剑术武艺。读写计算，刘邦是从小就学过的，虽说后来生疏了，重新捡起来并不困难；剑术武艺，是游侠的立身之本，刘邦更是绰绰有余。大概在秦王政二十四年（前223），在诸种因素交错之下，刘邦参加了地方小吏的选考，考试合格，被任命为沛县下属的泗水亭亭长。这一年，刘邦三十五岁。

政权交替，社会动荡的时候，正是鱼龙混杂、牛鬼蛇神出没的时机。那些旧日不为社会所称道认同的流氓无赖，正好得到新生出头的机会。毕竟是改朝换代了，旧账一笔勾销，弟兄们皆可借革命重新再来一回。亡楚属秦，对于楚国的贵族官僚来说，是国破家亡的不幸和耻辱；对于市井小民的刘邦来说，只是换了一种生计。由游侠到小吏，对于刘邦的人生来说，意义非同寻常，他由体制外进入到体制内，对于对抗和统治两方都有了切身的体验。这种正反两面的体验，从他的未来来看，可谓是受益不尽的财富。

二　泗水亭长和他的哥们儿

亭是秦汉时代政府的末端组织之一，[1]遍布全国，主要设置于交通要道处，大致每十里（相当于3公里）设置一亭。亭本来是为军事交通设置的机构，后来逐渐演变为兼具军事交通和治安行政的基层政府机构。就亭的交通职能而言，亭有亭舍，负责接待往来的交通使者停留住宿，政府邮件的收发传递也由亭传系统担当。就亭的地方行政职能而言，亭所在地区，称为亭部，亭负责亭部地区的治安，担当维持秩序、逐捕盗贼的责任。用我们今天的话来说，亭是邮政交通站兼派出所。亭一般设有亭长一人，下属有求盗一人，负责治安；有亭父一人，负责亭舍的开闭扫除管理等杂务。亭是准军事机构，弓弩、戟盾、刀剑、甲铠等武器是日常配备的。亭长是武职，或者由退役军人担任，或者由选考合格的武吏出任。因为是派出机构，由县主吏掾，也就是由县政府办公室直接统辖。

泗水亭在沛县的东部，地处县城东郊的要道，故址靠近现在的微山湖。不过，微山湖是后来才有的湖泊，秦汉时代，这里是多湿地沼泽的低洼地带。刘邦的出生地在丰邑，丰邑在沛县的西部，与泗水亭东西相隔百十里路。被任命为泗水亭长以后，刘邦一个人离开老家，晃晃悠悠单身赴任去了。

俗话说，江山易改，本性难移。人在青少年时期形成的个性习惯，大概一生都难以改变。入仕为吏以前的刘邦，是乡里游侠。

---

[1] 关于秦汉时代的亭，多年以来，史学界有太多的研究成果，难以尽举。以秦为重点的综合性研究，请参见张金光《秦制研究》第九章第二节"亭"，上海古籍出版社，2004年。

游侠的基本特点，是云游四方，结交朋友，讲究哥们儿义气。如今做了官府小吏，得受为吏之道[1]、官吏之法的诸多管束，宛若美猴王做了弼马温，不得再胡作非为。政府法令严密，为吏公务在身，四处浪荡是不行了；不过，酒还是要喝，朋友还是要交的。

泗水亭

游侠时代的交友，多是民间的兄弟哥们儿，如沛县的大哥王陵、丰邑的跟班卢绾之类。自从做了泗水亭长，大小也算是一地之长，佩印着冠，披甲带剑，一手持竹简命令，一手持捆人绳索，手下还有两三下属丁卒使唤，宛如美国西部电影中的乡警保安官，实在是有些威风得起来。水涨船高，地势使然，刘邦的往来圈子，自然地由地痞流氓扩展到沛县政府的末端属吏。这些人际关系，又成了他的一大财富。秦末随同刘邦起兵，后来成为汉帝国开国功臣的一大批人物，多是刘邦在泗水亭长任上结识的沛县中下级官吏。

在沛县官吏中，与刘邦交往最早的，当数萧何。萧何，沛县丰邑人，与刘邦同县同乡。刘邦与萧何的结识交往，可以一直追溯到楚国时代刘姓与萧姓的乡里往来。萧何大概比刘邦年纪稍大，与刘邦是完全不同性格、不同类型的人。萧姓为丰邑大姓，有宗族数十家，是本地古来的旧族。萧何是丰邑萧姓一族的模范人物，

---

[1] 关于秦的为吏之道，参见《睡虎地秦墓竹简》"为吏之道"，文物出版社，1978 年。

为人谨慎有法，办事干练，长于管理行政。乡里内外、上上下下的关系事务，他都一五一十打点得井井有条。

入秦以来，萧何出仕为吏，以善于文法吏事，一路受上级主管赏识，升任沛县主吏掾，也就是县政府的办公室主任，负责县府事务，主持人事，县下属吏的考核升迁进退，都在管辖之中。秦帝国政府，对于政府官吏有严格的考核制度，年年评定业绩决定奖惩位次。萧何曾经考核评定为全郡第一，大受泗水郡的监察长官——郡御史的赏识，以为人才难得，准备推荐萧何到中央政府供职。后来，经萧何再三推辞，此事方才作罢。能吏萧何的定评，沛县时代就已经成形。

刘邦还没有做泗水亭长时，多次不法犯事，萧何看在同乡的面上，都替他遮掩过去了。刘邦做了泗水亭长，仍然是不时越轨，触法犯事。萧何是主吏掾，正是他的顶头上司，好多事情，又在县里替他说情化解。年轻时的刘邦是浪荡游侠，不为乡里所喜；泗水亭长的刘邦也完全没有循例上进的趋向，依然是好酒好色，桀骜无礼，狂言妄为。萧何虽然看不惯刘邦的这些行为，但是，以萧何之明，他欣赏刘邦敢作敢为、有事能够担当的个性。他能感觉得到，刘邦有一种独特的魅力，下能够仗气使人，深入三教九流，在身边聚集一帮铁杆哥们儿；上能够折节低首，远从张耳，兄事王陵，入仕为吏以来，虽然不循规矩，但却有力，在沛县吏卒当中，也是忽视不得的一方人物。在偶然的几次同席交谈中，萧何发现刘邦表面上虽然傲慢无礼，但是内慧有肚量，哪怕在酩酊醉饮、狂言妄语中，对于有理切中的话几乎马上就能省悟，或者默然，或者陈谢请从，断然变成了另一个人。

在众多沛县吏民人物中，萧何对刘邦是另眼相看的。始皇三十五年（前212），泗水亭长任上的刘邦去首都咸阳服徭役一年，远行之际，有所交际往来的沛县属吏纷纷前来送行。按照惯例，大家都以铜钱三百封一红包赠送，刘邦打开萧何的红包，里面却整整齐齐地装了五百铜钱。秦汉时代，官吏都是按月领取工资，叫做月俸。亭长一类的基层小吏，月俸只有几百铜钱，多少年难得一次加薪。[1] 人送三百钱，已经是与俸禄匹敌的重礼，萧何是上司，破例送五百，是特别地有所表示。这件事，刘邦终身未曾忘却，后来打下天下论功行赏时，他特别为萧何增加二千户的封邑，明言就是为了报答这多出的二百钱，颇有些滴水之恩当涌泉相报的侠风。

夏侯婴是刘邦在泗水亭长任上新结识的兄弟伙。夏侯婴也是沛县人，刘邦任泗水亭长时，夏侯婴为沛县的厩司御，就是沛县政府马车队的车夫，经常驾驶马车接送使者客人、传递文书邮件经过泗水亭。往来多了，夏侯婴颇感与刘邦意气相投，每当送完客人经过泗水亭，总是停车下马，与刘邦欢谈长语，忘了时间。夏侯婴后来也上进，通过了县吏的任用选拔，正式做了县政府的小吏，与刘邦的关系更加亲密。

有一次，刘邦与夏侯婴对剑游戏，不慎失手伤了夏侯婴，被人告发了。按照秦王朝的法律，身为官吏伤人，要严厉追究刑事责任，加重定罪。为了避免重罪，刘邦否认自己伤害了夏侯婴，

---

[1] 从现有的史料来看，汉代小吏只有一次加薪的记载，《汉书·宣帝纪》神爵三年八月条诏文："吏不廉平则治道衰。今小吏皆勤事，而俸禄薄，欲其毋侵渔百姓，难矣。其益吏百石以下奉十五。"注引如淳曰："律，百石奉六百。"韦昭曰："若食一斛，则益五斗。"也就是说，百石小吏月俸六百钱，如今加薪百分之五十。从居延汉简来看，西汉后期亭长的月俸为六百钱，加薪后为九百钱。以此逆推西汉初年和秦代，小吏月俸当更低，或许，刘邦去咸阳服役时，众人所送的三百钱，就是亭长刘邦一个月的俸禄。关于汉简中所见的俸禄，参见陈梦家《汉简所见奉例》，收入同氏著《汉简缀述》，中华书局，1980年。

夏侯婴也作证并非受到刘邦的伤害。此事涉嫌官吏互相包庇，狼狈为奸，被上面深究严查，夏侯婴为此入狱将近一年，被拷问鞭笞达数百次，始终咬紧牙关，拒不供认。由于没有证据口供，夏侯婴最终被释放，刘邦也逃脱了追究定罪。从此以后，二人成为生死之交。刘邦起兵的时候，夏侯婴以沛县令史随同起兵，一直跟随在刘邦左右，长年为刘邦驾驭马车。汉帝国建立以后，夏侯婴做了汉帝国的交通部长——太仆，厕身于中央大臣之列。不过，他仍然喜欢亲自为皇帝刘邦驾驭马车，一如从前，备感亲切荣耀。

刘邦在泗水亭长任上有深交的另一位兄弟伙是任敖。任敖也是沛县人，年轻时在沛县监狱做小吏。任敖讲义气，敢为朋友两肋插刀。二世初年，刘邦弃职亡命，受到官府的追究，夫人吕雉被牵连逮捕，狱中受到不善待遇，任敖大怒，出手击伤主持吕雉狱事的官吏，保护大哥的夫人少吃苦头。任敖后来也随刘邦起兵，爵封广阿侯，官拜上党郡守。吕后当政后，念及往日旧事，任命任敖为御史大夫，以副丞相主管汉帝国的司法政务。泗水亭长任上的旧日恩怨，到了汉帝国皇帝的时代，似乎都有所回报。

在刘邦早年的交友关系中，我们可以看出几种不同的类型来。刘邦与张耳、王陵的交往，是下对上的归心低首，以宾客后进从之游，这种交往关系，是小弟对大哥的仰慕和敬畏，互相之间是从和主。刘邦入仕前与卢绾，入仕后与夏侯婴、任敖间的交往，则是上对下的，在这种关系中，刘邦是团伙的中心，纠结一帮意气相投的小弟兄，相互之间是主和从。刘邦与萧何之间，则是另外一种关系。刘邦和萧何，家庭背景不同，品味性情迥异，二人之间，私下没有杯酒交结之欢，即使有事同席共饮，彼此间也是有礼有节。他们之间始终保持着一定的距离，互相欣赏，互相戒备，也互相协作。他们彼此欣赏对方所有而自己所无的长处，他们彼此对对方的毛病看得清楚，也不以为然；他们之间，都感觉得到互补的需要。刘邦和萧何之间的交往关系，是对等的士人之间的礼尚往来，颇有一点淡淡如水的明澈。刘邦早年的这种人际交往关系，是影响他一生的，因而也影响到汉帝国建立以后的君臣关系。

三　酒色婚配新生活

刘邦好酒好色，被称为酒色之徒。好酒好色的人，往往是激情高涨，天性使然，成不成就，就看你遭不遭遇，如何遭遇了。

刘邦的时代，华夏古风尚存，男儿血气方刚，轻生重义，尚武豪侠，至于好色贪杯，使酒任气，也是丈夫之习性自然，绝无魏晋以来敏感文弱、玄学贪生、精气为文化所消磨的蔫萎气。泗水亭长任上的刘邦，喝酒有两个常去处，都在泗水亭舍的附近，一家是王大娘酒馆，一家是武大妈酒店，都是乡镇场上的小酒肆，几样家常小菜，自酿的乡间米酒。常来喝酒的顾客，多是泗水亭附近的熟人。都是乡里近邻，知根知底，常来常往，只要进得酒店来，都是座上客，酒醉饭饱起身，有钱付钱了结，无钱就记下账来，月末年终再来结算。

刘邦在王大娘和武大妈酒店喝酒从来是记账的。据说，他曾经酒醉横卧店里，店里有种种怪异显现，王大娘和武大妈都惊喜见过。究竟是什么怪异，谁都说不清楚，大概都是刘邦发了迹以后的民间传说。不过，据说每每刘邦到店里赊酒留饮，两家酒店的酒菜就特别好卖，销售额增加数倍，让王大娘、武大妈格外欢喜，到了年终，都将记录刘邦酒账的竹片折断销账。

想来这倒是不假。刘邦是泗水亭长，在泗水亭一带算是一方人物，他肯到店里来，乃是求之不得的好事，是怠慢不得的主顾。刘亭长醉卧小店，于王大娘、武大妈，于泗水亭上，都是实实在在的利益、值得宣传的美谈，经好事者转述，添加些附会，当属自然。

刘邦单身赴任，好结交朋友。泗水亭正当交通要道，刘邦是邮政站长，南来北往，公的私的交往，一连串通通带到爱去的酒店，两家酒店的买卖，怎能不因刘邦的到来而增加数倍？开酒店的人，最怕的是横人闹事，没有黑白两道上的关照保护，店是开不顺当的。刘亭长又是派出所所长，他进出的店面，哪个王八乌龟敢来捣乱？时间久了，熟悉的人都知道刘亭长常常泡在两家酒店里，若有事相求，自然是在店里酒饭之间好说好谈，又是绝好的生意。王大娘、武大妈，虽然不知年方多少，容貌如何，不过，乡镇要道上开酒店的老板娘，虽然不敢说都是梁山泊的孙二娘、沙家浜的阿庆嫂，至少都是见过世面、八面玲珑的人物，刘邦这样的主顾，只怕是八乘大轿都请不来的财神爷，平日记账算个意思，到了年终，送酒送菜唯恐不及，趁刘亭长兴头儿，将记在竹简上的账单折断，最是心照不宣，大家都高兴的好事情。

刘邦虽说好色，结婚生子却都很晚。刘邦的大儿子叫刘肥，后来封作汉王朝的第一代齐王。刘肥庶出，是刘邦尚未发迹以前和外妇曹夫人所生。外妇，外遇之妇人，婚妻之外私通的女人。关于曹夫人，我们几乎是一无所知，刘邦与曹夫人的交际往来，是在刘邦结婚以前。曹夫人或许是有夫之妇，与刘邦私下有染，生下了刘肥，刘肥户口是登记在曹家，在曹家长大的。刘邦发迹以后，曹夫人大概已经不在人世了，他将刘肥恢复了刘姓，又为刘肥的母亲，追加了曹夫人的称号，将旧日情缘，完满续结。

刘邦在泗水亭长任上，完成了他一生中的一件大事，就是结婚。嫁给刘邦、成为刘邦正妻的女性，姓吕名雉，史称吕后，后来成了中国历史上事实上的第一位女皇。关于吕后的事情，我们将来还要一一谈到。

吕雉的父亲称为吕公，吕公膝下有四个儿女，长子吕泽，次子吕释之，三女吕雉，四女吕婴。吕泽和吕释之，后来起兵跟随刘邦，立功封侯封王，吕婴嫁给刘邦的老战友樊哙，都是了不得的人物。吕公是单父县人，单父是沛县西边的邻县，秦时属于砀郡，古来是宋国的领土，宋灭以后归了魏国。吕公在单父，大概也是有头有脸的人物，与沛县县令是朋友，相交甚深。后来，吕公在单父因事结了仇，为了躲避仇家的纠缠麻烦，举家迁徙到沛县来。吕公新来乍到，最初依附沛县令作暂时的客居。沛县令以上宾相待吕公，沛县风土人物也使吕公感到亲切，吕公遂决意在沛县定居下来。

吕公家居邸宅选定之后，在新邸大开酒宴，酬谢沛县令的关照，回报沛县父老的情意。沛县令亲自出席，让手下大吏即县主吏掾萧何主持酒会事务，于是一县惊动。沛县的头面人物，官吏豪杰，风闻传说，奔走相告，纷纷备礼持钱前去祝贺。当日，收支接待的管理，座席位次的安排，一切由萧何打点。萧何吩咐手下人等说，座席位次按照送礼多少分等，礼多者上席，礼少者下席，礼钱不满一千的人，在大堂外侧席就座。

刘邦闻说此事，也由泗水亭赶来凑热闹。自从做了泗水亭长以后，刘邦对于沛县属吏，大致有所接触，以他的感受而言，多是些提鞋倒水的料，没有自己服气的人物。他兴冲冲来到吕公新宅门前，眼见得来客送礼的金额一一写在名册上，又听得负责接待的谒者高声唱说礼钱多少，席位上下，想到自己空手而来，不由得鼻子里哼了一声，大声唱说道："泗水亭长刘季贺钱一万。"

话音未落，径直往大堂上席而去。一时，门前堂上，宾客谒者，无不目瞪口呆。吕公大吃一惊，当即从大堂上起身下来，亲自迎到门前。

以当时的金钱感觉而论，劳动一天的工资大概不满十钱。刘邦是亭长，一月的俸禄只有几百钱。郡县基层小吏间，婚丧嫁娶，钱别送迎的金钱往来，大致以百钱为单位。吕公是县令的贵宾，县令的级别为千石到六百石，一月的俸禄以千钱计数，贺礼过了一千钱，对于县令一级而言，算是上客重礼。贺礼以万钱计，已经是将相王侯间的往来数字，沛县地方，大概是闻所未闻。当时大吃一惊的，何止吕公，可谓满座皆惊。

吕公为人有城府，喜好看相，仔细打量刘邦相貌，见他高鼻宽脸，须髯飘逸，觉得不是等闲之辈，不由立时敬重起来，引刘邦登堂入上席就座。刘邦狂妄，萧何是主事，又是他的顶头上司，只好凑近吕公说道："刘季这个人，大话多，成事少。当不得真，顶不得用。"力图缓解尴尬。吕公笑而不语，只是注意观察刘邦。刘邦虚报贺礼坐了上席，毫无自责不安之意，酒席间，意气自若，取笑客人，颐指气使，俨然一副上客主子情态。吕公心中暗暗称奇。

酒席将散，吕公以眼色示意刘邦留下。宾客散去，吕公留刘邦入内小坐，稍作深谈以后，吕公对刘邦说道："我从小喜好看相，为人看相多了，相贵有如刘君的，我还没有见过，希望你自爱自重。我膝下有一小女，如刘君不嫌弃，请置于家内以作扫除。"刘邦是聪明人，戏言归戏言，正事归正事，对于吕公的看重和期许，他是感戴有加、认真回应的。当即应诺下来。刘邦道谢归去后，吕公夫人愤愤指责吕公说："你自来看重小女，以为应当许配与贵人。沛县令与你深交多年，一直想娶小女，你不应许，怎么会枉自将小女许配给刘季这种人？"吕公回答道："我行事自有讲究，这中间的道理不是你妇道人家所能懂得的。"在吕公的一手操持之下，刘邦娶了吕雉为妻，从此结束了独身生活。

我读《史记》到这里，每每有所触动。刘邦"贺钱万"的大话，确是使人印象深刻，感到他与众不同。以一般人的品格而论，他打冒诈耍无赖，诚属厚颜无耻，活脱脱一混混流氓；以役吏的吏道而论，他无视上级不实虚报，实属不轨猾吏，该拖出去打三百棍子。不过，如果以政治家的素质而论，他实在是卓尔不群。

政治宛若舞台，政治家需要表演做戏，我们现在有个名词，叫"作秀"，专门用来指称政治家的表演。政治家惯有的作秀手法之一，就是以空言虚语鼓舞士气，运动群众，所谓"伟大的空话"是也。空话虚语者需要大言不惭，明知是虚，要用虚以张扬声势，明知是虚，要用虚语使他人信以为真。作秀的最高境界，就是自己吹嘘得自己也信以为实，物我一体，真假同一。从后来刘邦的政治生涯来看，他的政治作秀演技，堪称一流。

吕公是政治人物，他选中刘邦为婿，确是能够相面识人。

说到慧眼识刘邦，除了萧何和吕公以外，后来还有一人，就是张良。

四　韩国贵族张良

就在刘邦在泗水亭长任上厮混之时，张良迁居到了沛县附近。

张良是韩国贵族的后人，与韩国王室同姓。韩国的先祖出于周天子王室，是姬姓的一支，后代在晋国任官，受封于韩原（今陕西省韩城市），取封地韩原的韩字为氏，从此称韩。公元前453

年，晋国大臣赵氏、魏氏、韩氏三家瓜分晋国，韩国建国，成为后来的战国七雄之一。张良的祖父韩开地，在韩昭侯（前362—前333年）、宣惠王（前332—前312年）和襄哀王（前311—前296年）的时候作过丞相；父亲韩平，是韩釐王（前295—前273年）和悼惠王（前272—前239年）的丞相。一家父祖两代辅佐五世韩王作丞相，虽说是古来世卿世禄的遗留，如此越代久任，毕竟是少有，足以见得张良一家与韩国关系的深厚。

张良的父亲韩平于悼惠王二十三年（前250）去世，当时，张良年纪还很小。悼惠王在位三十四年，前239年去世。次年，韩国最后一位国王韩王安即位，仅仅在位九年就成了秦军的俘虏。从张良的父亲韩平去世到韩国的灭亡，二十来年间，韩国年年岁岁笼罩在秦军蚕食攻击的威胁之中，风雨飘摇，苟延残喘。前249年，秦军攻取韩国的要塞成皋和荥阳，建立三川郡，将韩国拦腰截为南北两部。前246年，秦军再次攻取韩国北部领土上党郡。前244年，秦军夺取韩国十三座城池。前233年，在秦国的强大军事压力之下，韩王安被迫表示愿意成为秦国的藩臣，纳地效玺，顺从秦王政的要求，送王室贵族、法家学者韩非子到秦国见秦王。前231年，韩国南阳郡代理郡守腾投降秦国。次年，秦国任命腾为将军，统领秦军攻破韩国首都新郑，韩王安被俘，韩国灭亡。

秦军灭亡韩国以后，设立颍川郡，按照秦国的方针制度处置韩国的遗民。秦灭韩国，韩王安没有作殊死的抵抗，开城投降，秦对韩国的处置，比较宽容。首先，秦国将被俘的韩王安迁离韩国，移居到陈郡陈县附近。陈县在现在的河南省淮阳市，离韩国首都新郑不远，本来是楚国的旧都，此时已经被秦军攻占。秦迁徙韩王安到楚国旧地，目的当然是隔断韩王与本国间的联系，迁徙之地离韩国旧都不远，又是向韩国遗民，以至向将要征服的其他五国君臣官民表示怀柔宽容。[1]秦国对于韩国的贵族官僚,也没有作严厉的报复,容许在故乡居留,土地财产也予以保留。

然而,韩国人执著于故国、仇恨秦国的民情,始终根深蒂固。前262年,秦军第一次南北分断韩国,韩国被迫将北部领土上党郡割让与秦国时,上党军民誓死不愿做秦国人,在郡守冯亭的率领下归降赵国,引发秦赵之间的长平大战。三十六年后的前226年,也就是韩国灭亡以后六年,韩国旧都新郑爆发大规模的反秦叛乱。新郑的叛乱虽然被镇压,因为波及韩王安的迁徙地陈县,进而引发了以陈县为中心的楚国地区爆发更大规模的反秦叛乱和秦楚之间新的战争。在以陈县为中心的反秦战争中,出现了两位著名的历史人物,一位是楚国公子昌平君,他长期居留在秦国,被秦王政派遣到陈县主持当地军政,怀柔楚人;另一位是项羽的祖父项燕,他身为楚国抗秦的大将,策动昌平君反秦成功,在陈县大败秦军将领李信所指挥的二十万攻楚秦军,避免了楚国早早灭亡的命运。[2]

韩国亡国时,张良已经二十多岁。二十多年间,天天的耳闻目睹,都是秦军攻城压境、国势一天天衰微的苦难和心酸。他还没有进入韩国的政界,秦军已经攻入国都新郑,身不由己成为亡国遗民。张良是王室血统的贵族,聪明智慧的青年,经历国难家难以后,对于伟大先祖的怀念愈益深厚,对于破灭之祖国的爱恋愈益执著。他内心深藏对于秦国的仇恨,一心一意要为韩国复仇。

新郑反秦叛乱,张良天生有参加的条件,他有什么具体行动,

---

[1] 关于被俘后的韩王安的处置和结局,史书没有记载,《睡虎地秦墓竹简》出土后,有了追寻的线索。相关考察的详细结果,参见田余庆文《说张楚——关于"亡秦必楚"问题的探讨》,收于同氏著《秦汉魏晋史探微》,中华书局,1993年。

[2] 参见上引田余庆文《说张楚——关于"亡秦必楚"问题的探讨》和拙文《末代楚王史迹钩沉——补〈史记〉昌平君列传》。

我们已经无法考察。不过，他不可能不卷入其中，他深受此事的影响，是完全可以想象得到的。张良后来离开韩国，到他乡游学任侠，他最重要的停留之地，就是陈县。我们前面已经谈到过，战国末年，陈县一直是反秦的热土，层累着楚国旧都、韩王迁地、昌平君和项燕的反秦据点等种种历史积淀。进入帝国以来，反秦的暗流也始终在陈县一带涌动。据我们有限的所知，魏国的游侠名士张耳和陈馀，被秦政府通缉后，是逃到陈县做里监门潜伏下来的；发动秦末起义的首事者陈胜是陈县人，[1] 吴广是陈县近邻阳夏县人，陈胜、吴广在泗水郡大泽乡起义后，迅速西进直趋陈县，得到陈县父老乡亲的热烈拥护，在陈县建国定都，都是出于陈县独特的地理和历史条件。张良在陈县一带活动，结交了不少反秦的豪侠英雄；陈县的反秦风土，也加深了他为韩国复仇的决心。

秦灭六国统一天下后，军事镇压和法制建设双管齐下，逐一平息各国的武装反叛，以郡县什伍户籍制为基础的帝国化政策在各地步步推行，政权日趋巩固，统治日趋强化。年轻气盛的张良，眼见复兴祖国的希望越来越渺茫，他觉得别无选择，决心以个人之力，刺杀秦始皇以报秦国灭韩的深仇大恨。

古今中外，刺杀既是个人复仇的方式，也是政治斗争的手段。作为政治斗争的手段，刺杀在两种情况下是有效的选择，一是在弱小对抗强大，无法作有组织的对抗时；二是在强大敌人的权力运作集中于个人时。春秋末年，负气的名将伍子胥由楚国逃到吴国，将勇士专诸推荐给吴国的公子光，刺杀了吴王僚，使公子光做了吴王，出兵攻破楚国，报复了楚王杀死自己父亲和哥哥的冤

---

[1] 陈胜的出生地是陈县阳城，他可能是陈国贵族的后裔。对此的详细叙述，参见笔者新补的本书第四章之四"贵族后裔陈胜"。

仇。战国年间，严仲子与韩国丞相侠累有仇，请动武侠聂政刺杀侠累，在历史上留下了严仲子得人，聂荣、聂政姐弟刚烈侠义的千古英名。秦灭韩国后的第三年，燕国太子姬丹派遣荆轲刺杀秦王嬴政，虽然功亏一篑，"风萧萧兮易水寒，壮士一去兮不复还"的悲情豪义，至今尚回荡在人们的耳边。[1]

亡国后的张良，从贵胄公子沦落为民间的游侠。当他的弟弟不幸早逝的时候，家中尚有家僮三百余人和大量的土地财产。张良草草埋葬了弟弟，将全部家产变卖出售，[2] 仗义疏财，广交天下豪杰，四处寻求可以刺杀秦始皇的勇士。张良先在陈县一带活动，后来继续东去。据说他曾经流落到朝鲜半岛，见过东夷君长仓海君。古来燕赵多慷慨悲歌之士，秦攻取燕国首都蓟城，燕国举国东移到辽东，秦军东进辽东灭燕，燕人逃亡朝鲜半岛的不在少数。也许，张良确是追寻燕人踪迹到过朝鲜，也许，仓海君只是近海地区的豪士贤人，而张良是上穷碧落下黄泉，遍游天下，终于通过仓海君得到一名壮勇的武士，可以挥动一百二十斤的铁椎。[3]张良开始实施刺杀秦始皇的计划。

---

[1] 见《史记·刺客列传》。

[2] 《史记·留侯世家》说："韩破，良家僮三百人，弟死不葬，悉以家财求客刺秦王，为韩报仇。"文中的"不葬"，不是不埋葬，而是不以正式的葬礼安葬。葬礼费钱，张良为了积聚钱财收买刺客，不得不节省费用，草草埋葬了弟弟。

[3] 《史记·留侯世家》说：张良"东见仓海君，得力士"。关于仓海君，历代有两种解释，一为当时某贤者的称号，说见《汉书·张良传》颜师古注："盖当时贤者之号也。"一为当时朝鲜半岛中部的东夷君长，说见《集解》："如淳曰：秦郡无仓海，或曰东夷君长。"也见《索隐》："姚察以武帝时东夷秽君降，为仓海郡，或因以名。盖得其近也。"战国时燕国与朝鲜半岛已经有陆路的往来，海上交通也不会没有。此时的张良，主要活动于东部近海地区，交通朝鲜半岛是可能的。近年，王子今先生撰有《秦汉时期朝鲜"亡人"问题》(收于同氏著《秦汉边疆民族问题》，中国人民大学出版社，2011 年)，以为由"仓海"联想"仓海郡"，张良交通朝鲜半岛的思路比较恰当。

五　博浪沙的一击

秦始皇是不安好动的人。统一天下以后，在种种兴功做事之外，他开始大规模巡游天下，十二年间，五次出行，最后死在巡游的途中。秦始皇巡游天下，迷雾重重，牵扯到种种政治和个人的原因，不是三言两语说得清楚的事情，笔者打算留待将来再来细说。

秦始皇第一次巡游，是在公元前 220 年，也就是统一天下后的第二年。他这次巡游，走的是西北方向，目的是祭祖和告庙。他要追寻秦人先祖发达的足迹，向列祖列宗报告统一天下大业已经完成。他由咸阳出发，顺着渭河一直向西抵达雍城（今陕西宝鸡）。雍城是秦国的旧都，有从静公到出公之 22 代秦公的陵墓和宗庙。秦始皇在雍城告祖祭祀以后，沿汧河北行，经过回中宫（遗址在今陕西陇县）翻越陇山，南下进入陇西郡前往西县。西县是秦国的第一座都城，也是秦襄公的陵墓和宗庙所在。秦襄公是第一代秦公，秦国开国之祖，他的宗庙是秦的祖庙，在秦国的历史上有万世永存的特殊意义，是秦始皇必须亲自前往祭祀的圣地。

秦始皇在西县完成祭祖和告庙的盛大仪式以后，继续巡行陇西郡和北地郡，祭祀沿途的山川神祇，回到咸阳后，开始着手包括宗庙祭祀在内的一系列改革。前后内外，又是一桩尚待历史学家们重新关注的课题。[1]

古代中国，泰山是天下的圣山，登泰山封禅，是人世间伟业

---

[1] 秦始皇第一次巡游天下的目的和路线，两千年以来一直是不解之谜。2014 年 8 月，我经川甘陕三省，就这次巡游的路线及其遗址作了实地考察，写成《秦始皇第一次巡游天下到西县祭祖说》之论文，11 月在首尔大学人文研究院东洋史研究会上作了发表。这一段文字，据此新的研究成果重新改写。

完成、告祭于天的大礼。秦始皇将统一天下的伟业，告祭了西方的列祖列宗后，登泰山封禅就成了他第二次出行的目的。西行巡游的第二年，始皇帝一行由咸阳出发，出函谷关，经过洛阳、荥阳、大梁、定陶，抵达薛郡邹县的峄山（今山东邹县南），刻石颂功，着手封禅的准备。准备就绪，秦始皇冒雨登泰山，行了封禅告天的大祭。由泰山下来，秦始皇兴致勃勃，走临淄，抵达胶东半岛的黄县（今山东省龙口市），沿海经过腄县，来到山东半岛之东角的成山，继续沿海西南行，在之罘山刻石纪功，抵达琅邪。秦始皇在琅邪乐而忘归，迁徙三万户人家移居琅邪，修筑离宫高台，停留长达三个月之久。

　　黄海的波涛，琅邪台的奇幻，给秦始皇带来了难以忘怀的欢愉。遥远而不可及的海上仙山，仙山上居住有不死的仙人，仙人们采食着不老的仙草，过着天长地久的生活，无忧无虑，无病无苦，何等迷人的极乐世界，谁人能不心醉？回到咸阳不到一年，始皇帝再次踏上了东去的行程，开始第三次巡游，时在秦始皇二十九年（前218）。第三次巡游东去时，始皇帝走了与第二次完全相同的路线，出函谷关，过洛阳、荥阳，奔大梁而去。想来，也许是希望重温第二次巡游时欢愉的旧梦，携故人走故道温故情，再见幻影。然而，冷酷的现实粉碎了秦始皇的心情和梦想，浩浩荡荡的车马行列经过阳武县博浪沙（今河南省中牟县）时，突然遭到了刺客的狙击。

　　阳武县在三川郡的东部，博浪沙在阳武县南，正当由洛阳到大梁的东西大道上，战国时是韩国和魏国之间的地方。张良是韩国人，富于智慧，长于推算，对于韩魏间的交通要道、山川地形，了如指掌。他求得力士以后，密切注视着秦始皇的动向，当他得到秦始皇第三次出行的消息及其经过路线后，判断秦始皇必定再次经过博浪沙，于是与仓海力士潜伏于此，等候秦始皇车马行列的到来。

秦始皇一生，遭遇四次行刺。一次在秦王政二十年（前 227），即有名的荆轲刺秦王事件。荆轲刺秦王，由濒临灭亡的燕国太子姬丹主谋，以国使的名义送荆轲到秦王宫廷行刺，可以说是弱国对强国的国家恐怖行动。荆轲刺秦王之详情细节，由于有当事者御医夏无且的口述传承，《史记·刺客列传》叙述得惊心动魄，不仅成为历史叙事的经典，更成为永恒的艺术题材。[1]秦始皇第二次遇刺，是荆轲刺秦王的续篇。这次事件发生在天下统一以后，刺客是荆轲的挚友高渐离。高渐离是击筑的名手，与荆轲是燕国蓟都时代的知音。荆轲刺秦王，高渐离送荆轲于易水上，那一首"风萧萧兮易水寒，壮士一去兮不复还"的千古名曲，慷慨悲歌者是荆轲，抚筑伴奏者就是高渐离。荆轲死后，高渐离为完成荆轲的未竟之业，以筑艺入秦宫，失去双目得以接近秦始皇。他以重铅灌入筑中投掷行刺，失败被杀，以美丽的死回应了荆轲。

秦始皇最后一次遇刺，是在三十一年（前 216）。当时，秦始皇夜里微服出行咸阳郊外，在兰池遇到刺客，情势非常危险，有赖随行四名武士的力量，终于将对方击杀。秦始皇恼怒至极，下令在关中搜捕刺客同党，闹了二十日，民间恐慌，物价飞涨，一石米的价钱涨到了一千六百钱。

博浪沙狙击，是始皇帝所遭遇的第三次刺杀。这次行刺，完

---

[1] 《史记·刺客列传》太史公曰："世言荆轲，其称太子丹之命，'天雨粟，马生角'也，太过。又言荆轲伤秦王，皆非也。始公孙季公、董生与夏无且游，具知其事，为余道之如是。"夏无且是荆轲刺秦王事件的当事人，当场以药箱掷击荆轲。他讲述的故事，通过公孙季公和董生转述给太史公。不过，此处的太史公，不是司马迁而是他的父亲司马谈。参见顾颉刚《司马谈作史考》，刊于《史林杂识》，中华书局，1963 年。关于《史记》记事中口述传承的详细内容，参见拙文《论〈史记〉叙事中的口述传承》，刊于《周秦汉唐文化研究》第 4 辑，2006 年。

全出于张良个人的苦心谋划，是六国贵族亡国之恨淤积不散的宣泄。非常遗憾的是，由于没有当事人的证言，司马迁对于此事只作了如下的简单叙述：始皇帝到东方巡游，张良与仓海力士狙击始皇帝于博浪，风沙中铁椎误中乘舆副车。始皇帝大怒，严令天下搜捕刺客，闹了十日，情势急迫而紧张，都是为了张良的缘故。

古代史往往是挂一漏万。过于简单的叙述，为后人留下了种种疑问和无穷的想象空间。博浪沙其地，我尚未去过，两千年来，不知故地遗迹尚存否？秦史专家马非百先生曾于20世纪30年代亲临博浪沙考察。马先生著《博浪沙考察记》说[1]：

> 博浪沙在今河南省旧阳武县城东南隅。有邑令谢包京立古博浪沙碑尚存。一九三四年十二月，予至阳武，曾特往游观。当未至其地时，每疑所谓博浪沙者，必为深山大泽、茂林曲涧之地，可以薮匿逋逃；否则，发筍门，却笠居，凭力斗于穴，可幸免耳。不然，则张良何以必于此地狙击始皇帝？又何以狙击不中后，竟能大索十日而不可得？及亲莅兹土，始知除荒沙一大堆之外，殆全为无草木、无山涧溪谷之一大平原，牛羊散其间，可数而知也。
>
> ……盖博浪乃当日一地名，其地必多风沙。……大概张良探知始皇东游，必经由此道，故与仓海力士预伏于此。又至天幸，始皇车马过此时适风沙大起，故遂乘此于风沙中狙击之。

---

[1]《博浪沙考察记》文，载于马非百《秦集史》，中华书局，1982年，389页。原文无题名，是附在张良传后的按语。文章写于1936年开封考察现场的沙尘暴中，古朴深沉而富有历史的临场感，是不可多得的一篇现地考察的佳文，题名为我所加。为了保留我读此文所得到的那种历史感，特别是马非百先生在沙尘暴中所获得的那种难得的体验，我曾经过中牟而不入其境，止于远眺想望足矣。

此种风沙起时，往往弥漫空中，白昼如夜，对面不辨景物。不仅阳武如此，予在开封，即已遇有三四次之多。正惟其狙击系在风沙之中，故观察不确，致有误中副车之事。亦惟其系在风沙之中，故虽狙击未中，亦无法从万人载道之内，将主犯明白认出。及至大索十日之时，则张良等已去之远矣！

《博浪沙考察记》，我多次阅读，那种在沙尘暴中得到的现场体验，最是不可磨灭的印象，连接《史记》中张良与仓海力士刺杀始皇帝的只言片语，身临其境、触景生情之历史体验，油然而生。历史不可以回转，历史却可以体验，现场考察的实感，可以超越时空，再现历史的影像，诚然信矣！

六　智者黄石公

刺杀秦王不果，以后，秦政府的追查日益紧急，张良于是改名换姓，东迁到东海郡下邳县（今江苏睢宁）隐居下来。东海郡大致在今江苏省，过去是楚国的东边领土，远离秦地中心关中地区，山高皇帝远，是秦王朝的统治相对薄弱的地方，也是违法不轨、牛鬼蛇神隐居聚集的乐土。秦末之乱中崛起的英雄豪杰，出于东海及其邻近地区的不在少数，如韩信是东海淮阴人（今江苏淮安），陈婴是东海东阳人（今安徽天长）。下邳县是东海郡邻接泗水郡的边县，紧邻下邳的泗水下相县（今江苏宿迁），是项氏一族的迁徙聚居地，张良与项氏一族的密切关系，由此生发；张良与刘邦的关系，也是因为东海与泗水相邻，下邳与沛县相距不远的地理牵连。

据说张良在下邳隐居已久，有一天，张良独自一人在城中漫游，

沂水桥故址。当地人称"桥"为"圯",故称"沂圯"。黄石公与张良相约在桥上传授兵书。

沂水桥下一景。这是黄石公丢鞋子到桥下要张良去捡的故事发生地。

为纪念张良所建的留侯祠

经过流经下邳城的沂水桥头时，迎面走来一位身着布衣的老者。老者走到张良的近处，不知是不小心还是出于故意，鞋子掉到了桥下。老者回头看着张良说："小子，到下面去把鞋给我捡上来。"

张良是六国贵胄后裔，是刺杀始皇帝的主谋，虽说是亡命在逃，也是年轻气盛、英雄一方的人物。听了老者的话，张良不禁愕然怒起。只是看在对方年老的份儿上，强忍下来，下得桥去，将鞋拾取上来。

老者毫无感谢之意，伸出脚来吩咐张良道："给我穿上。"张良心里有些犯嘀咕了，既然已经捡上来了，那就给他穿上吧，于是跪下身来，为老者将鞋穿上。老者坦然让张良为自己穿上鞋后，站起身来，微笑而去，没有留下一句话。张良大吃一惊，目送老者远去。

老者走出有五百来步远，转身又走了回来，指着张良说道："你小子可以教得出来。五天以后的平明时分（天亮时），在这里等我。"此时的张良，知道老者不是一般的人，于是跪下来施礼答道："明白了。"

五天以后的平明，张良如约前往，不料老者已经等在沂水桥头。老者怒斥张良说："与老人有约，反而后到，成何道理？"说完转身离去，只丢下一句话，"五天以后早早来"。

五天以后，张良早了一个时辰，鸡鸣时分就赶到桥头，老者又已经先到了，再次怒斥张良说："为何还是晚到？五天后再来。"

又过了五天。这次张良不敢有稍许怠慢，未到半夜就出发前往桥头等待，不久，老者也来了。老者见了张良，高兴地说："这回就对了。"从怀中取出一部丝绸包袱递给张良说："这里有帛书一部，读通了可以成为辅佐王者的师傅。十年以后兴事发迹，十三年后来济北相见，谷城山下的黄石就是我。"话说完，老者转身离去，再没有话，也从此不再出现。

天亮以后，张良打开包袱，是一部用墨写在丝绸上的兵书，篇题是"太公兵法"。太公者，周文王、周武王的军政导师姜子牙也。姜子牙善于兵法谋略，辅佐文王行政强兵，辅佐武王灭殷兴周，被尊称为姜太公，封地就在领有济北的齐国。太公兵法，据说是姜太公的著作，是他一生政治军事经验的总结。张良深感奇异，从此将这部书带在身边，随时翻阅揣摩。

赠书教导张良的这位老者，后来被称为黄石公。黄石公的得名，源于他留给张良的那句话："十三年后来济北相见，谷城山下的黄石就是我。"据说，十三年后，张良跟随刘邦经过济北郡，果然在谷城县境内的谷城山下见到了一块黄色的石头，张良大为感铭，取下石头宝贵珍藏，奉时祭祀。张良死的时候，将这块石头放在自己的棺椁中一同埋葬，嘱咐后人，扫墓祭祀的时候，一定要供奉黄石，如同自己生前。

黄石公与张良的故事，是司马迁采访收集的传说。司马迁不是迷信鬼神的人，但他以为人世间的怪异神奇是有的。张良本身就是一位神奇的人物，他早年刺杀秦始皇，后来辅佐刘邦平定天下，晚年超脱人世辟谷求仙，一生不同凡响，为人行事，宛若有仙人指引。司马迁以为，张良见黄石公的事，怪异是怪异，也在人间的情理变异之中，所以特别详细地记录下来。

历史不仅是往事的记录，也是对于往事的解读。作为一种历史学的解读，张良是信奉黄老道家的人，黄老道家是假托黄帝和老子为始祖的新道家学派。[1]假托黄石现身的老者，大概是战国末年黄老道家的一位智慧的传人。黄石公当是齐国济北谷城人，齐亡以后，避难迁居下邳，虽说是隐居，却密切关注天下形势。张良来到下邳，他的身世来由、一举一动，都在黄石公的眼中。张良是韩国贵胄后裔，韩灭以后，他主谋刺杀秦始皇，惊天动地。在秦政府眼里，张良是死罪要犯，而在六国旧人的眼里，张良是天地英雄。以黄老智者的黄石公看，英雄张良，宛若璞玉尚须雕琢。刺杀秦始皇，不过是恩怨发于个人的匹夫之勇，而为祖国复仇的大业，根本在于推翻暴秦、恢复故国。行事偏离根本，逞意气于一搏，正是年轻气盛、少年方刚的血气。若要成就大事，尚需要加以打造磨炼。就性情而言，强权暴政之下，首先要能够韬晦隐忍，等待时机；就行事而言，复国灭秦，一定是有组织的军政大事，需要相当的智慧谋略，兵法政略的学习正是眼下的要事。黄石公自感年事已高，有意将自己密藏多年的兵书托付于张良。他用忍耐试

---

[1] 熊铁基《秦汉新道家略论稿》，上海人民出版社，1984年。

探，一而再、再而三地委屈张良，良苦用心，意在磨炼英才。

黄石公交付给张良的《太公兵法》，就是假托姜太公名义的古代兵书系列，至今流传于世的，有《黄石公三略》、《阴符经》和《六韬》。我通读三部太公书，感叹有加，张良后来辅佐刘邦定天下，运筹帷幄之中，决胜千里之外，他的智慧谋略，正是渊源于《太公兵法》。据说张良修得《太公兵法》以后，说与别人听，都没有反应，说与刘邦听，刘邦马上觉得好，当即一一实行。张良不由得感慨："沛公殆天授"，从此不愿意离去。天授天授，上天所授予也。张良的聪明智慧，是上天所授，刘邦的英断决行，也是上天所授，上天又假手黄石公和《太公兵法》将二人连结在一起，打造出君主和帝师、主帅和谋臣的天作之合。

我读《六韬》之《文韬·文师篇》："天下非一人之天下，乃天下之天下也。同天下之利者，则得天下，擅天下之利者，则失天下。"《武韬·发启篇》："天下者非一人之天下，乃天下之天下也。取天下者，若逐野兽，而天下皆有分肉之心；若同舟共济，济则皆同其利，败则皆同其害。"大有豁然开朗之感。多年以前，我在考察刘邦集团的时候，曾经提出"共天下"的理念，即共同所有、公平分配天下权益的意识，是刘邦集团的原则和共识，刘邦集团之所以能够取得天下，新建的西汉王朝之所以能够克服秦始皇的绝对专制皇权，发展出一种新型的有限皇权，其思想根源就在这里。[1]

刘邦集团"共天下"的理念，是由张良提出来的。公元前 202 年，刘邦和项羽决战垓下，张良正式向刘邦提出，只有君主能够

---

[1] 李开元《汉帝国的建立与刘邦集团——军功受益阶层研究》第 4 章第三节之三"共天下与有限皇权"，三联书店，2000 年。

与诸侯臣下"共天下",才能上下内外协力,击败项羽,取得胜利。刘邦接受了张良的建议,与各国约定共同分配天下权益,终于集结诸侯国联军,一举击败项羽。当时我考察这段历史时,致力于共天下理念对汉王朝政权影响的追究,未遑探索共天下思想的来源。如今当我为黄石公赐书张良再次通读《太公兵法》时,意外寻迹到共天下理念的思想来源,释然之余,得到一种由人及书、由书及人,思想推动历史、历史启发思想的融通关联。

信哉《太公兵法》,大哉共天下理念,其存在和影响,绵绵不绝于两千年后的今天。

七 刘邦见秦始皇

在秦帝国时代,刘邦不过是区区泗水亭长,同帝国千万编户齐民、数以万计的小吏卒史一样默默无闻于世。秦始皇独尊于天下,他当然不曾知道刘邦是何许人等,刘邦的存在也不会对他有任何影响。不过,对于刘邦来说,他每天都生活在皇帝的威严权势之下,秦始皇无时无刻不在影响着他。值得历史学家格外注意的是,刘邦曾经在咸阳目睹过秦始皇的风采。这次偶然相遇,不仅给刘邦留下了永远不曾磨灭的印象,而且深刻地影响了将来的历史进程。

始皇三十五年(前212),秦始皇嫌咸阳人口多,宫殿小,于是大兴土木,在首都咸阳南郊修建阿房宫。阿房宫工程巨大,秦政府大规模征调帝国各地民工,到咸阳地区服徭役做工。依照秦政府的规定,年满十七岁的成年男子,都有为政府服劳役和兵役的义务,兵役和劳役不分,每年在本县服役一月,算是常年有的徭役。除此之外，一生当中，还有一年在本郡本县服役，一年在外地服役，外地或在首都，或在边郡，或在他郡。这两年集中的徭役，算是一生中的大役，特别是一年的外役，背井离乡，最是沉重。泗水亭长刘季，始皇帝三十五年派上了到咸阳修建阿房宫的徭役，为期一年，因为是长期外役，同僚友好都来送别，纷纷赠送盘缠，惯例人人三百钱，萧何例外送了五百钱，就是这一次的事情。

秦帝国时代，户籍制度严密，个人的迁移受到严格的限制，平民百姓的生活圈子，大都局限于出身所在的乡县，不得随意流动外出。楚国游侠时代，刘邦曾经到过魏国的外黄县，在名士张耳的门下住过几个月，入秦以来，没有远行过。这次咸阳之行，虽然是差事徭役，对刘邦来说，也是大开了眼界。沛县东去咸阳两千余里，走三川东海大道，出泗水入砀郡，横穿三川郡，由荥阳—成皋—洛阳一线西去，进入新安、渑池，过崤、函山间，由函谷关进入关中。这次旅行，以战国旧国论，由楚国出发，经过魏国、韩国到秦国，堪称是一次国际大旅行，沿途山川景色壮丽，各地风俗民情不同，处处使人感铭。帝国法制严密，交通整备，管理高效，也是令人印象深刻。特别是进入关中秦国本土以后，地势之形胜和经济之富庶，宫室建筑之辉煌壮丽，民风吏治之古朴清廉，更让关东乡县小民的刘季感到耳目一新。

关东六国人初次入秦的感受，荀子在论著《强国篇》中有生动的叙述。荀子说："秦国四面有边关防守之险要，关中山林茂盛，河川纵横，原野谷地肥美，物产丰富，是天然形胜之国。入境观其风俗，百姓淳朴，声乐雅正，服饰素净，人人敬畏官府而顺从，保留着古代的民风。进入都邑官府，役吏严整肃然，人人恭俭敦敬，忠信尽职，毫无不良陋习，宛如古代的良吏。进入国都咸阳，士大夫忠于职守，出私门入公门，出公门归私门，不因私事行旁门左道，不拉帮结派，不朋党比周，办事为人无不明通而为公，可以说是古来的士风。观察秦国的朝廷，其朝议有序，听决百事无所滞留，运转井然宛若无任之治，真是古风的朝廷。可以说，秦四世取胜，并非一时侥幸，而是天时地利，政通人和之结果，是形势必然之定数也。"

荀子大约生于公元前312年，死于公元前238年，虽然比刘邦年纪大，因为高寿，与刘邦在同一天空下生活过近二十年。荀子出生于赵国，后来周游列国，在楚国的兰陵县做过县令。兰陵县在楚国的东海郡，离刘邦的出生地沛县很近。因此，他们初入秦的感觉，不会相去太远，特别是荀子对秦国山川形胜和民风吏治的赞美，完全可以作为刘邦此次入秦的切身感受。

我们已经多次谈到过，刘邦是往事不忘、恩怨必报的人。游侠时代，大嫂洗锅使坏，不让刘邦与兄弟伙们混饭，刘邦终身耿耿于怀，做了皇帝以后，他迟迟不封大哥家，实在是挨不过太公的说情，怏怏封大哥的儿子做了羹颉侯。他用饭菜刷锅侯的恶名，出当年的怨气。刘邦入秦服役，沛县役吏出钱饯别，众人皆出三百钱，唯独萧何出了五百钱，他在心里记了账，做了皇帝封功臣时，特别多封萧何二千户，明言就是报答当年多出的二百钱。

秦末之乱中，刘邦首先领军攻入关中，他约法三章，安抚秦民，晓谕关中各地，保留原有政府机构，亲自与关中父老对话，对秦国吏民有格外亲切的表示。其中的理由，首先要举的当然是政治上的考虑，他要做秦王拉拢民心。不过，刘邦也是性情中人，他初入秦有好感，在关中没有受虐待吃苦头，也是不可忽视的情感因素。刘邦击败项羽后，曾经一度定都洛阳，很是投合了关东出身的老兵宿将们的乡情。不过，戍卒娄敬晓谕以关中形胜，秦人可用，立即唤起他西去的思绪；经张良鼓动，刘邦即日起驾迁都前往关中，如此干脆利落的行动，除了种种战略的、理性的考虑之外，初入秦时留下的关中情结，使他在情感上对于迁都毫无抗拒。

刘邦在关中的大部分时间，都是在咸阳郊外的工地上度过的，虽然辛苦，却也兴趣盎然。就在此期间，刘邦遭遇了对他的一生有重大影响的一次事件：他亲眼目睹了秦始皇的风采。

关于未来的汉高祖与在位的秦始皇的这次相遇，司马迁在《史记·高祖本纪》里如此写道：当时，秦始皇出行，允许百姓道旁观瞻，刘邦有幸挤进观瞻的行列当中，目睹了盛大的车马仪仗，精锐的步骑警卫，远远地仰望到了秦始皇的身影。对于咸阳徭夫、沛县乡里的泗水亭长刘季来说，秦始皇宛若天上的太阳，灿烂辉煌。感光受彩之下，刘邦身心受到极大的震动，他久久迈不动脚步，感慨至极点："嗟乎，大丈夫当如此也！"

"嗟乎，大丈夫当如此也！"反反复复，只有这一句话。就是这一句话所传送的感慨，几乎概括了刘邦一生的政治走向。在秦末战国复活的大潮中，刘邦之所以不甘于为王，一心一意要做皇帝，其中的因素之一，缘于秦始皇早就是建树于他心中的偶像，他要像秦始皇一样君临天下，在万人观瞻的车马出行中体验人生的满足。

八　亭长做了亡命徒

秦始皇三十七年（前210），刘邦已经四十六岁了，一直在泗水亭长任上混着。刘邦结婚晚，虽说早年与外妇曹氏有一子，毕竟是非婚的私生子，登录在曹氏家的户籍上，名不正言不顺，上不得台面，不得不藏着隐着。与吕雉结婚后，先生了一个女儿，就是后来的鲁元公主。这一年，吕雉生下一个儿子，刘邦好生高兴，中年得子，又是正妻所生，虽说是平民人家，扯不上什么爵位产业嫡子继承之类，户籍上总算是有了子男，不至于绝了刘季的香火。近五十的人了，亭长任上已经多年，再过十年，五十六岁就该退休了。也不愿去多想，能生子，说明我刘季精气还旺，撞上勾人的夫人，看我不给你生出十个八个来。虽然只能是想想说说而已，刘季心中还是火气未灭。

这年九月，诏令传达下来，说是皇帝过世，小儿子胡亥继承了皇位，称二世皇帝。二世皇帝诏令天下，称颂始皇帝功德，昭明承继大统的惶恐，赦免罪人，减免赋税，安定民心云云。毕竟是山高皇帝远，沛县城里，还有些默哀的动向议论，到了泗水亭上，大家还是日出而作，日入而息，虽说是换了皇帝，日子还是老样子。

刘邦得了儿子，依然常常泡在王大娘、武大妈的酒店里，只是多了些得子的话题。不久，来往的客官渐渐带来些风闻，说是二世皇帝的即位有些蹊跷。大儿子扶苏是嫡长子，被不明不白地赐死，受始皇帝命令辅佐扶苏、威震匈奴的将军蒙恬和他的弟弟，始皇帝的亲信大臣蒙毅，也受牵连被杀。始皇帝死在沙丘离宫，那是从前赵国的武灵王被害的地方；始皇帝的车马官赵高是赵国人，又是二世皇帝的老师，突然高升郎中令，其间怕是有些猫腻。不久，又有传说咸阳城里大开杀戒，二世皇帝将自己的兄弟姐妹，十几位公子公主杀了个干净，先帝的老臣们，也人人自危，面临着一个个被肃清的命运云云。风闻是越来越多，无风不起浪，真真假假，虚虚实实，刘邦感到，上面大概是有些不稳。

不久，有命令下来，说是已经停工的阿房宫重新开工，始皇帝的骊山陵园也要加紧完成。沛县开始征发长年外出的徭役，担当骊山工事的服役民工征发完毕后，命令泗水亭长刘季押解奔赴咸阳，即日起程，快去快回。刘邦前年才在咸阳阿房宫工地服役一年，回到沛县家中来也就一年左右，儿子刚刚出生，家事正是繁忙，实在是不想远出，再去风餐露宿。不过，命令已经下来，刘邦不敢怠慢，只得告别妻子儿女，押解百十号人起程西行。

刘邦所押解的服役民工，都是沛县当地征发的编户之民，多是农民，也杂有手艺人、商贩各色人等，沛县城里杀狗挂卖的莽汉子樊哙，也在其中。同是本地人，出门在外是同乡，从军出战是同伍，同生共死，天然一种割不断的乡情。大都是有家有口的人，送别时妻子儿女哭泣，老父老母叹息，父老乡亲还口口声声拜托了。有什么办法，死了的皇帝要修陵墓，活着的皇帝要修宫殿，劳民伤财，苦的还不是细民百姓。也没有多说的话，自己也是服役刚刚归来，马上又是别妻离子，只有请大家放心了，我刘季也是沛县一方水土养大的，能担待的都会扛在肩上。

刘邦押解一行人出得沛县城西去，途中休息时就跑了几个，进入自己的出生地丰邑一带，又跑了几个。到了丰邑西边的大水塘子，刘邦带领一行人歇宿于泽中亭亭舍，[1] 再一次清点人数，又少了几个。刘邦心中好生不快，直犯嘀咕，照这样走下去，到不了咸阳，人都跑了个精光。当今刑法重，服役者逃脱，押解之吏罚作服役，不要说跑了个精光，就是跑了一个，自己都得受判严

---

[1] 《史记·高祖本纪》说：刘邦一行"到丰西泽中，止饮，夜乃解纵所送徒"。《汉书·高帝纪》作"到丰西泽中亭，止饮，夜乃解纵所送徒"。颜师古注曰："丰邑之西，其亭在泽中，因以为名。"梁玉绳《史记志疑》曰："则此似脱'亭'字，若但言泽中，岂能止饮乎？"按：亭有亭舍以供公务往来住宿，正是刘邦一行人的止饮处。

刑。押解的这一帮人，都是乡亲，大家都是莫可奈何的苦难事，我刘季何必自苦苦人，干脆来个干净利索。

于是，当晚刘邦在亭舍备下酒菜，召集所押解的服役民工一同饮食，三杯酒下肚，刘邦对众人说道："眼下的处境，我们彼此清楚，我刘季不为难诸位，大家各自散去，自谋出路，我也从此远走他乡，隐去逃亡。大家好自为之，后会有期。"众人好生感激，大多纷纷散去，樊哙等十几个没有家口拖累的年轻人，平日就听说刘季侠义，纷纷表示愿意跟随刘大哥走，有难同当，有福同享。

如此一来，刘邦心定下来，反而觉得爽气。日子是越来越过不下去了，官逼民反。鸟个泗水亭长，也不过手下两个兵丁，五六件刀枪，还得循章守法，上上下下受夹磨，痛快不起来。眼下十几个兄弟，愿意跟随我刘季，寻觅个官府管不到的去处落草下来，反而自在。刘邦与樊哙等人商量，如今事情犯在沛县境内，刘季是沛县吏，众人是沛县人，沛县境内是待不得了。由泽中亭往西，就进入砀郡境内，再往南去，在泗水郡和砀郡的邻近地区，有一片山地，叫做芒砀山。芒砀山区有大小十多座山冈，连绵数十里，虽说山不高，却林木茂盛，周围沼泽密布，是个落草避难的去处。事情紧急，没有多想的余地，酒醉饭饱以后，刘邦等人连夜向芒砀山赶去，从沛县境内销声匿迹。[1]

从此以后，刘邦等人就在芒砀山隐藏下来，成为秦政府通缉

---

[1] 今本《史记·高祖本纪》和《汉书·高帝纪》都记有刘邦在芒砀山斩蛇杀赤帝子的神异事，这一类的事情，当是东汉以后的附会添加，故为本书不取。其说参见西嶋定生《草薙劍と斬蛇劍》，收于同氏著《中国古代国家と東アジア世界》，東京大学出版会，1983 年。笔者以为，今本《史记》的祖本，可能是《班氏家藏本史记》（说见拙文《解构〈史记·秦始皇本纪〉——兼论 3＋N 的历史学知识构成》，刊于《史学集刊》2012 年第 4 期），刘邦斩蛇杀赤帝子事，极有可能是班氏一族所加，就此笔者有意另外撰文论述。

追捕的盗贼团伙。就沛县官方而言，刘邦是知法犯法的首犯；就沛县地方乡亲父老而言，刘邦是脱民于难的好汉。刘邦释众逃亡以后，妻子吕雉被拘捕，因为上有萧何等人庇护说情，下有任敖等兄弟伙死命维护，又是民心乡情所在，没有吃多大苦头，也就释放了。获释后的吕雉，暗暗与刘邦取得联系，还曾经到芒砀山去见过夫君刘季。

当时，不仅沛县一地，关东各地，形势都渐渐有些不稳。面对有增无减的徭役征发，各郡县上上下下都感到困苦难办。上面催得紧，只有强征，强征民怨大，怨声载道，群情难抑，就难免政令不行，盗贼滋生。服役的民工，戍边的兵卒，不时有所逃亡，不少如同刘季团伙一样，聚集山林沼泽，武装出没，与官府对抗。砀郡昌邑县人彭越，聚集亡命，出没在砀郡、薛郡、东郡间的巨野泽。九江郡六县人英布，在骊山服役期间带领一帮刑徒民工逃亡，聚集徒党，出没于九江一带的江中湖泊。天下不安的境况，人人都感觉得到了。

面对如此时局，各级官吏，也都上下两难，只好睁一只眼闭一只眼，过一天算一天，等事到临头再说。刘邦一伙人，在泗水郡和砀郡间的芒砀山区避难躲藏，两不管的地方，没有闹大事，也没有受到官府的追剿，久而久之，聚集的人越来越多，成了走投无路者避难的去处。沛县及其周边地方的一些不安分的少年，也有慕名前来投奔的。不久，刘邦手下，竟然聚集了近百号人。

九　芒砀灵犀通井冈

著名的秦史专家马非百先生对刘邦集团早年的活动曾经感慨非常。他以为，砀、泗之间，丰沛一带，对于起兵前的刘邦集团来说，宛若《水浒传》中的梁山泊，还在泗水亭长的时代，造反的形迹就已经明显，以沛县小吏为成员的组织雏形就已经出现。[1]

刘邦起兵以后，其组织的基础，就是沛县吏民；未来汉帝国的组织核心，也在于此。不过，刘邦加入沛县小吏组织以前，长期是江湖上的游侠。游侠虽说是没有严密的组织，却有广泛的联系网络，他由此在民间社会，早早地建立起了人际关系网。反秦前的沛县官吏组织，是政府组织。秦帝国建立以后，为了扩大政府的民间基础，沛县政府组织力图把如同刘邦这样的组织外的破坏力量网罗进来，刘邦的种种不轨浪行，只是个人尚未适应组织的规范，不断出现不安定的碰撞而已，谈不上有组织的反抗。刘邦公然抗拒秦政府，开始于他在丰西泽中亭释放服役徭夫时。他率领部分服役徭夫到芒砀山落草，成为政府通缉的盗贼集团，首次建立起了反秦的组织。以此来说，刘邦在泗水亭长任上的活动，相当于宋江在郓城县吏上的经历。刘邦集团的梁山泊，是在芒砀山。

刘邦早年是游侠，游侠用剑施暴，以武犯禁；后来做亭长，亭长行武捕盗，掌管兵卒武器。从以后的经历来看，刘邦是有武功擅兵器的人，他的组织才能和军事才能都是第一流的。押送徭夫去咸阳，刘邦是带了武器的；他释放徭夫于丰西泽中亭舍，挥剑开道，率领众人到芒砀山，从一开始就是武装起来的。跟随刘邦在芒砀山落草的人，都是青壮年男子，以沛县人为多，后来也加入有泗水、砀郡间的当地人。他们的数量，在秦末之乱爆发时达到近百人，能够武力围困沛县，里应外合，颠覆秦的沛县政权。

---

[1] 马非百《秦集史》刘邦传按语，中华书局，1982年。

80

由此可以想见，还在芒砀山时，以刘邦为首领的盗贼集团，武装已经完备，组织已经成形。

秦末各地出现盗贼集团，历史上有名的有芒砀山刘邦集团、巨野泽彭越集团、九江英布集团。以当时彭越集团的情况来作一般推测，刘邦集团成员之间，已经有号令刑法，按照军事组织的形式编制起来了。集团内上下统属管辖，有武器后勤、探听联络的种种职务分工。樊哙是刘邦芒砀山集团的知名成员，他往来于芒砀山和沛县之间，负责交通往来，传递消息，宛若情报员。刘邦落草芒砀山后，与丰邑乡里、沛县属吏间一直保持着密切的联系。当沛县出现事变的时候，萧何就是通过樊哙与刘邦取得联系，召唤刘邦带领部下出芒砀山来到沛县城的。芒砀山时代的刘邦，率领武装组织占山为盗，虽然没有公开树起反秦的旗帜，武力抗拒政府的行为是已经昭然若揭。用我们今天的话来说，芒砀山时代的刘邦集团，已经是聚众造反，武装割据。

自秦始皇统一天下以来，中国结束多国并争的列国时代，进入王朝交替的帝国时代。列国时代，政权交替的动力，多来自于外国，权力在统治阶层间平行移动。帝国时代的政权交替，动力主要出于国内民间社会的武装暴力，权力在统治阶层和被统治阶层间垂直移动，这就形成了两千年中华帝国政权交替的基本特点：王朝循环和农民战争。中国有句名言，叫做"星星之火，可以燎原"，说的是燎原的大火，起于点点的火星。能够覆灭统一帝国的农民战争，必定是能够与统一帝国的力量相抗衡的大规模的民众暴乱。这种大规模民众暴乱的出现，绝非一时一地突然骤起，而是有一个由小到大、由弱到强的发展过程。在这种大规模的民众暴乱的发展过程中，星星点点散布在山间水泽的武装割据，往往成为一种初始阶段。

两千年来，聚众造反的武装割据，与王朝兴衰的历史逆向相

芒砀山

　　2005 年 3 月，我西出徐州，横跨三省三县，进入河南永城。道路
两旁，田畴平野，村落木树，一望无际，茫茫然在阳光下了无变化。
在永城芒山镇下高速，进入芒砀山旅游区，山地跃然横起，古庙藏绿
荫，王墓依池塘，完全别是一番景象。

　　信步芒砀山间，揣度刘邦当年。丰西泽中亭舍犯法释众以后，沛
县是不敢停留了。放眼周边，千里平畴，何处是藏身的去处？芒砀
山有山有水有树林，便于藏身，地区偏僻，属于统治薄弱的边缘，
正是武装割据，避难脱险的好去处。

随。王朝强大兴盛，割据造反消亡；王朝解体衰落，割据造反蜂起。两千年来，聚众造反的武装割据何止万万千千，最后成就了帝业者不过一二三四，绝大部分，或者被政府消灭，或者被政府招安，或者自然消亡。历史有动力，历史无必然，所谓被选择的成功者，其有幸的成功，当是何等的偶然！

芒砀山区在现在的河南省商丘地区永城市东北部，是一处由十多座小山头组成的山地，面积有十多平方公里。芒砀山山不在高，海拔最高处只有一百五十余米。芒砀山之所以能够有名，成为武装割据之处，在于它突起于平野，横亘于行政地界的地理位置。2005 年 3 月，我先去丰沛，寻访高祖龙兴故地，当晚回徐州住宿，第二天上午，流连于西楚项羽的古都旧迹。下午，西出徐州，走连（连云港）霍（霍尔果斯）高速公路，出江苏省，经过安徽省萧县，进入河南省永城，二百余里的行程，横跨三省三县，道路两旁，田畴平野，村落树木，一望无际，茫茫然在阳光下了无变化。在永城芒山镇下高速，出平地进入芒砀山旅游区，山地跃然横起，古庙藏绿荫，王墓依池塘，完全别是一番景象。

信步芒砀山间，揣度刘邦当年。丰西泽中亭舍犯法释众以后，沛县是不敢停留了。放眼周边，千里平畴，何处是藏身的去处？当时，事出突然，怕也是颇有一番踟蹰。芒砀山有山有水有树林，便于藏身，地区偏僻，行政界于芒县和砀县、泗水郡与砀郡之间，属于统治薄弱的边缘，正是武装割据，避难脱险的好去处。芒砀山与沛县间，虽说隔了郡又隔了县，距离却不过二百余里，正是这种行政的分割和隔离，地理的有利和近便，使芒砀山中的刘邦集团既能躲开沛县当局的追究，又始终和沛县吏民保持着联系。当天下有事的时候，沛县吏民能够想到招他，他也能够迅速返回沛县，终于成就伟业大事。芒砀山武装割据，不仅是刘邦集团的起点，也可以说是汉帝国的起点。[1]

历史以成败论英雄，历史学以源流论发展。统一帝国以来的两千年，第一位聚众造反、武装割据而成大业的英雄，是兴起于芒砀山的刘邦，以后接踵其足迹、成就武装割据之大成者，无疑是毛泽东的井冈山了。三十年前，我同学少年，赤子朝圣，步行二千五百里，出广东，进湖南，入江西，沿绵延三省间的罗霄山脉，直上井冈。井冈山山势险峻，起伏纵深，不愧为武装割据的天然良地。"黄洋界上炮声隆，报道敌军宵遁。"英雄割据的气势，至今尚在我心中回荡。三十年人生，两千年历史，以山川地理而论，芒砀缓浅，岂能比况井冈高峻；以英雄足迹而论，井冈芒砀，都是龙腾虎跃前的销隐潜藏。一旦风云骤起，天下生变，芒砀山的亡命集团，井冈山的红色部队，竟然能够席卷中国，改朝换代，山河历史，也有灵犀相通乎？

芒砀灵犀通井冈。纵观古今，历史的连续和反复，正是连通芒砀山和井冈山的灵犀。横看世界，历史的转折和突变，也潜藏在连通芒砀山和井冈山的灵犀当中。井冈山武装割据的胜利，是否意味着王朝循环的终结？两千年的艰难课题，依然面临历史的检验。

---

[1] 其详细论述，参见拙著《汉帝国的建立与刘邦集团——军功受益阶层研究》第4章第一节之一"群盗集团时期"。

第三章

大厦将倾的前夜

一　秦始皇突然死了

　　最高权力者的健康，事关国家绝顶机密，病夫治国、疯傻当政的事情，古往今来，说不清道不尽，大多被遮掩隐瞒。

二　赵高的机会来了

　　决断敢行，鬼神尚且退避，行事定然可以成功。赵高宛若出笼的猛兽，浓浓地嗅到了猎物的生鲜气息。

三　赵高不是宦阉而是全才

　　赵高是第一流的书法家，精通法律的专才，他体魄高大强壮，骑术车技精湛，武艺非同寻常，是秦王宫廷中不可多得的文武双全的人才。

四　奉行老鼠哲学的丞相李斯

　　李斯以为，卑贱是人生最大的耻辱，贫穷是人生最大的悲哀。长久处于卑贱的地位、贫穷的境地，反而讥讽富贵、厌恶利禄，以自托于无为来自我安慰和解脱，不过是无能而已，绝非士人应有的情怀。

五　赵高与李斯的博弈

　　赵高深信，利益所在，就是人生的选择所在。自己如此，胡亥如此，李斯也是如此。他深信自己能够说服丞相李斯。

六　沙丘密谋背后的纠葛

　　政治上的分合对立，有纲有线有怨。政见上的分歧是纲，人事上的站队是线，政见和人事之外，还有个人间的恩怨掺杂其间。

七 帝国继承人扶苏之死

如果扶苏不自杀，不管是再请复核，还是抗命拖延，秦帝国的命运将完全改观，历史将转向不同方向。

八 蒙恬与蒙毅

二世有意释放蒙氏兄弟，继续起用。然而，蒙恬与李斯是政敌，蒙毅与赵高有私仇，在消灭蒙氏的问题上，李斯、赵高二人利害一致。

九 最后一位秦王的神秘身世

"子婴"是始皇帝的弟弟长安君成蟜的儿子，二世皇帝的从兄，他的名字应当叫做嬴婴。

十 杀蒙氏兄弟

始皇帝统一天下以来，从未诛杀功臣，也不无端株连大臣。二世杀蒙氏，开无过诛杀大臣的先例。在咸阳朝廷的百官中，不安的情绪开始滋生。

十一 杀骨肉至亲

专制独裁政权之下，所有的人没有生存的制度性保障。至于罪名的罗织，从腹谤心诽到莫须有，不过是欲加之罪，何患无辞而已。

十二 来自坟墓的远古消息

最不可思议的是遗物，实实在在地穿越时空出现在我们的眼前。这些遗物既属于当今，可以把玩触摸，又属于既往，可以牵连回想，传达给我们的信息，最为可靠而有实感。

一　秦始皇突然死了

秦始皇三十七年（前 210），始皇帝在第五次巡幸天下的旅途中染病，车驾行至巨鹿郡南部的沙丘宫平台（今河北省广宗县西北大平台）时，病重不起。七月丙寅这一天，皇帝预感不祥，在病榻前口授遗诏，赐送远在北部边境监军的长子扶苏。遗诏由中车府令兼行玺符令赵高笔录，主要内容是"（扶苏）将所监领的军队托付与将军蒙恬，迅速赶到咸阳主持丧葬"。遗书加封后尚未送出，始皇帝驾崩，享年五十岁。

始皇帝晚年病理心理均已恶化，在宫廷的核心圈子中是心照不宣的事情。始皇帝统一天下，千年伟业告成，隆重喜庆之后，似乎突然滋生了深沉的失落和不安。始皇帝的失落，是失去政治目标的失落；始皇帝的不安，是对于自然生命的不安。天下尚未统一的时候，举国上下同力，夙兴夜寐勤政，一切为了一个目的，消灭六国，统一天下。功成名就后，海内一统，剩下的就是维持巩固的余业。有秦以来，数百年进取出击的锋芒，陡然间失去了指向；亲政以来，近二十年扑身掀动的战争风云，瞬息间中止平息。第一次巡游，告祭先祖，如释重负之余，炫目人生的浓墨重彩开始退去，多年来强撑硬持的躯体开始乏力，各种病兆纷至沓来。刚刚四十出头的始皇帝，突然面临严重的病理和心理健康问题。

最高权力者的健康，事关国家绝顶机密，病夫治国、疯傻当政的事情，古往今来，说不清道不尽，大多被遮掩隐瞒。四十岁以后的秦始皇，身体究竟出了什么毛病，我们已经无从得知。从他晚年自比真人，秘密行踪，四处访医求药，寄望方士，向往蓬莱仙境，渴求长生仙药来看，他的心境已经困闭于对于死亡的恐惧中，抑郁症和妄想狂的精神病兆已经明显。对于死亡的过早恐惧，大多源起于肉体病痛的长期困扰。有人推测始皇帝有鸡胸哮喘。[1] 从他突然死于精力旺盛的巡游途中，我推想他可能有高血压和脑溢血类的疾病。

始皇帝驾崩，过于突然，除了始皇帝身边负责侍候的数名近侍宦者外，知情者只有始皇帝的少子胡亥、丞相李斯和中车府令赵高三人。由于事关天下安危，丞相李斯当即作出决定，秘不发丧，封锁消息，将始皇帝的尸体置于通风良好的辒辌车（卧车，有窗，闭之则温，开之则凉）中，由始皇帝的近幸宦者驾御，定时奉献饮食，百官奏事如常。饮食的摄取，政事的处理，都由隐藏于车中的宦者秘密代行，一切完全如同始皇帝在世时一样。作此安排以后，车驾迅速西行，直奔首都咸阳。

二　赵高的机会来了

十二年来，秦帝国像一辆构造精密的巨型马车，在始皇帝的一手驾驭下高速奔走。始皇帝的突然去世，使这辆马车顿然失去了驾驭，留下了巨大的政治权力的空白。冥冥昊天之下，不安开

---

[1]　郭沫若《吕不韦与秦王政的批判》，收于同氏著《十批判书》，科学出版社，1962年。

始浸润，人世间对于这种不安的感受，基于距离皇帝身边的远近，自有早晚和深浅。早早的三位知情者中，最感不安的是中车府令赵高。他在不安的同时，更感到一种机遇的诱惑和渴望行动的兴奋。仔细而迅速地计虑之后，他将遗诏截留下来，暂不交付使者。他开始行动，决定首先去谒见公子胡亥。

赵高是胡亥的老师，多年来一直教导胡亥书法和法律，很得胡亥的信任和亲近。赵高知道，要想成就大事，必须说动胡亥。根据自己与胡亥多年的交往，他对说服胡亥有自信。赵高谒见胡亥说："皇帝驾崩，遗诏单独赐予长子扶苏，对其他诸子完全没有提及。扶苏奉遗诏到咸阳，马上立为皇帝，贵有天下。公子同为皇子，却无尺寸之地的封赏，岂不有些过于突然而无奈？"

胡亥的回答干脆利落："父皇的做法是当然的事情。明君知悉臣下，明父知悉儿子。父皇过世，不言封赏诸子，我作为儿子没有多话的余地。"

赵高说："臣下以为不然。皇帝笃爱公子。扶苏出京之上郡，皇帝立公子为假子同行巡行天下，已经宣示了以公子为继嗣的心意。[1] 方今皇帝去世，天下的权位悬而未定，以臣下之见，其取舍定夺在于公子、在下以及丞相三人手中，望公子计虑图取。"

胡亥回答道："废弃长兄而立幼弟，乃是不义；不奉父皇的诏令而畏死，乃是不孝；才能浅薄而勉强因人求功，乃是不能。行不义、不孝、不能的事情，违背德行，不仅天下不服，更将带来自身的倾危，社稷国家也会断绝不继。"

赵高继续说道："臣下听说商汤王、周武王杀了自己的主君夏

---

[1] 秦始皇曾经考虑立胡亥为太子，扶苏出京之上郡后，秦始皇立胡亥为假子，也就是临时继承人，让他随行巡视天下。其详细内容参见本章之六"沙丘密谋背后的纠葛"及注。

桀王和商纣王，被天下称颂为义行，并不认为是不忠。卫国国君杀了自己的父亲，卫国臣民蒙受其恩德，孔子著录其事，不认为是不孝。大行不必拘泥于小节，大德不应谦让退避，地域不同有不同的应对，官职不同有不同的职司。所以说来，顾小忘大，必有后害；狐疑犹豫，必有后悔。决断敢行，鬼神尚且退避，行事定然可以成功，恳愿公子顺势而动。"

胡亥动摇了，喟然叹息道："眼下父皇灵柩尚未启动，丧礼尚未举行，此时此刻，如何能以这样的事情去惊动丞相呢？"

赵高等待的就是胡亥的这句话。他知道，只要胡亥心动，事情就成了一半。在夺权的布局中，胡亥是关键居中的棋子，说动了胡亥，有了王者的棋局就可以启动。启动后的棋局之展开，在于丞相李斯的参与。到了这个时候，赵高益发感到时间和事情的紧迫。他知道，成败的关口到了，他必须说动丞相李斯。他忍不住出声喊道："时机时机，迫在眉睫；整装出击，唯恐延误。"赵高宛若出笼的猛兽，浓浓地嗅到了猎物的生鲜气息。

三　赵高不是宦阉而是全才

赵高是沙丘之谋的主谋，也是未来毁灭秦帝国的主要人物。有关赵高的身世，两千年来了解甚少而曲解甚多。东汉以后，赵高被丑化为宦阉，其家族也被丑化为宦阉家族，不实的成见一直延续到今天。

我们知道，赵高是有儿女的人。他的女儿嫁与阎乐。阎乐任咸阳令，曾经参与望夷宫政变。这是赵高不是宦阉的明确证据。实际上，司马迁从来没有说过赵高是宦阉，不仅司马迁没有说过，东汉以前的所有史籍中都没有赵高是宦阉的记载。说赵高是宦阉的误解，一是出于对"宦"字理解的错误，二是基于错误的文字"隐宫"所作的丑化曲解。

《史记·李斯列传》记载说赵高是"宦人"，有"宦籍"。这是赵高被误解为宦阉的一条材料。然而，根据新出土的《张家山汉墓竹简》，宦，就是在宫中内廷任职的意思。宦人，就是任职于宫内之人，相当于王或者皇帝的亲近侍卫之臣。宦籍，就是用来登录出入于宫门者的登记册。秦汉时代，不管是"宦人"、"宦籍"，还是"宦官"的用语，都没有被去势的男人所出仕的宫内官职，也就是后代所谓的"宦官"的语义。当时，被去势后的男人被称为阉人，在宫中任职的阉人被称为"宦阉"，定义非常清楚。根据这个最新的材料，赵高是任职于宫中的宦人，也就是皇帝的亲近之臣，而不是被去势的宦阉。

《史记·蒙恬列传》说"赵高兄弟皆生隐宫"。这是赵高被曲解为宦阉的另一条材料。"隐宫"一词，本来语义不明。东汉以后，一位为《史记》作注解的刘姓人士借题发挥，他将"隐宫"之"宫"解释为去势的宫刑，进而衍申说赵高的父亲受宫刑去势，母亲与他人野合生下了赵高兄弟。赵高兄弟冒姓赵，也受宫刑被去势成了宦官。谎话越编越大，越编越痛快，于是以讹传讹，到了唐代以后，赵高一家都是宦阉的不经流言，就逐渐固定下来。秦史专家马非百先生早就根据《睡虎地云梦秦简》指出，"赵高兄弟皆生隐宫"的"隐宫"一词，是"隐官"的误写。《张家山汉墓竹简》出土以后，隐官的意义更加清楚明白。隐官，既用来指称刑满人员工作的地方，也用来指称刑满人员的身份，与宫刑和去势完全没有关系。

著名的历史学家顾颉刚先生有一个非常有名的论断，叫做层累地形成的古代史。顾先生以为，今天我们所见到的古代史，经过了历代不断的改造重写，已经不是原汁原味，而是添加了历代所喜好的口味。[1] 为了了解真实的古代史，必须清理历代的添加，复原古代的真相。东汉因为宦阉之祸亡了国，刘氏的曲解，投合了当时人痛恨宦阉的心情，大家都愿意传布亡国的祸首都是宦阉的流言。唐代又是宦官专权乱政，古来宦阉亡国的阴魂未散，类比声讨的风气下，赵高是宦阉的流言蜚语，自然发扬光大成了不刊的定论。明代，宦阉之祸愈演愈烈，到了清末，大太监李莲英还在慈禧宫中肆意擅权，如此代代层累之下，曲解的历史也就被作为正史流传下来，一直到今天。不过，这些都是题外的话了，我只是借此感慨人性的软弱，我们都愿意相信我们愿意相信的事情，至于真不真，假不假，倒在其次了。

历史叙事，是基于历史事实的叙事。核实历史事实的真相，是历史学家所从事的工作的基础，因为没有事实的真实，尔后的一切都是流沙上的建筑。不过，真假的鉴定，史料的考证，那是需要用论文的形式表达的另一种历史。[2] 现在我们还是回到历史叙事上，再次切入沙丘之谋前赵高的为人行事上来。

赵是赵国王族的姓氏，赵高的父系是赵国王室的疏族。战国时代，天下合纵连横，各国间结盟换约，相互间以王室公子作为人质。这些作为人质的公子，有些是国君众多子女中不受宠爱的被疏远者，被打发出质后往往长期滞留异国他乡，不少人贫穷潦

---

[1]　参见顾颉刚《古史辨自序》、《与钱玄同先生论古史书》，收于同氏著《顾颉刚古史论文集》第一册，中华书局，1988年。

[2]　关于赵高身世的真伪虚实，我在论文《说赵高不是宦阉——补〈史记·赵高列传〉》中（《史学月刊》2007年第8期）作了详细的考辨论证。本节的历史叙事，以该论文为基础写成，有意深入者，请参阅。

秦始皇陵铜车马御官铜人俑。御官髭须飘逸，束带着冠，背负利剑，前置劲弩，双手执辔驾车，正是秦中车府官属的仿真造型。从铜人俑身上或许可以窥测文武全才的赵高是什么形象。（《秦始皇陵出土一号青铜马车》，文物出版社，2012 年）

倒终生，至死不得归还。赵高祖上，大概是由赵国到秦国做质子的这一类公子，在赵国无宠，在秦国无援，不得意而滞留于秦，后来在秦国娶妻生子，子孙后代流落于咸阳市井当中，成为秦人，与普通庶民无异。

赵高有兄弟数人，都出生于隐官。在历史上留下姓名者，只有其弟赵成。赵成后来接替赵高，做了秦帝国的郎中令，曾经参与谋杀秦二世的望夷宫政变，也是一位人物。隐官是政府设置于不引人注目处的手工作坊，用来安置刑满罪人工作。赵高的母亲，因为有罪受过刑罚，赦免后，由于身体有受刑后的残疾，不便见人，也不愿被人瞧见，就一直在隐官劳动生活。

在秦代的等级身份规定中，在隐官劳动生活的人，其身份也叫隐官，用现在的话来说，相当于刑满释放人员，地位在普通庶民之下，所能占有的土地和住宅，只有普通庶民的一半。帝国法律注重公正，隐官虽然地位低下，其婚姻却不受限制，隐官子女的身份也同于普通庶民。赵高的父亲，大概是在隐官工作的下级文法官吏，通于法律，精于书法，在隐官任职时结识了赵高的母亲，组建了家庭，生下赵高兄弟。秦是注重世业的国家，子承父业、以吏为师后来成了帝国的国策。赵高成年以后能够走文法的道路入仕，成为第一流的书法家和法学家，都与父亲的职业和影响密切相关。

赵高生于秦昭王末年，大概是在昭王五十一年（前256）前后生于秦国首都咸阳。当时，秦国和赵国间的长平之战正进入后期，赵国首都邯郸被秦军重重围困。三年以前，秦始皇出生于邯郸，此时正与母亲一道困处城中，惶惶不可终日。想来也是有趣，秦始皇和赵高基本上是同龄人，他们之间只有三岁的年龄差，他们在历史上扮演了交换毁灭的角色。秦始皇的父亲是秦国的王族，他由秦入质于赵，娶赵人为妻。秦始皇出生于赵都邯郸，后来消灭了赵国。赵高的祖上是赵国的王族，由赵入质于秦，娶秦人为妻。赵高出生于秦都咸阳，后来毁灭了秦国。另一位相关人物刘邦与赵高同龄，出生于楚国的沛县，五十年后，他与赵高联手消灭了秦，不久又继承了秦始皇的遗业，以秦为根基创建了汉。至于关系秦帝国兴亡的又一位重要人物李斯，此时已经成年，二十岁左右，正在楚国做郡的小吏。这些将要推动历史的人物，尚未碰撞在一起，正散处各地，默默地等待着历史的召唤。[1]

秦国自商鞅变法以来，以耕战立国，以法律治国。军人，最受社会推崇；官吏，最为民人敬畏。秦国男子走上社会的途径，不外从军和为吏两条正道。男子十七岁成年，傅籍开始承担国家的徭役租税，或者应征参军，杀敌立功，或者入学室学习，通过选考出任官吏。

学室是专门培养文法官吏的官设学校，分别设置在首都和各郡。学生多从文法官吏的子弟当中选拔，十七岁入学，学习三年，主要学习识字、书法和法律。学满三年以后，在所在学室参加资格考试，可以背写五千字以上者为合格，除授为史，即可以担当文法事务的小吏，也就是办事员。除授为史者，进而可以参加中央政府主持的初等选拔考试。初等选拔考试在各地举行，各郡的试卷送到首都咸阳，统一由少府属下的大史审阅判定。判定的结果，提拔最优，处罚最劣。成绩最优秀者被任命为出身县的令史，相当于秘书一类，直接在县令的手下工作；成绩最差者，其所除授的史职将被取消。三年后，出任令史者还有一次高等选拔考试，

---

[1] 秦始皇生于秦昭王四十八年（前259），刘邦与赵高同年，生于楚考烈王七年（前256），李斯大约生于楚顷襄王十九年（前280）。

秦铜车马（《秦始皇陵出土一号青铜马车》，文物出版社，2012 年）

经过严格的考试和审查，选拔最优秀者一人，进入宫廷担当尚书
卒史，以内廷秘书的职务，直接在秦王的左右工作。[1]

由于父亲是文法官吏，也是严格要求子女的人，赵高兄弟大
概从小就在父亲的督促下学习读写和法律，打下了相当扎实的文
法基础。赵高从小精明强干，敏捷好学，有恒心有韧性。他在文
法入仕的仕途上，大概是一帆风顺。十七岁以文法官吏子弟进入

---

[1] 秦代的学室制度，参见《张家山汉墓竹简》史律，张金光《秦制研究》第十章"学
吏"制度，上海古籍出版社，2004 年。

学室，成绩优秀，三年后资格考试合格，被除授为史，继而初等选拔考试合格，以最优秀者出任为令史类的文法官吏。三年后，他参加高等选拔考试，再次以第一名的成绩中选，进入秦王宫廷担当了尚书卒史，直接在秦王身边从事文秘工作。在秦国万千的文法官吏中，赵高可以说是出类拔萃的佼佼者。赵高进入宫廷以后，他的能力举动，开始直接进入秦王嬴政，也就是未来的秦始皇的视野中。

赵高进入宫廷时，在二十三岁左右，时间大概是在秦王政十三年（前234）。这一年，秦王嬴政二十六岁，亲政后第五年，开始在政治上施展鸿图。秦国的官僚制度严密完整，文法官吏的升迁多由例行考核，积年累进。赵高算是有幸，他在秦宫的宦任中得到秦王嬴政的直接赏识，从少府属下的诸多尚书卒史中脱颖而出，被任命为中车府令。

中车府令是太仆的属下。太仆是帝国主要部省的九卿之一，负责掌管帝国的车马交通事宜，相当于交通部长，下属有各类车府官署，苑马监令。中车府令，同各类车府令一样，官秩六百石，有副官中车府丞一人，官秩三百石，所属吏员有数十人之多。以级别而论，中车府令只算是中级官吏；不过，由于中车府令是宫中禁内的车府令，职务相当于皇帝的侍从车马班长，负责皇帝的车马管理和出行随驾，甚至亲自为皇帝驾驭，职位至关紧要，非皇帝绝对信任的腹心亲近不能担当。

赵高出任中车府令，是秦王嬴政亲自作出的选拔任命。赵高得到秦王嬴政的赏识，除了其考选成绩特出而外，他进入秦宫后所展现的个人能力和才智，也是主要的因素。赵高的书法，堪称第一流，尔后庞大的秦帝国中，除了丞相李斯而外，大概无人能出其右了。赵高在文字小学方面的造诣，也极为高深。秦帝国后来的文字改革，他有相当的贡献。他著有《爰历》六章，是秦帝国官定识字课本的一部分，也是有名的文字学著作。[1]秦帝国是实用主义的法治国家，书法识字，是用来修习行政文书和刑律狱法的工具。赵高文字书法的精美，不过是他修习刑律狱法的准备和结果。在复杂而严格的秦帝国法制体系中，赵高堪称精通法律的专才，有家学渊源的法学名家。晚年的秦始皇将少子胡亥的教育委托于他，正是看中他文字、书法和法学上精湛的造诣。

史书上说赵高工作勤奋，行事坚韧不拔，果断敢行，是对他出众的行政能力的概述，当然这也是他受秦始皇赏识的要素之一。不过，赵高之所以能够被秦王嬴政提拔为中车府令，还有赵高适合于担当该职的实在的理由。

中车府令是皇帝的侍从车马班长，对于车马的驾驭管理、保卫皇帝安全的能力有极为严格的要求。根据秦代的法律规定，一般的车马驾驭，车士至少要经过四年的训练，四年后不能良好地驾驭车马，教官要受惩处罚款，本人要服四年劳役。合格的车士，要求年龄在四十岁以下，身高在七尺五寸以上；步履矫健，能够追逐奔马；身手灵活，能够上下驰车；车技熟练，能够驾车前后左右周旋；强壮有力，能够在车上掌控旌旗；武艺高强，能够引八石强弩，在驰骋中前后左右开弓。中车府，聚集的是秦帝国车御的精华，对于他们的要求，远在一般的车御车士之上，用现代的话来说，人人是车马高手，个个是大内武士。

始皇帝陵出土的铜车马，以二分之一的比例，完全按照始皇帝生前的车驾写实铸造，其车御佩剑置弩，束带着冠，髭须飘逸，威武沉稳，正是中车府官属的形象。中车府令，是中车府官属的统

---

[1]《汉书·艺文志》：“《爰历》六章者，车府令赵高所作也。”

领，帝国车御精华的顶尖高手。完全可以想象得到，身为中车府令的赵高体魄高大强壮，骑术车技精湛，娴熟于弓箭兵器，武艺非同寻常，是秦帝国宫廷中不可多得的文武双全的人才。升任中车府令，对于赵高的一生来说，意义重大。其意义不仅在于职务地位的升迁，更主要在于由此涉足秦国政治权力的核心和中枢，触摸到举足轻重之机要，如果机会适宜，可以直接影响天下政局。赵高出任中车府令时，在四十岁前后，正当年华，前程锦绣灿烂。

不过，专制体制下的仕途，等级制度中的官场，君主之下，人人都是身不由己的棋子，更何况天有不测风云，人有旦夕祸福。正当前程看好时，赵高触犯法律，获大罪入狱，始皇帝命令大臣蒙毅审理。审理的结果，赵高被定为死罪，解除官职，剥夺出入宫中禁内的宦籍，听候行刑。由于涉及皇帝侧近，事关重大，蒙毅不敢有所掩饰，将案情及其审理结果直接呈请始皇帝定夺。始皇帝惜才不忍，念及赵高在身边多年，行事敏捷勤奋，才能特出难得，下令赦免赵高，恢复其中车府令的官职。这件事的详细情况，来龙去脉，史书没有记载。然而，由以后的历史看来，这件事对于赵高的一生，对于沙丘之谋，对于蒙氏家族的命运，甚至对于秦帝国的毁灭都有不可忽视的影响。关于这一点，我们将来再谈。

四　奉行老鼠哲学的丞相李斯

赵高说动了胡亥以后，马上开始第二步行动。他清楚地知道，夺权计划的成功，必须取得丞相李斯的支持。如何说动李斯，赵高是久思深虑过的。

丞相李斯，是老资格的政治家和官僚，在当时的秦王朝政治中，是仅次于秦始皇的权势人物。李斯的历史，与秦帝国的历史始终相随。

李斯是楚国人，出生于楚国的上蔡县（今河南上蔡）。上蔡并入秦帝国以来，属于陈郡。李斯大概生于楚顷襄王十九年（前280），[1]相当于秦昭王二十七年，比秦始皇大二十一岁，比赵高大二十四岁。

年轻的时候，李斯在楚国的郡府中做文法小吏，郁郁闷闷，很是有些怀才不遇。他一个人住在郡吏的宿舍里，去厕所时常常遇见老鼠偷吃粪便中的残物，每当有人或者是狗走近，老鼠们惊恐不安，纷纷逃窜，他觉得可怜，更觉得悲哀。有一天，他有事去政府的粮仓，看见仓中的老鼠个个肥大白皙，住在屋檐之下，饱食终日，也不受人和狗的惊扰，境况优游自在，与厕所中的老鼠有如天壤之别。李斯是聪慧敏感的人，就在这一瞬间，他受到了极大的震撼，忍不住高声感叹道："人之贤明与不肖，如同鼠在仓中与厕中，取决于不同的地位而已。"

地位决定贵贱，人生在于选择。他顿悟了，当即决定，郁郁卑贱的生活再不能继续下去，人生必须有一个根本的改变。

战国是百家争鸣的时代，众多的学者先生，纷纷著书立说，争锋论辩。道家潜心于宇宙万物，追究贯通天地人世之原理大道；儒家整齐君臣父子夫妇礼义，致力于道德伦理之建立；阴阳家依据日月起伏、四季变迁而统括国家兴替、历史嬗变；墨家崇尚贤能而提倡节俭，以博爱反战的精神深入民间；法家最是深刻实用，以法、术、势规范政治和社会，一心致力于强权的建立；至于名家，既抽象于名词与实物间的哲理，又严格于名目与实际

---

[1] 钱穆《先秦诸子系年》附《先秦诸子系年通表》，河北教育出版社，2002年。

间的差异，超脱于世，早早地进入了逻辑思辨。

诸子百家，分门别类，千差万别，成就了中国历史上千年不遇的理性之觉醒。这些独树一帜、学有所成的先生们，往往兴私学，集弟子，遍游天下。他们游说各国权势人物，或者自己投身政界经世致用，或者送弟子出仕干政，自己在幕后发挥影响。如此世风之下，思想鼓动时代，掀起人才流动的大潮，对于有志向有能力的青年来说，从师游学，客卿出仕，成为出人头地的一条辉煌大道。

当时，著名的学者荀子正在楚国，他受楚国大臣、以养士著名的战国四大公子之一春申君黄歇的赏识，被任命为兰陵县（今山东苍山县）的县令。春申君死后，他废官家居兰陵，著述教学，声名远播各国。荀子是先秦诸子中最后一位大师级的人物，他的学问，集战国后期各家学派之大成，贯通了道、儒、墨、法、名辩、阴阳各家。荀子的学问，道、礼、法相通相生，着眼于当世而与时应变，最能吸引积极入世的青年。各国的青年学子，纷纷慕名而来，投奔其门下。李斯早就耳闻荀子高名，经过认真考虑，他辞去郡小吏，千里迢迢，由上蔡来到兰陵，入荀子门下做了学生。

李斯来到荀子门下，学习的是经世致用的帝王之术，用我们今天的话来说，就是实用政治学。数年以后，李斯完成了自己的学业，决心学有所用，准备用自己的所学去游说执政当权者，参政出仕，博取高位利禄，彻底地改变自己的处境和地位。此时的李斯，已经不是自比厕中鼠的郡县小吏，他有了知识和眼光，他要凭自己的能力做仓中鼠。

李斯对当时的国际形势作了细致的分析和研究后，决定离开楚国到秦国去。他看准了秦国强大，将来的天下是秦国的天下，到秦国可以有所作为，可以建功立业。他对老师荀子说道："弟子李斯听说过这样的话，机会来临的时候，万万不可怠慢。眼下是各国争雄的时代，游说之士主持各国政事。秦王有意吞并天下，称帝而治，这正是平民布衣纵横驰骋的时机，学者游士博取收获的机会。人处卑贱之位而不思变，正如圈养的禽兽，只能张嘴等食，不过徒有一张人脸，两腿可以直立行走而已。所以说，卑贱是人生最大的耻辱，贫穷是人生最大的悲哀。长久处于卑贱的地位、贫穷的境地，反而讥讽富贵、厌恶利禄，以自托于无为来自我安慰和解脱，不过是无能而已，绝非士人应有的情怀。我决意西去秦国，游说秦王。"

在荀子的众多弟子当中，最出名的有两位。一位是李斯，另一位就是后来成为集法家之大成的学者韩非。韩非比李斯年纪稍大一些，他们同时在荀子门下学习，算是同学。不过，韩非是韩国的王族子弟，因为口吃不善言谈，走了著书立说的路。李斯出身于下层平民，急于改变自己的命运，选择了入秦从政求仕的路。据说，李斯决定入秦以后，荀子为他未来的命运不安，曾经夜不能眠。作为老师，荀子了解弟子李斯的心情，也赏识他的能力；不过，李斯将禄利视为人生最大目的，这种极端功利的人生观，荀子以为危险不祥，最终可能会招来不幸，所谓物极必反，道家之所忌讳也。

李斯入秦，大概是在庄襄王三年（前247）。[1] 庄襄王是秦始皇的父亲，他在赵国做了多年的人质，后来得到邯郸巨商吕不韦的帮助回到秦国，做了秦王。李斯来到秦国的时候，正赶上庄襄王过世。当时，李斯三十四岁左右，新即位的秦王政还只是十三

---

[1] 关于李斯生平的大事系年，参见张中义、王宗室、王宽行辑注《李斯集》附录四《李斯年表》，中州古籍出版社，1991年。

岁的少年，在养祖母华阳太后、亲祖母夏太后、母亲帝太后的监护下，主要政务由丞相吕不韦等大臣主持。[1]

吕不韦当政的战国末年，正是豪门养士、游侠鼎盛的时代。各国权势政要，礼贤下士，王族公子，侯门竞开，皆以利禄网罗人才。魏国有信陵君、楚国有春申君、赵国有平原君、齐国有孟尝君，号称四大公子，名重天下。吕不韦入秦主持政权期间，一方面继承秦国的富国强兵路线，积极对外扩张；另一方面，他羞愧于政治军事大国之秦国在文化方面的落后，着手文化的振兴。他比照关东四大公子，以禄位厚利招纳天下人才于门下，开始编撰《吕氏春秋》。

《吕氏春秋》是百科全书性质的汇总编撰，吕不韦使门下宾客各人著录自己的所学所闻，集结各家学说，合而成为杂家的大著。吕不韦是卫国人，他多年在各国间经商，在赵国发迹。他见多识广，交游及于各国各色人等。荀子是赵国人，他周游各国，名扬天下，交游也及于各国各色人等。吕不韦与荀子之间，或许有面识交往，或许只是彼此闻名。吕不韦招纳天下学者编撰《吕氏春秋》，荀子当然是被礼聘的首选。不过，此时的荀子，年事已高，没有应聘西去再次入秦。他大概是推荐了李斯。李斯是荀子的得意门生，学问贯通古今，通达诸子百家，又是当时第一流的文学家、文字学家和书法家，一直怀有入秦施展抱负的愿望。当此时机，荀子推荐李斯到秦国参加《吕氏春秋》的编撰，想来是合情合理的事情。

不过，李斯是入世求功利的人，学以致用，参政入仕，博取高位富贵才是他的人生终极目标；学问书法，技艺文论，都只不

---

[1] 关于秦王嬴政即位时复杂的宫廷状况和政治局势，参见拙著《秦谜：重新发现秦始皇》第二案（上）之"嬴政委政于谁"，北京联合出版公司，2015年。

过是达到目的的手段。入吕不韦门下，李斯得以直接面见吕不韦，积极将自己的书法、文学和政治才能显露出来。吕不韦极为赏识李斯，他把李斯推荐到秦王宫廷做了郎官，成为秦王嬴政身边的文职侍从。进入宫廷的李斯，逐渐得到年轻的秦王的信赖，他的政见策划，一一被秦王采纳实行。不久，他被秦王任命为长史，成为秦王宫廷的秘书长，开始直接参与秦国政治。在以后长达三十余年的秦国政治生活中，李斯以他杰出的政治才能和机警的政治智慧，一帆风顺，步步高升。

长史之后，他先被任命为客卿，也就是大臣级的顾问，后被任命为廷尉，相当于司法大臣，成为政府的主要阁僚之一，积极参与了消灭六国、统一天下政策的制定和执行。秦帝国建立以后，李斯的治国之才得到了完全发挥，秦帝国强化和巩固统治的各项政策，几乎都出于李斯的策划。大概是在秦始皇三十年（前217），李斯被始皇帝任命为左丞相，封为列侯，成为帝国政府中仅次于皇帝的权势人物。李斯有子女多人，长子李由出任秦的三川郡太守，执掌连接关中、关东要地的封疆大任，其他的儿子皆娶秦的公主为媳，女儿也都嫁与秦的公子为妻。此时的李斯，可谓位极人臣，显赫荣耀之极。

物盛而衰，显赫荣耀之极，正是忧患滋生之始。李斯清楚，自己本是楚国的布衣平民，原本不过是卑贱的厕中鼠，入秦三十余年来，官至丞相，爵封列侯，大富大贵，岂是仓中鼠所能比况。然而，所有这一切，根基都在于皇上的信任和赏识，一旦皇上的信任动摇变动，所有的荣华富贵，不过是砂石之上的建筑，随时可能崩溃。高处感寒，愈是高位愈是不安定的危机感，李斯是越来越多地感受到了。

李斯出任丞相后，长子李由从三川郡守任上归省回到咸阳。

李斯高兴，在家设酒宴庆贺。咸阳城内，政府百官云集，丞相府邸前聚集的马车，超过一千乘。面对如此空前盛况，李斯荣耀满足之余，不禁滋生出物盛而衰、何以收场的伤感来。他对李由喟然长叹道："我记得先师荀卿说过，'物禁大盛'。我李斯乃是上蔡出身的布衣，居住于里巷的平民，承蒙皇上赏识，拔擢至于如此。当今天下，以人臣地位计量，没有居于老夫之上者，可谓富贵之极了。物盛则衰，未来吉凶难测，眼下好戏不知何以收场啊。"随着时间的推移，李斯的不祥预感渐渐接近现实成真。

秦始皇三十五年（前212），始皇帝游幸咸阳郊外的梁山宫，登山远眺，正好望见丞相李斯的车马行列经过，盛大华丽，十分壮观。始皇帝当即沉下脸来，颇有不以为然的表示。事后，陪同始皇帝在场的侍卫官员将消息透露给李斯，李斯惶然警惕，马上将自己的出行车马作了相应的减损。李斯的本意，是以自我约束消除始皇帝的不满，减轻高位荣华所带来的危险。殊不知，始皇帝再次看到李斯的车马行列时，马上察觉到丞相车骑前后减损间的内在关联，他勃然怒道："是谁泄露了我的话，通报了丞相？"严厉追究之下，没有人承认。始皇帝震怒，将当时所有在场的侍卫人员全部处死。事情的结果，完全出乎李斯的意料之外。追究虽然没有及于李斯，但高处不胜险、不知楼阁何时崩塌的危机感，已经是寒彻及于肌骨之间了。

始皇帝过世时，李斯大概已经七十一岁了。始皇帝的突然去世，给李斯带来相当大的冲击。自己是应该先走的人，却留在了后面，来日无多的预感，使他有生命短暂的悲哀。不过，李斯毕竟是积极入世的人，实干的政治家，在他的悲哀之中，更多的是对于时局和前景的忧虑。他清楚地知道，伴随始皇帝的过世，帝国和自己的未来，都将因为新皇帝的即位而有重大的变化。

专制皇权制度下的臣民，个人身家性命，无不系于主子一人。一朝天子一朝臣，今日的一人之下万人之上，难保明日不成阶下囚、刀下鬼。

五　赵高与李斯的博弈

赵高来见李斯的时候，已经有了相当的自信。

赵高审时度势，将眼下的权力博局分辨得十分透彻，他权衡利害，将三人共局的得失算计得滴水不漏。始皇帝死后留下的瞬间政治真空，可以由自己、胡亥和李斯三人来抢注填补。帝国是车驾，胡亥是车主，自己是车御，李斯是骖乘，三人共局，大权在握，可以强行驱动整个帝国机器的运行。三人夺权共局，胡亥以无缘帝位的幼子入继大统，李斯以拥立皇帝的新功继任丞相，自己则可以居于皇帝和丞相、宫廷和政府之间左右政局，这对于三人而言，皆是有百利而无一害。胡亥既已说动，见李斯已经有了二对一的优势。打皇子胡亥的牌，出示的是未来皇帝的威慑力量；自己与李斯有近二十年的往来，以李斯的为人和眼下的处境而论，不由他不听从。赵高深信，利益所在，就是人生的选择所在。自己如此，胡亥如此，李斯也是如此。他深信自己能够说服丞相李斯。

寒暄之后，赵高单刀直入："皇上过世前，有诏书赐送长子扶苏，速回咸阳主持丧葬，立为后嗣。诏书尚未发送，皇上驾崩，事情没有外人知道。现在，遗诏以及皇帝符玺都在胡亥手中。决定继嗣的事情，只在丞相与赵高的一句话而已。如何行事，望丞相计量！"

李斯勃然作色，惊斥道："亡国之言，何从谈起。这种事情，不是为臣者所应当谈论的。"

赵高平静地说道："在下鲁钝，惊动丞相。权且不妨换个话题：丞相您想想，您自己可以与蒙恬相比较吗？功高劳苦能不能与蒙恬相比？谋远不失能不能与蒙恬相比？无怨于天下能不能与蒙恬相比？与扶苏关系之新旧，被扶苏所信赖的厚薄，能不能与蒙恬相比？"

李斯有些迟疑，思量后答道："以上五条，老夫确实都比不上蒙恬。不过，此时此刻，赵君用政事的欠缺来指责老夫，不也过于唐突了吗？"

赵高是机敏的人，他体察出李斯心动的方向，顺势说道："我赵高不过是内廷的勤杂而已，自从有幸以刀笔文法进入秦宫以来，管事已有二十多年。二十多年来，没有见过被罢免的丞相功臣有封赏延及第二代的，几乎都被问罪诛亡。始皇帝有子女二十多人，都是丞相所知道的。长子扶苏刚毅而武勇，既能取信于人，又能激励用人，即位以后，必定任用蒙恬为丞相。如此君臣政局之下，丞相您最终不能怀列侯之印安归故里的结局，难道还不明显吗？在下受诏教习胡亥学习法律政事，数年以来，未尝见胡亥有所过失，未尝对胡亥有不安之感。胡亥仁慈笃厚，轻财重士，明辨于心而绌纳于口，礼义周全而敬重士人，秦的诸位公子当中没有比得上他的，可以立为继嗣。望丞相您计量决定。"

李斯惶惑，不愿深谈，起身相送说："赵君请回！我李斯奉主上之诏令，听上天之成命，计量决定，何从谈起？"

赵高不动，回复说："安可以转危，危可以转安，不能自力定安危，岂能顺天有贵圣？"

李斯说："我李斯乃是上蔡间巷之平民布衣，仰皇上恩宠，得幸被拔擢为丞相，受封为列侯，子孙后代皆位尊禄重。今主上将国家之存亡安危嘱托于臣，岂可以有所辜负？避死而求侥幸，不是忠臣之所为；苦劳而蹈危机，不是孝子之行事；臣下人子，各守其职责而已。赵君不用多说，老夫将要得罪了。"

在赵高听来，李斯的话，语在双关。得罪之指向，若在赵高，则是逐客出门，断念绝意；得罪之指向，若在李斯自身，则是上轨道入计划的开始。赵高坚定地引导谈话的方向说："听说圣人迁徙无常，顺应变化而与时俱进，察见微末则能感知根本，观测动向则能明了归终。趋时应变，乃是事物固有的本性，哪里有守成不变的道理！眼下，天下权柄之命运系于胡亥；胡亥之成功，又系于在下能够通达丞相，连接内外。政权营运，从外制中谓之惑，从下制上谓之贼。由上方控制下部，由中枢控制外围，乃是执政之道。秋霜降而草花落，水摇动而万物作，末由本定，乃是必然的道理。以丞相之明鉴，难道不能及早有所查验？"

李斯欠身坐下，说道："我听说晋献公易动太子，晋国三世不得安宁；齐桓公兄弟争位，公子纠死于内乱；商纣王杀比干，囚箕子，不听劝谏，社稷倾危，国都成为丘墟。凡此三事，逆天违理，使宗庙不得血食永祀。我李斯为人，要在顺守为臣之道，岂能干预继嗣？"

赵高是佩剑行武、强壮坚忍的人，他逼近李斯说："天下事在人为。上下合同，可以长久；中外若一，事无表里。丞相若是听高之计，定将长有列侯之位，世世有封君之称，寿如乔松，智如孔墨。丞相若释此不从，祸患将及于子孙，足以寒心。善处世的人因祸为福，请丞相您择善决断。"

李斯矛盾，李斯惶惑，李斯惊恐，他无法说服自己，也无法抗拒赵高。在为臣之道和保身固宠之间，在安定国本和攫取权益之间，他始终摇晃。这时候的李斯，年过七十，已经是垂暮之年，行事多为晚年子孙计，他垂泪叹息："呜呼哀哉，落日黄昏，遭遇乱世，身不能随先帝去，命将何处依托哉！"

仰天长叹之下，李斯接受了赵高的提议。

六　沙丘密谋背后的纠葛

秦始皇有子女二十余人，其中儿子十五人，长子是扶苏，幼子是胡亥，另外知道名字者，尚有公子将闾兄弟三人和公子高；女儿十人，史书上曾经提到过的，有李斯的儿媳，也就是李由等兄弟的妻子。

史称扶苏为人刚毅而武勇，信任属下，既能取信于人，又能激励用人，奋发致力于政事，最为始皇帝所看重，也为朝野上下所服膺。始皇帝晚年，独裁加深，行政日渐苛酷，三十四年，焚书禁毁百家之言，引来各方的不满；三十五年，下令处罚找不到仙药而逃亡的方士，牵连到不满焚书禁令而口出怨言的诸生。公子扶苏仁慈好儒，主张宽厚为政，他曾经站出来劝谏始皇帝说："天下初定，远方的百姓尚未安集，诸生诵读的都是孔子的书，父上以重法严办，儿臣恐天下不安，望父上明察。"[1]

这个时候的始皇帝，大概是因为服用了方士们进献的药物，又修炼神奇的方术的缘故，性情变得乖戾暴躁，一怒之下，发落扶苏出京，到上郡蒙恬所统领的北部方面军中出任监军。

---

[1] 这一段历史，涉及焚书坑儒。所谓的焚书坑儒，是发生于不同年份、可信度完全不同的两件事情。焚书，发生于秦始皇三十四年，是可信的史实；坑儒，是一桩伪造的历史，伪造者是东汉的儒生。他们为了替儒学的国教化制造舆论，力图将儒家的经典抬举为圣经，将儒生塑造为殉教的圣徒。出于这种现实政治需要，他们借助发生于秦始皇三十五年的方士逃亡事件，曲意编造了坑儒的故事。详细的论述，参见拙文《焚书坑儒的真伪虚实——半桩伪造的历史》，刊于《史学集刊》2010 年第 6 期。

坑儒谷

始皇帝晚年有一重大的失政，就是在继承人之册立上徘徊动摇。扶苏是长子，贤明而为始皇帝看重，是朝野上下公认的继承人。扶苏的离京外放，对于皇位的继承问题和始皇帝晚年的帝国政局，不可不谓有重大的影响。[1]

焚书一事，出于丞相李斯的建议。李斯是法家，他反儒反分封，对于先王之政和仁义道德都不以为然。他主张人人以法吏为师学习，反对诸子百家的多元文化。与此相反，扶苏反对焚书，主张容纳以孔子为代表的诸子百家，重视道德仁义。他在政治主张和政策上，自然与李斯对立起来。李斯在始皇帝死后的不安，其政治上的根源，可以追溯到这里。

---

[1] 晚年的始皇帝，偏爱幼子胡亥。扶苏因为劝谏焚书事被打发到上郡后，他曾经考虑立胡亥为太子。在第五次巡行天下时，他在多位儿子当中选择了胡亥，立为假子同行，正是为了对胡亥作最终的审视。不过，经过将近一年的就近观察，他认定胡亥并不适合。因此之故，临死前始皇帝又改变了想法，遗诏召回扶苏回京主持丧事继承皇位。沙丘之谋的真正背景，应当就在这里。关于这个问题的详细破解，请参见拙著《秦谜：重新发现秦始皇》第四案"秦始皇的后宫谜团"，北京联合出版公司，2015年。笔者的这个看法，不但有传世文献的根据，也得到出土文献的支持。《史记·蒙恬列传》所载蒙毅回答二世使者曲宫的话中，言及始皇帝第五次巡行天下，"太子（胡亥）独从，周旋天下，去诸公子绝远，臣无所疑矣。夫天子之举用太子，数年之积也，臣乃何言之敢谏，何虑之敢谋"。新近发现的北大汉简《赵政书》中更是明确指出胡亥为"假子"。参见赵化成《北大藏西汉竹简"赵政书"简说》，刊于《文物》2011年第6期。

李斯与蒙恬之间，在政见上也有对立。秦统一中国以后，整个北部边境，直接邻接强大的匈奴，骑马民族南下的威胁，远至辽东，近及首都。始皇帝自视为天下唯一的君主，不能容忍对等和对抗。当他准备攻击匈奴、占领匈奴南下的进出基地——河套地区时，李斯曾经呈述不同的意见，反对进兵。

李斯劝谏始皇帝说，游牧民族和农耕民族之间，有生活方式的根本差异，匈奴非定居无城郭，逐水草而居，如同候鸟迁徙，很难控制得了，草原骑战和城守攻坚之间也有很大的差异。秦军轻装深入，军粮难以接济；携辎重深入，则无法机动对应。占领匈奴的地方无法常驻，捕获匈奴的军民无法役使，耗费大而收获小，不是长久之策。[1]

始皇帝没有接受李斯的意见，他任命蒙恬为大将，统领三十万大军进攻匈奴，占领了河套地区，设置了九原郡。蒙恬是进攻匈奴的主帅，北进政策的推进者。李斯与蒙恬的政见分歧，由此留下根子。

扶苏到上郡监军，与大将蒙恬共事，关系融洽，一体同心。蒙恬的弟弟蒙毅，受宠于始皇帝，多年以来，一直在始皇帝的身边担当枢要重职。扶苏是皇长子，皇位的第一继承人；蒙恬是帝国北部军大将，兼任首都地区的军政长官——内史；蒙毅是内廷中枢政要，始皇帝最亲信的侍从大臣。扶苏与蒙恬共事，内有蒙

---

[1] 李斯劝谏秦始皇不可用兵匈奴的事情，见《史记·平津侯主父列传》所载主父偃上汉武帝谏伐匈奴书，其文曰："昔秦皇帝任战胜之威，蚕食天下，并吞战国，海内为一，功齐三代。务胜不休，欲攻匈奴，李斯谏曰：'不可。夫匈奴无城郭之居，委积之守，迁徙鸟举，难得而治也。轻兵深入，粮食必绝；踵粮以行，重不及事。得其地不足以为利也，遇其民不可役而守也。胜必杀之，非民父母也。靡獘中国，快心匈奴，非长策也。'秦皇帝不听，遂使蒙恬将兵击胡，辟地千里……。"《汉书·主父偃传》文字略有改动。

毅的支持，皇长子与蒙氏兄弟在政治上携手联盟，成为始皇帝之下最大的政治势力。扶苏继承皇位之局势，也由此形成。

晚年的李斯，游离在扶苏与蒙氏的政治联盟之外，政见上有分歧，人事上不同线。始皇帝在位，李斯因始皇帝的信赖而偏安，一旦扶苏上台，首当其冲的政治变动，无疑就是李斯。李斯物盛而衰的危机感，有相当部分是来源于此。赵高是久在内廷深处的人物，是习惯于在黑暗中窥探的鸱鸮。他对权力极为敏感，体察得极为真切。他有自信说服李斯，正是因为他透彻地了解这种局势，也了解李斯的为人。

政治上的分合对立，有纲有线有怨。政见上的分歧是纲，人事上的站队是线，政见和人事之外，还有个人间的恩怨掺杂其间。李斯与扶苏、蒙恬有政见上的对立；而在人事上，因为扶苏与蒙氏联盟的关系，他也自然是站在了对立面上。赵高是胡亥的老师，为了拥立胡亥，必须消灭扶苏。他与扶苏之间，是政治上的不能相容。赵高与蒙氏之间有嫌隙，主要是个人间的私怨。

我们在前面已经谈到过，赵高在中车府令任上时，曾经犯有大罪，交由蒙毅审理。蒙毅是奉公守法的人，不敢有所怠慢，依法判处赵高死刑，剥夺其官职，削除其出入宫内的门籍。由于事关始皇帝身边近臣，蒙毅判决后交由始皇帝复审定夺。始皇帝惜才不忍，赦免了赵高，不久，赵高官复原职，继续担任中车府令。

关于这件事的来龙去脉和详情细节，由于史书没有记载，已经无从知道。不过，以人情推论，判死刑，是体验了死；得赦免，是死里逃生。对于人生来说，没有比死而复生更大的刺激了。这件事以后，赵高脱胎换骨，宛若再生。他从此兢兢业业，供职办事益发勤勉；他从此小心翼翼，为人处世益发谨慎。他再次取得始皇帝的信任，皇帝出行，不仅车马由他提调打点；皇帝的玺印，也由他掌管；始皇帝进而将幼子胡亥的教育，也委托给了他，可谓是看重有加。不过，这些都是表象的一面，死里逃生以后，在赵高的内心深处，根植下了对于蒙毅及蒙氏一族的仇恨。复仇啊复仇，成了他死而复生的生命之呼喊。

对于已经死过一次的赵高来说，他对于人世间的一切纲常伦理、生命道德已经无所顾忌。他渴求的只是权力，权力在手，可以复仇；权力在手，可以为所欲为。死里逃生后的赵高，是执著于权力、不惜铤而走险的亡命之徒。赵高游说李斯到最后，已经摆出了鱼死网破的胁迫，年迈的李斯，不得不听从。

赵高在说动了胡亥，将要说服李斯之前，曾经忍不住出声喊道："时机时机，迫在眉睫，整装出击，唯恐延误。"他之所以如此深刻地感到时间和事情的紧迫，是因为正好在这个时候，一直跟随在始皇帝身边未曾离开过的蒙毅，临时受始皇帝委托，外出祭祀尚未归来，留下了千载难逢的机会。

七　帝国继承人扶苏之死

赵高说动李斯以后，兴高采烈来见胡亥。他向胡亥汇报说："臣下奉太子之明命通报丞相，丞相岂敢有不奉命之心。"胡亥大为高兴，三头政治同盟结成。

三头政治同盟结成以后，胡亥、赵高、李斯共谋联手，开始夺权的政治行动。夺权的首要，在于消灭最大的竞争对手扶苏。扶苏的背后有蒙氏和三十万秦北部军，不可力取，只能谋夺。李斯是老练的政治家，赵高是宫廷政治的高手，他们迅速销毁始皇帝赐送扶苏的书信，另外制定遗诏，以丞相李斯承受皇帝遗言的方式，立胡亥为太子，同时赐书扶苏、蒙恬，谴责赐死。伪造的遗诏具文如下："朕巡游天下，祷祀名山众神以求延年益寿。今扶苏与将军蒙恬领军数十万屯驻边疆，十余年间，不能前进，士卒多耗，无尺寸之功，反而多次上书诽谤朕之所为，因为不能回归京城为太子，日夜怨望。扶苏身为人子不孝，赐剑自裁。将军蒙恬辅佐扶苏居外，知其谋而不能匡正，为人臣不忠，赐死。属下军队，交由副将王离统领。"文书封口加盖皇帝玺印后，由李斯手下的亲信舍人和胡亥手下的门客共同持送上郡。

送走使者后，李斯和赵高宣称始皇帝继续巡游，北上视察帝国北部边防。沙丘在巨鹿郡南部，巡幸车马由沙丘出发，西北向进入恒山郡（今河北石家庄一带），由井陉关进入太原郡（今山西晋中一带），再由太原郡北上，经过雁门郡（今山西北部一带）进入云中郡（今内蒙古呼和浩特一带），一直往九原郡（今内蒙古包头一带）方向西去。

当时，扶苏与蒙恬统领三十万大军防卫北疆，九原、云中、雁门以东一直到辽东，都是北部军的防区。北部军司令部设在上郡（今陕西北部榆林一带），北部军统帅蒙恬本职为内史，即首都地区的最高军政长官，同时负有防卫首都地区的重任。李斯、赵高和胡亥，用辒辌车密载始皇帝遗尸，瞒天下巡游千里，大体上围绕上郡环行，其用意，乃是配合遗书的发送，制造皇帝出巡北疆的行动，镇抚北部军队，威慑在上郡的扶苏和蒙恬。

始皇帝死时，正值夏天，驱尸巡行，遗体腐烂发臭，于是命令车载百斤咸鱼，以扰乱尸体的臭味。死人为活人服务，独裁者死不得安宁。可怜千古一帝秦始皇，晚年苦求长生不得，死后的遗尸亡魂，还要为政治服务，不也是人生的悲哀？

胡亥和李斯的使者抵达上郡，扶苏接旨受命，开封读始皇帝赐书落泪，入内舍准备自杀。蒙恬劝阻扶苏说："陛下在外巡游，没有册立太子，遣派臣下统领三十万大军镇守边疆，委任公子为监军，关系到天下的安危，国本的稳定。眼下有使者携书前来，马上自杀，何以知道是真是假？望公子上书请求复核，复核无误后再自杀，为时不晚。"

成败决定于一念之差，悔恨铸成于瞬间之误。对于身处高位、左右国政的人来说，瞬间的选择，往往决定了历史的动向。蒙恬受始皇帝信任重托，是多年统兵在外的大将，凭他对当前政治局势的了解，对皇帝赐书的真伪有相当的怀疑。当年信陵君窃符救赵，杀大将晋鄙夺军权，正是使用诈称使者王命的手段；如今皇帝高龄多病在外，唐突间有诏书使者来，要皇长子和大将自杀交出兵权，实在是蹊跷。蒙恬的判断和劝告，合情合理而又明智。然而，我们永远难以理解的是，扶苏竟然没有因蒙恬的劝告而有所省悟，他当即自杀了，留下了一句"父赐子死，何能复请"的话。后人有称道他仁孝者，有批评他懦弱者，我想他可能是过于刚烈自负，不能曲折委婉，或者是另有难以道说的隐情。[1] 不管怎么说，扶苏不是能够在政治上周旋驰骋的人物。

如果扶苏不自杀，不管是再请复核，还是抗命拖延，秦帝国的命运将完全改观，历史将转向不同方向。扶苏自杀，蒙恬失去依托，被置于极为被动的境地。他无奈之下，只得将兵权交与副

---

[1] 扶苏的母亲，可能来自楚国王室，与华阳太后和昌平君熊启有密切的关系，属于秦国宫廷中势力强大的楚系外戚。华阳太后去世后，楚系外戚衰落，昌平君反秦称王之后，楚系外戚更是处境艰难，始皇帝一度考虑立赵系的胡亥为继承人。秦国王室中来自六国的外戚势力间的复杂纠葛，直接导致皇位继承的争夺。关于此，请参见拙著《秦谜：重新发现秦始皇》，特别是第四案"秦始皇的后宫谜团"。

将王离，但拒绝自杀，被软禁在上郡阳周县。李斯手下舍人出任护军都尉，代替扶苏，监控北部军。

扶苏自杀的消息传到九原，紧张不安的胡亥、李斯、赵高大喜。他们马上由九原连接咸阳的直道急速南下，进入首都咸阳，发丧，公布遗诏，立胡亥为太子，继位，遵始皇帝生前旨意，号称二世皇帝。李斯继任丞相，主持政事。赵高升任郎中令，跻身于政府主要大臣之列，负责宫廷警卫。三头执政的二世新政权，正式成立。

八　蒙恬与蒙毅

二世皇帝即位以后，对于扶苏的旧党，首先是蒙氏的处置，成了政治上的首要课题。

蒙氏祖上是齐国人。蒙恬祖父蒙骜，由齐国来到秦国，走客卿入仕的路，官至上卿，先后仕于秦始皇的高祖父秦昭王、祖父孝文王、父亲庄襄王。蒙骜富有军事才能，统领秦军征讨各国，军功卓著。秦昭王时伐齐，庄襄王时攻韩、击赵、侵魏，他都是主要将领之一。秦王嬴政即位，蒙骜以四朝老臣宿将，继续活跃在秦军东进侵攻韩魏的战场上，死于秦王政七年。蒙武是蒙骜的儿子，仕于秦王嬴政时代，在攻灭楚国的战争中，蒙武配合青年将军李信攻楚；秦王政二十三年，出任老将王翦的副将，随王翦击杀楚王熊启和楚军大将项燕，平定楚国，继续南下，略定百越，战功赫赫。

蒙恬与蒙毅兄弟，是蒙武的儿子。蒙氏兄弟，如同当时欲走仕宦道路的官宦子弟一样，从小学习识字书法、法律章程，

九原秦长城

秦始皇三十二年（前215），蒙恬被任命为大将，统领三十万秦军攻击匈奴，夺取河套地区，设置了九原郡，进而连接战国时期秦国、赵国、燕国的长城，将整个秦帝国的北部边防牢固地统括起来。然而，尽管长城常在，北骑胡马南下之患却从来没有止息。崇山峻岭中的长城，其存在的意义，或许已经不在军事的防御，而在边界的标示，游牧和农耕以此为界，中原和北边由此划线。至于长城阻止人们自由移动的功效，可谓专制主义集权国家自我封闭的象征。作者身后背景即是九原秦长城的遗址，如今还有许多游客前往凭吊。

以文法之吏步入仕途。秦代是全能官吏的时代，文职武职之间并无截然的界限，文法吏要从军作战，军功吏也转任文法吏。秦王政二十六年，王贲被任命为大将，率领秦军由燕南地区进军，攻取齐国。嬴政考虑蒙氏家族由齐入秦，世代为将，在齐国有影响，于是任命蒙恬为将军，协助王贲攻齐。灭齐以后，蒙恬被任命为内史，出任帝国首都地区的军政长官，成为政坛上的新星。

秦始皇三十二年（前215），蒙恬被任命为大将，统领三十万秦军攻击匈奴，夺取河套地区，设置了九原郡，进而连接战国时期秦国、赵国、燕国的长城，修筑从九原直达首都咸阳的军用高速公路——直道，将整个秦帝国的北部边防牢固地统括起来，首都咸阳也由此而解除了北骑胡马长驱南下之患。

蒙恬的弟弟蒙毅，精通法律章程，行政干练有能，深得始皇帝赏识信任，一直在始皇帝身边协理政务，位至上卿。始皇帝出行，蒙毅常常同车骖乘；始皇帝入宫，蒙毅每每在御前听事，集宠信尊贵于一身。对于蒙毅的官职，史书失载，由他身为上卿，多年在宫中侍候于始皇帝身边的情况来看，我推想他可能出任郎中令，多年来是始皇帝的内廷总管和侍卫大臣。

蒙氏名族，三世功臣宿将，蒙恬拥重兵威震北疆，蒙毅怀帝宠参谋机要，兄弟文韬武略，忠信历代传家。在始皇帝时期的政坛上，没有可与蒙氏兄弟比况争锋者。

始皇帝遣派皇长子扶苏到上郡，事情固然起因于扶苏劝谏逆意，多嘴烦心，不过，上郡在内史北面（内史不称郡，直接用内史）离咸阳不远，是帝国最重要的军事基地，北部军的总部所在，也是拱卫首都的要地。扶苏到上郡监军，与大将蒙恬共事，直接参与军政，掌握军事，得蒙氏兄弟内外相助，形成不可动摇的接班态势，又未尝不是始皇帝苦心安排继嗣的布局。扶苏自杀后，蒙恬被囚禁于上郡阳周县，蒙毅在巡游途中受始皇帝委托外出祭祀，被就地囚禁于出使地的代县，听候二世发落。

二世与蒙氏兄弟间并无嫌猜。扶苏自杀后，二世有意释放蒙氏兄弟，继续起用。然而，蒙恬与李斯是政敌，蒙毅与赵高有私仇，在消灭蒙氏的问题上，李斯、赵高二人利害一致。李斯和赵高担心蒙氏一旦复权，将会威胁自己的权力地位，对二世的继承问题也会留下隐患，所以他们极力反对此事。赵高进言二世说："臣下听说先帝早就有意举贤立陛下为太子，而蒙毅反对。蒙毅知贤而阻断，使太子经久不得立，是为臣不忠而惑乱主上。以臣下之见，对于这样的乱臣，不如诛杀以免将来生乱。"二世不得不打消起用蒙氏的念头，继续囚禁蒙氏兄弟。

二世正式即位以后，安葬始皇帝，大赦天下。蒙氏兄弟的处置，再一次成为二世政权施政的焦点。在郎中令赵高和丞相李斯的极力主张下，二世皇帝终于决定蒙氏兄弟不在赦免之列，予以诛杀。就在这个时候，一位神秘而重要的历史人物，二世的从兄嬴婴站了出来。

嬴婴私下面见二世劝谏说："臣下听说，赵王迁诛杀良将李牧而起用颜聚为将，燕王喜私用荆轲之谋而背弃和秦之约，齐王建杀戮旧臣而用佞幸后胜，这些耳熟能详的事情，皆是骤然变更人事，导致国家灭亡、主上身首异地的教训。蒙氏世代大臣，三世有功于秦，是国家的栋梁，主上刚刚即位就将他们无故诛杀，臣下窃以为不可。臣下有所耳闻，虑事轻易的人难以治理国政，一意孤行的人不可以辅佐主上。诛杀忠臣而重用无廉行节操的人，这是内使群臣怀疑而外使将帅离心的事情，望陛下熟虑。"

嬴婴指斥李斯、赵高虑事轻易、一意孤行，是无廉行节操的人，诛杀蒙氏将会危及政权的稳定。但是，二世皇帝听不进这样的忠言。

九　最后一位秦王的神秘身世

嬴婴其人，一般称"子婴"。他是秦末政局中重要的历史人物，最后一位秦王。

有关"子婴"的身世，两千年来一直困惑着史学界。有人说他是始皇帝的弟弟，有人说他是二世皇帝的哥哥，也有人说他是二世哥哥的儿子，莫衷一是。实际上，这些都是站不住脚的说法。"子婴"应当是始皇帝的弟弟长安君成蟜的儿子，二世皇帝的从兄，就是堂兄。"子婴"的名字应当叫做嬴婴，"子婴"是误读，误将"儿子叫做婴"的写法连读为名字了。

始皇帝嬴政有兄弟四人。两位幼小的弟弟，是其亲母帝太后赵姬与面首嫪毐所生，秦王政九年，被嬴政下令扑杀处死。除此之外，始皇帝还有一个弟弟长安君成蟜，与嬴政同父异母，年龄相近。

嬴政生于赵国首都邯郸。他的父亲嬴异是秦昭王的孙子，王太子安国君嬴柱的儿子，长期在邯郸做人质，得到大商人吕不韦的资助，娶吕不韦家的舞姬为妻，生下了他，算是长子。嬴政刚刚出生，秦军进攻赵国围困邯郸，嬴异与吕不韦逃脱出城，赴秦军回到秦国，留下嬴政母子孤零零滞留赵国五年之久，吃尽了人世间的种种苦头。

嬴异回到咸阳时，年方二十四岁，正式做了安国君的继承人，在生母夏姬的安排下，从夏姬的娘家娶了韩国的王女，生下儿子，这就是二男长安君成蟜。八年后的公元前 251 年，做了五十六年秦王的昭王死去，王太子安国君继承王位，是为孝文王，嬴异成为孝文王的太子。此时，秦国与赵国和解，九岁的嬴政与母亲一道由邯郸回到咸阳，成为王太子嬴异的继承人。孝文王即位时，已经五十三岁，正式即位三天后死去，嬴异即位为秦王，是为庄襄王。庄襄王在位三年死去，只活了三十五岁，留下了嬴政和成蟜两个儿子。

公元前 247 年，嬴政十三岁即位，政权由养祖母华阳太后、祖母夏太后、母亲帝太后与丞相吕不韦、昌平君熊启等人摄管。嬴政长大成年，逐渐开始亲政掌权。围绕权力的争夺，秦国宫廷内发生一系列的政治变动。秦王政八年，夏太后死去，国内政局发生变化，正在前线监领秦军进攻赵国的王弟成蟜，在前线叛秦降赵，史称成蟜之乱。翌年，秦国发生嫪毐之乱，嫪毐矫帝太后诏令起兵叛乱，咸阳发生大规模内战。内战的结果，嫪毐被诛杀，帝太后被迁徙软禁，吕不韦被罢免，不久自杀，以华阳太后为首的楚系外戚集团完全掌握了秦国政权。

成蟜之乱和嫪毐之乱，是秦国王室和宫廷内不同政治派系间争夺王权的政治斗争，是以华阳太后为首的楚系外戚、以夏太后为首的韩系外戚和以帝太后为首的赵系外戚分合博弈的结果。这一段历史，过于曲折复杂，未曾解明的疑团很多，我已经在拙著《秦谜：重新发现秦始皇》中作了详细的破解。[1]成蟜出生之时，嬴政母子在围城邯郸生死不明，成蟜从其出生之日开始，就是秦王嬴政作为嫡长子的威胁。他被卷入王位之争投降赵国以后，被赵国封为长安君，授予封地饶，就在现在的河北省饶阳县。从此

---

[1] 参见拙著《秦谜：重新发现秦始皇》第二案"弟弟与假父的故事"。

以后，他就一直生活在赵国，再也没有回到秦国来。

成蟜投降赵国的时候，年纪不到二十岁，留下一个儿子在咸阳，年幼尚在襁褓中，被称为"婴"，就是初生儿的意思，当时只有一两岁。以婴生于秦王政七年（前240）计数，始皇帝统一天下时他二十岁。二世元年，也就是他劝谏二世不要诛杀大臣时，他三十二岁，正是成熟稳重的年龄。成蟜嬴姓，他的儿子婴应当叫做嬴婴。史书上称嬴婴为"始皇帝弟子婴"，正确的读法，就是"始皇帝弟弟的儿子名字叫做婴"。[1]

十　杀蒙氏兄弟

秦二世以幼子杀长子抢班夺权，十几位兄长皆是帝位可能的威胁，自然成了猜忌诛除的对象。当时形势下，诸公子人人惴惧不安，保身唯恐不及，对于国政大事，不敢有只言片语。嬴婴是旁系他支，不在帝位继承纷争之内。二世即位时，嬴婴年纪三十有余，在非继承嫡系的宗室中，最为年长亲近。他忧虑国政，站出来劝谏二世，最是自然合理，不会引起意外的猜忌。由嬴婴的劝谏来看，他对赵高和李斯的做法与人品，都是颇为反感的。二世最终没有接受嬴婴的劝谏，决定依从李斯和赵高的意见，诛杀蒙氏。

二世派遣御史曲宫为使者，乘传车抵达代县，宣诏蒙毅道：

---

[1]　关于嬴婴为成蟜之子的考证，参见拙文《秦王子婴为始皇弟成蟜子说》，刊于《秦文化论丛》第十四辑，2007年。关于成蟜与嬴婴父子，我写有《秦王婴父子列传》，作为附录附于《秦谜：重新发现秦始皇》后，可参见。

"先主欲立太子而你阻难其事，丞相参劾你不忠，罪当诛灭宗族。朕不忍，准赐你一死，恩遇有幸，你自己决断。"

蒙毅自感冤屈，不肯自杀，回复使者说："今指责臣下不能得先主之意，然而，臣下年少就仕宦于先主，多年蒙恩幸得信任，直到先主去世未曾有所逆忤，可以说是知晓先主之意了。今又指责臣下不知太子之能，然而先主巡游，独有太子跟从，其亲近较诸公子绝远，臣下尽知而无所疑义。先主举用太子，不是一时之转念而是多年之积虑，臣下何曾敢有过劝谏，何曾敢有过谋虑！臣下非敢巧饰言辞、强辩夺理以避死，只是担心情事不实而羞累先主之令名罢了。恳愿使者大夫能够有所顾虑，使臣下死得明白。况且，顺情成全，为道所尊贵；不实刑杀，为道所弃绝。从前，秦穆公杀三位良臣以殉死，以不实之罪处罚大臣百里奚，死后有恶评，得了'缪公'的谥号。秦昭襄王杀武安君白起，楚平王杀伍奢，吴王夫差杀伍子胥，皆为重大失政，招来天下的非议，而他们昏庸不明之恶名，狼藉流布于各国。所以说，'治国有道者，不杀无罪，不罚无辜'。希望使者大夫明察留心！"

使者曲宫知道二世以及李斯、赵高的意图，并不听从蒙毅的辩解，于是诛杀蒙毅，而后复命。

二世又派遣使者到上郡阳周，宣诏赐蒙恬自杀："你的弟弟蒙毅有大罪，已经诛杀，你也有罪，当伏法。"

蒙恬道："我蒙氏祖上父子，三代忠信，有功于秦。臣下将兵三十余万，多年驻守北边，眼下虽然被囚禁，但势力仍在，足以举兵生乱。之所以自知必死而信守大义，是不敢辱没父祖之遗教，不敢忘怀先帝之恩遇。蒙氏宗族，世代忠贞而无贰心，竟然招致如此结果，定然是出于奸臣逆乱，谗佞倾轧。臣下之所以作如此之言，无意求活免咎，只是以死进谏，愿陛下为万民着想，治国以道，也愿使者大夫传达上闻。"

使者回答道："臣下受诏令行法于将军，不敢以将军之言闻达于上。"

蒙恬喟然长叹道："上天明鉴，我有何罪，为何无过而死？"久久感叹之余，慢慢说道："我蒙恬也是罪有应得，西起临洮东至辽东，筑城万余里，其间岂无截断地脉、断绝生命之根的事情？或许，这就是我蒙恬的罪过啊。"于是吞毒药自杀。

秦是重功劳阀阅的国家，将帅计功升迁，官吏积劳累进，法治之下，吏治赏罚分明，井然有序。始皇帝统一天下以来，从未诛杀功臣，也不无端株连大臣，吏治稳定，政权内部安稳。二世杀蒙氏，开无过诛杀大臣的先例。在咸阳朝廷的百官中，不安的情绪开始滋生。

十一　杀骨肉至亲

诛杀蒙氏，动力在于李斯和赵高。他们内外同心协力，施压说服二世皇帝，铲除了自己的政敌。三驾马车的二世新政权，外有丞相李斯主持政务，安抚群臣；内有郎中令赵高警卫宫廷，控制内卫；二世皇帝居中垂拱，中外若一，事无表里，一时间也安定下来。待到始皇帝下葬完毕，宗庙祭祀大定，黔首安集，地方稳定以后，二世皇帝决定仿照始皇帝旧事故例，巡游天下。

二世元年春天，二世皇帝在以丞相李斯和郎中令赵高为核心的百官陪同下，离开咸阳出关中东去，追寻始皇帝巡行刻石纪功的路线，由三川东海大道转而北上到碣石，再到辽东，沿海返回，走并海道南下，经历泰山、之罘、琅邪、朐县，渡过长江，抵达会稽。四月，走南阳武关道返回咸阳。

二世皇帝的这次巡游，顺利无事。即位之际，各地或者有隐隐不稳的消息，赖皇帝出巡镇抚，海内威服。不过，事无外忧，必有内患。胡亥以幼子行阴谋杀长兄抢班即位，宗室大臣之间颇有疑问。特别是十几位兄长的存在，潜藏着争位的隐患，始终如芒在背，使二世皇帝不得安宁。

胡亥深居宫中，与宗室大臣疏远，李斯年高在外，心事唯有赵高可以就近倾吐商谈。他将自己的不安心情说与赵高听。

赵高说："臣下早有同感，只是未敢先开口而已。现在陛下既然问到，请允许臣下一一道来。沙丘之谋，诸公子及大臣们都心存疑问。诸公子尽是陛下的兄长，大臣们都是先帝的老臣，陛下即位，诸公子面从心诽；臣赵高居中任事，大臣们怏怏不服。臣赵高宦事主上，日夜战战栗栗，无时不担心腋下生变，如此情况下，陛下哪里能够有安宁可言？"

二世问道："怎么办才好呢？"

赵高回答说："首先请陛下翦除先帝旧臣而提拔新人，使贫穷者富裕，使卑贱者高贵，如此一来，亲近臣下莫不是受陛下恩德之人，蓄谋旧奸无不被堵塞清洗。骨肉之间，逼近为敌。愿陛下疏远宗室，根绝觊觎帝位者。陛下再严法重刑，有罪者株连宗族，急迫兴狱事日日无所止息，使人人苦劳于忧死自救，无暇滋生为乱之谋。"

赵高的建议，一是越级提拔新人，制造感恩的新贵取代居功的老臣，即所谓后来者居上的人事方针；二是无情地制造反罪冤狱，使人人自危，上上下下陷于表忠自救的恐惧中自顾不及，无暇滋生谋乱的余念，即所谓连续不断地发动政治迫害运动。赵高不愧为权力斗争的高手，他的极权二术，不仅让二世连连称是，下令如是实行，而且千古流布，成为独裁者实施专制极权之通用故技。

于是赵高网罗罪名，将秦公子十二人戮死于咸阳，公主十人矺（分裂肢体而杀之）死于杜县，财产一律没收，亲近多所株连。公子将闾兄弟三人被软禁于宫内，最终被定以"不臣"之罪判处死刑。所谓"不臣"，就是失臣下之礼义，引申就是对主上的不敬，再引申就是妄图谋反了。

公子将闾最是谨慎重礼的人，他实在是冤屈不服，对传达判决的使者申辩道："朝廷的礼节，我从来不敢不服从；朝廷上的序位，我从来不敢不遵守；接受上命而有应对回答，我也从来不曾有过失辞欠礼，何以叫做不臣？只求明了自己的罪名而死。"使者说自己是奉诏书行事，催促将闾服罪。

专制独裁政权，君要臣死，臣不得不死。一人之下，所有的人没有生存的制度性保障，至于罪名的罗织，从腹谤心诽到莫须有，不过是欲加之罪、何患无辞而已。可怜将闾兄弟三人呼天不应，含冤引颈自杀。

在杀戮的恐惧之中，公子高曾经打算逃亡，又担心株连家族，走投无路之下，上书二世请求让自己为始皇帝殉葬。二世准其奏，赐钱十万筑墓陪葬于始皇帝陵，也就没有株连公子高的家族了。史书所载公子高上二世皇帝书说："先帝无恙的时候，臣下入内则被赐予饮食，出外则使乘坐车马；御府的衣物，中厩的宝马，臣下都有受领。先帝仙逝，臣下应当从死而未能速行，这是身为人子而不孝，身为人臣而不忠。不孝不忠，无以立名于世，臣下请求从死，愿意陪葬在骊山脚下。切切恳求，愿主上恩幸，哀怜准许。"皇子王孙日暮途穷之哀鸣，至今读史尚回荡在耳边。

二世即位以来，恐怖和迫害像瘟疫一样扩散开来，群臣人人自危，百姓们也惊恐不安。短短不到一年的时间，山雨欲来的气氛，已经弥漫整个秦帝国。用星象家的话来说，大厦将倾，前兆显明。

十二　来自坟墓的远古消息

西安是我游踪最多的古城，骊山始皇帝陵，比比多有流连的足迹。

始皇帝陵千古雄伟，兵马俑坑赫然惊世，在临潼的山原丛林之间，处处是历史的遗恨和隐秘。骊山脚下，始皇帝陵园内西北，有甲字形陪葬大墓一座，规模等同王侯级别，地角缔交靠近始皇帝陵封土，考古学者以为墓主当是皇室宗亲，可能就是公子高的墓，他被迫殉葬，得赐钱十万埋葬于此。

由始皇帝陵封土东行里许，出陵园之外，有村落名上焦村，村外河道边，石榴杏柿果木下，有十七座甲字形陪葬墓，坐东向西，南北纵列，面向始皇帝陵展开。其中八座墓葬已经发掘，墓皆不大，均有棺椁壁龛，金、银、铜、铁、陶、玉、贝、骨的陪葬品中，有秦少府工官制作的御物，自然使人联想到墓主与皇室宫廷的关联。关于埋葬的墓主尸骨，考古学者有报告书如下：

第7号墓，墓主为男性，年龄在三十岁左右，头、身、四肢分离。

第10号墓，墓主为男性，年龄在三十岁左右，头、身、手、足骨分离，倒置于椁室头厢内。

始皇帝陵园外东行里许之上焦村，是被秦二世戮死、矺死的诸公子、公主坟墓所在地。

第 11 号墓，墓主为女性，年龄在三十岁左右，骨骼完整，仰身直肢，上下颌骨左右错动。

第 12 号墓，墓主为男性，年龄在三十岁左右，头骨置于椁室头厢盖上，肋骨及其他骨骼置于头厢内。

第 15 号墓，墓主为男性，年龄在三十岁左右，头、身、四肢分离，置于椁室头厢盖上，头骨在椁室外乱土中，头的右颞骨上插有铜镞一支。

第 16 号墓，墓主为男性，年龄在三十岁左右，上半身尸骨在椁室内，头骨在椁室头厢的盖上，下肢骨在填土中。

第 17 号墓，墓主为女性，年龄在二十岁左右，头、身、下肢分离，左脚与胫骨分离，两臂伸张作趴伏状。

第18号墓，有铜剑一把，未见人骨。

八座墓中，出土七具尸骨，五男二女中，六人身首四肢分离，显然是被酷刑肢解而死，一人尸骨完整但上下颌骨错位，显然是被绳索缢死，不由不使人想起诸位秦公子和公主被二世戮死砯死的那段悲惨往事。戮死，处死后陈尸示众；砯死，分裂肢体而死，都是秦的酷刑，正可以由七具尸骨的惨状验证。

著名的考古学家袁仲一先生是八座墓葬的发掘者之一。他推断其事说，秦始皇生于公元前259年，死于公元前210年，享年五十岁，他的子女，年龄正当在二十到三十岁左右，与七具尸骨的年龄相符。诸位公子和公主，是在公元前209年同时被杀，也与十七座墓葬同时修筑埋葬的情况相合。诸公子和公主被杀的时令，是在二世元年春天，秦历当在一至三月的寒冷时候，发掘中发现有修墓人烤火的炭迹，又是一条确凿的旁证。诸公子和公主都是二世的兄弟姐妹，属于宗室显贵，虽然被杀，仍然给予棺椁葬具，集中于始皇帝陵东侧陪葬，也合乎情理。[1] 至于只有铜剑一把、未见人骨的第18号墓葬，有人推断可能是长子扶苏的衣冠冢，他当年受遗诏赐剑，自杀于北疆上郡，所以只留下一座有剑的空墓，令人感到神奇而有无穷尽的回味。

历史是昔日往事，是在时间中过去了的存在。当今的我们之所以能够知道历史，是因为往事留下了信息，我们可以根据信息回忆，复原往事的映象。往事的信息有口述、有文献、有遗物。最不可思议的是遗物，实实在在地穿越时空出现在我们的眼前。这些遗物既属于当今，可以把玩触摸，又属于既往，可以牵连回

---

[1] 袁仲一《秦始皇陵的考古发现与研究》，陕西人民出版社，2002年。

想，传达给我们的信息，最为可靠而有实感。

我曾经为寻求历史的踪迹去过上焦村一带。落日黄昏之际，山阴地冷之时，飕飕然间仿佛有鬼哭神泣，不散的千年冤魂，浸染得月冷星寒。有诗人感慨得好："奈何家天下，骨肉尚无恩。"天地人世间，对于生命来说，最紧密的莫过于亲情。人世间的统治，要由骨肉相残来维系，当是何等的悲哀。

亲情的沦丧，对个人而言，是人性的丧失；对家族而言，是承传的断绝；对团体而言，是内部的崩溃；对国家而言，是失序的毁灭。亲情尚且不能容忍，还能包容他人乎？亲情沦丧的统治，能不速亡乎？亲情沦丧的统治，宗庙祭祀能不断绝乎？亲情沦丧的统治，子孙后代能不绝灭乎？

秦帝国之灭亡，直接株连于远古以来的亲族亲情。

第四章

天下大乱

一　阿房宫和始皇陵

阿房宫已经比照天极，始皇陵则要比照帝都。皇帝统治着远古以来未曾有过的大帝国，始皇陵也被扩建成古往今来最大规模的陵园，宛若秦都咸阳的缩影。

二　驰道和直道

秦帝国的五大交通干道，皆因始皇帝的巡游出行而整备兴作。五大干道之外，尚有北边道和直道，都是为用兵匈奴而修建的。

三　亡国的前兆

始皇帝晚年的秦帝国，宛如一辆不断加速奔驰的马车，已经失去了控驭；又宛若一张绷得越来越紧的弓弦，已经失去了制衡。

四　贵族后裔陈胜

陈胜是古代陈国贵族的后裔，他自比鸿鹄。陈胜的鸿鹄之志，当是古代贵族精英意识的残留，想要改变当下沦落的处境，恢复祖上出人头地的荣光。

五　陈胜吴广反了

陈胜、吴广起义有两个口号，一是"王侯将相宁有种乎！"一是"诈称公子扶苏项燕！"从他们为举事所策划的大义名分来看，他们不但对当时的政治局势有密切的关注，而且相当有政治头脑。

六　张楚政权的建立

张楚政权建立后，陈胜起义军与秦王朝间的斗争有了质的改变。由于有了王国政权，由屯戍兵引发的兵变变成了国家之间的对抗，以复兴的楚国对抗暴虐的秦国。

七　项氏叔侄起江东

百足之虫，死而不僵。项氏一族，虽然沦落为寻常百姓，楚国贵族、王侯将相的意识未曾泯灭，依然矜持地维持着战国分封的流风余韵。

八　刘邦沛县起兵

沛县人中，刘邦最早在秦政权的体制外拉起队伍，武装割据一方山头，做了草莽英雄。他敢作敢当，由他来领头，最能为各方接受，无疑是最佳人选。

九　"亡秦必楚"的真意义

秦末历史回到战国，历史进入后战国时代，列国并立纷争，诸子百家、游侠豪杰重现，王业—霸业—帝业转移的种种历史特点，延续变迁约有六十年之久。

一　阿房宫和始皇陵

　　唐人杜牧著有《阿房宫赋》，淋漓铺陈阿房宫之瑰伟壮丽，赋文说："始皇帝灭六国而海内一统，伐尽蜀山林木修建阿房宫。宫室错落叠压三百余里，阻断眼前天日，建筑起自骊山之北，折向西去连接咸阳，有渭水、樊川两河，溶溶流入宫墙之内。五步一楼，十步一阁，游廊环曲宛若丽人折腰，房檐整列好像群鸟下啄，地势高下自持，结构钩心斗角，曲曲盘盘，宛若蜂房水涡，高低矗立的庭园，不知几千万落。"何等光亮辉煌的杰作！

　　阿房宫的修建，开始于秦始皇三十五年（前212），设计集天下宫室修建之大成。始皇帝攻击列国，每攻灭一国，就在咸阳北郊塬上仿建该国宫殿，彰显功业，夸示天下。天下统一后，仍然大事兴作，土木不休，一年甚于一年。从统一天下到病死沙丘的十二年间，始皇帝五次巡游天下，修驰道，建长城，凿灵渠，筑骊山陵，连年不断。三十二年，派遣三十万大军北击匈奴，指使方士入海求仙取药。三十三年，派遣五路大军征伐南越。三十四年，征发五十万男女戍守五岭以南，焚烧诸子百家之书。三十五年，开通直道，将首都咸阳与九原北部边境以军用高速公路连通……始皇帝愈发烦躁不安，他嫌咸阳都城人多，先王以来的宫殿狭小，难以匹配上古以来未曾有过的皇帝之声威，于是下令在渭水南岸大兴土木，修建阿房宫。

关中地区，经过历代秦王数百年的经营，宫殿庙堂，离宫别馆，苑囿庭园，星罗棋布，连绵瞩望不断。大体说来，西起雍城（今陕西宝鸡）、东过骊山的关中一带，宫观数量以三百计数，著名者有甘泉、兴乐、望夷诸宫，以咸阳宫为正宫，都是先王时代的遗留。关中地区以外，分布于各地的行宫，数量更在四百左右，北至燕、赵有沙丘行宫，东至辽东有碣石行宫，并海有琅邪行宫，多是六国旧有的建筑。[1]

暴发成功的人，没有满足的幸福，永远在欲望的驱使下折腾翻滚。人到晚年，难免想留下超越短暂生命的恒久，始皇帝没有德行文章可以久传于世，功业建筑也许成了他对恒久的寄托。阿房宫的设计构想，仿照天象星宿，追求古今天下第一，气势磅礴，壮丽辉煌。庞大的工程，由前殿开始，前殿东西长七百五十余米，南北宽近一百二十米，八万平方米以上的宽广正殿，数层建筑环绕分筑，可以容纳万人席坐，屋檐高敞叠连，可以并列十一二米的旗帜。

阿房宫在渭水南，咸阳宫在渭水北，始皇帝以渭水比况天汉，以阿房宫比况天极，以咸阳宫比况营室，在渭水上修筑复道连接两岸，比况为出天极渡天河抵达营室。天汉又称天河，就是分断长空的银河。天极，又称北极紫宫，就是北极星，是天帝泰一的居所。营室，又称室宿定星，即飞马座 α、β 两星，属二十八星宿的北方玄武。复道，就是上下两层的通道，宛若空中走廊。依据占星家的解说，天帝出行，由北极紫宫出发，渡过天汉银河，抵达室宿定星。按照新的建设规划，始皇帝居阿房宫，出行北上，由空中廊道渡过渭水抵达咸阳宫，正可比照天帝外出，星辰运行。

---

[1] 参见王学理《咸阳帝都记》第三章"渭水贯都"的规模，三秦出版社，1999 年。

阿房宫

> 人到晚年，难免想留下超越短暂生命的恒久，始皇帝没有德行文章可以久传于世，功业建筑也许成了他对恒久的寄托。阿房宫的设计构想，仿照天象星宿，追求古今天下第一，气势磅礴，壮丽辉煌。阿房宫之设计构想，巧夺天工，神奇精妙，然而，由于始皇帝的突然去世，阿房宫开工不久就告停工。

阿房宫周围，又修筑阁道环绕。阁道，就是长廊通道，上有顶檐，两侧有围栏。阿房宫东西北三面，筑有围墙，南面开敞，从前殿一直到南山筑有阁道相连，匠心独运，意在取景南山之巅以作宫城门阙，虚图远山应近景，既是风水也是理念。始皇帝又听信方士们的真人之说，行踪秘不示人，用复道阁道连接咸阳四周的宫观苑囿，方圆两百里范围，复道行空，长桥卧波，有宫车经过，如雷霆乍惊，辘辘轮声可以远听，渺然身影不知所踪。

阿房宫之设计构想，巧夺天工，神奇精妙，然而，由于始皇帝的突然去世，阿房宫开工不久就告停工，仅仅完成了地基的夯筑和三面围墙的修建，巨大的空间，留给后人无限的想象。[1]帝国的人力物力，一时全部集中于始皇帝陵园。

始皇帝陵园的修建，开始于公元前246年，也就是秦王嬴政即位的时候。即位时的嬴政，刚刚十三岁。十三岁的少年，正急于盼望长大成人，何曾预期过自己的死，何曾有兴趣关心葬身的墓室。不过，即位开始之日，就是修建坟墓之时，是古来的制度，连接着古来的传统。比照先王先公的规矩成例，始皇帝陵园修建之初，规模不大，也没有过多的铺张装饰。

然而，统一天下以后，一切发生了重大的改变。公元前221年，臣下们议论秦王的称号说，古来的王号已经不能称应天下一统的伟业，五帝的尊号也无法比及海内归一的成功，古来有天皇、地皇、泰皇，泰皇最为尊贵，请陛下上泰皇称号。秦王政尚未能满足，他下令取三皇之皇、五帝之帝，定称号为"皇帝"。皇帝，统治人间和神界的上帝，功业超越三皇五帝，意志凌驾人间，指使鬼神，煌煌然追及天高地厚。天高不可及，地厚似可掘，天空地上地下，始皇帝要作贯通的比照。阿房宫已经比照天极，始皇陵则要比照帝都。皇帝统治着远古以来未曾有过的大帝国，始皇陵也被扩建成古往今来最大规模的陵园，宛若秦都咸阳的缩影。[2]

始皇帝陵园，究竟有多大，至今没有最终边际的肯定结论。多少年来，考古学家们找啊找啊找啊找，挖啊挖啊挖啊挖，似乎

---

[1] 西安市文物局文物处、西安市文物保护考古所《秦阿房宫遗址考古调查》，载《文博》1998年第1期。中国社会科学院考古研究所、西安市文物保护考古所《秦阿房宫前殿的遗址考古调查、勘探、试掘和发掘》，载《考古学报》2005年第2期。杨东宇、段清波《阿房宫概念与阿房宫考古》，载《考古与文物》2006年第2期。

[2] 关于秦始皇陵的考古调查与研究，参见袁仲一《秦始皇陵的考古发现与研究》，陕西人民出版社，2002年。

越找越大，越挖越多，根据最近的发掘调查结果，大致可以为始皇帝陵描绘一幅示意的草图。

始皇帝陵园，比照秦都咸阳建筑，上下有两层，内外分三重，东西南北十五里见方，总面积达 56.25 平方公里之巨。地下层是冥城地宫，地上层是内城、外城和外城外的陵域。冥城地宫在地表坟丘之下，比况始皇帝居住的皇宫修成。冥城外围，由一道地下城墙环绕，城墙南北长 460 米，东西宽 392 米。冥城内是一地下宫殿，南北长 145 米，东西宽 170 米，地下宫殿的中央是墓室，墓室由石灰岩筑成，南北长 50 米，东西宽 80 米，高 15 米，四周筑有厚达 16 到 22 米的围墙。始皇帝的棺椁遗体，就安置在这里。《史记》记载始皇帝陵冥城地宫说："挖通骊山，深及地下水排堵的极限，椁室以黄铜装饰镶嵌，四周象征性地建有宫室别馆，金银珠玉满藏，珍宝重器具列。彩绘日月星辰于地宫天穹，又以水银仿筑百川江河大海，高低起伏以机械驱动，可谓上具天文，下具地理。以鱼油制作灯烛照明，希求永久不灭，命工匠制作弩机暗箭，防备盗贼侵入。"据文可以想象，那是何等奢侈的极乐世界！

冥城地宫之上是坟丘封土，高 115 米，南北长 515 米，东西宽 485 米，形状如同一个倒放的斗，凛然耸立于骊山脚下的平野当中，成为陵园的地上标志。坟丘在内城南部，内城比况咸阳宫城修成，南北长 1355 米，东西宽 580 米，周围筑有 10 米厚的城墙，墙垣巍峨，有长廊环绕。内城西、南、东三面各有一门，北面有二门，门阙耸立，以曲阁相连。内城内筑有寝殿，为墓主魂灵起居生活的公馆；又筑有便殿，为墓主魂灵休息闲宴的场所，一切比照始皇帝生前，将宫城内院，模拟于其中。

内城之外是外城，外城南北长 2165 米，东西宽 940 米，周围环绕 6 至 7 米厚的城墙，四面各有城门一座。外城比况咸阳都城修建，城内筑有百官府寺，武库仓储，膳食厨府，又筑有珍禽异兽苑，百戏娱乐场，始皇帝出行所用的车马仪仗，也折半缩小，以青铜铸成，掩埋于此。外城西侧北侧，有武备守卫，相当于卫尉庐舍环绕宫墙驻防。

外城外的陵域，宛若秦都咸阳郊外的关中。兵马俑在陵域东，庞大的军团，摹拟的是驻守关中、守卫秦都的中尉京师军；青铜水禽坑在陵域北，栩栩如生的飞鸟，当是御用苑囿的写照；至于数以百计的马厩坑，无疑是京郊的皇家马苑。陵域西北有官邸，当为奉侍园陵之官吏的居所。更远有骊邑，特为奉侍始皇帝陵而修建的新城，有数万移民。

始皇帝下葬之时，二世下令秦始皇后宫没有子女的妃嫔全都殉葬。又听从人言，怕工匠泄露陵墓里的机关秘密，待葬事结束，下令封闭陵墓里的神道外门，将工匠全部活埋其中。

二　驰道和直道

始皇帝是喜好旅游的人，历代皇帝巡游天下，由他开风气之先。从公元前221年统一天下算起，他一共做了十二年皇帝。十二年当中，他五次巡游，西到陇西北地（今甘肃、宁夏、陕北一带），东到胶东琅邪（今山东半岛），北到九原辽东（今内蒙古、辽宁），南到会稽、长沙（今浙江、湖南），行程数万里，足迹遍及帝国各地名山大川，直到公元前210年死于第五次巡游途中，方才停止驰行的脚步。

古代交通：天上无飞机，地上无铁道，路面无沥青水泥，驰行无空调大巴。百姓出行，背负盘缠行李，两条腿走路。皇帝巡游，乘舆马车，虽说是饮食使唤，呼拥迎送，可以极尽帝国奢侈之极限，然而，泥土修筑的道路，木材制作的马车，雨雪风霜，寒冷炎热，一路都是尘土飞扬，颠簸晃荡，至于沐浴方便，更是有种种难处。用我们当今的旅游标准来衡量，始皇帝巡游也绝对称不上是舒适的出行，如果没有强烈的欲望动力，断然难以频繁远行。

天下统一以后，为了巡游出行，始皇帝开始对秦帝国的交通作大规模的整备修建。他下令用驰道将全国主要地区连接起来。驰道，是不同于普通道路的高速行车道。大体说来，驰道路宽五十米左右，高出地面，由多层夯土筑成，宽阔平坦。驰道是三车道，中间道是皇帝专用道，未经特别许可，他人不得擅自使用，两边为旁行道，可供吏民使用。驰道两旁植有树木，用青松杨柳、槐柏榆桧，绵延间隔，壮观秀美通畅。

驰道以首都咸阳为中心，沟通帝国东西南北，与其他道路辐射连接，西去有陇西北地道，东进有三川东海道，南北有河内广阳道，东南有南阳南郡道，濒临渤海、黄海、东海，又有辽西会稽道，四通八达，纵横交错。

陇西北地道。由咸阳沿渭河西去，过雍城（今陕西宝鸡）沿汧河北上，越过陇山，进入陇西郡，南下抵达西县，然后北上进入北地郡，再沿泾水河谷回到咸阳。公元前220年，始皇帝第一次巡游，走的就是这条道。西县是秦的发祥地，秦国的第一座国都，也是第一代秦公襄公的陵墓和宗庙（秦之祖庙）所在。雍城多年是秦国的旧都，有23座先王的陵墓宗庙。始皇帝统一天下后，专程前往西县雍城，将伟业之成功，告慰先祖，进而祭祀沿途山川神祇。

三川东海道。由咸阳沿渭河东出函谷关，并黄河南岸行，经三川郡洛阳，走陈留（今河南开封）过砀郡，经泗水郡彭城（今江苏徐州），一直抵达东海郡朐县（今江苏连云港），大体走今天陇海铁

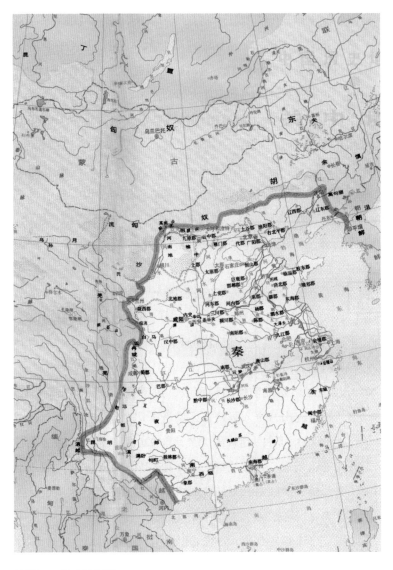

地图 2　秦时期全图

（谭其骧主编：《中国历史地图集》第二册，地图出版社，1982 年）

路的方向，是贯通帝国东西的交通大动脉。公元前 219 年，始皇帝第二次巡游天下，就是沿三川东海道一路东去，途中北上东行，抵达泰山封禅祭天。三川东海道上的函谷关是进出关中的门户，荥阳是控制关东的要塞，至于彭城，则是连接魏、楚、齐间的要冲。

南阳南郡道。由咸阳东郊沿灞河东南行，走蓝田入商洛出武关，经南阳郡宛县（今河南南阳），南下穿越江汉平原，抵达南郡江陵（今湖北荆州）一带。大道至此，再沿长江东下，水陆交错，过衡山郡和九江郡，可以一直抵达长江下游的会稽，将帝国的东南连接起来。公元前 210 年，始皇帝第五次巡游，就是沿南阳南郡道抵达云梦（今洞庭湖一带），再东下渡江抵达会稽（今浙江绍兴），在会稽山刻石纪功而还的。

河内广阳道。[1] 河内郡地处黄河、漳河之间（在今天河南省新乡、焦作、安阳一带），由河内北上，走安阳（今河南安阳），到邯郸（今河北邯郸），过恒山郡东垣（今河北石家庄），至广阳郡蓟县（今北京），大道南北纵贯华北平原，东西与太行山平行，大体沿行今天京广线的方向，延伸东去右北平郡之无终（今天津），进而抵达碣石一带（今河北乐亭）。河内广阳道是帝国南北交通的主干道，这条道上的蓟县是燕国故都，邯郸是赵国故都，安阳是魏国要地，沿道由河内渡过黄河进入三川，直接连接帝国的东西交通大动脉——三川东海道。战国以来，魏国、赵国、燕国之间的往来，多由该道。公元前 215 年，始皇帝第四次巡游天下，或许就是先走三川东海道，然后再沿这条路线北上抵达辽西郡的碣

---

[1]　关于秦代交通，参见王子今《秦汉交通史稿》，中央党校出版社，1994 年。王子今在该书第一章之"全国陆路交通网的形成"中，将广阳到邯郸的道路命名为"邯郸广阳道"，我结合秦末战争中道路利用的实际情况，将这条道路由邯郸延续到了河内郡境内，作为贯通帝国北部的南北交通大道，称为"河内广阳道"。

石，访燕赵，观沧海，刻石纪功而还。

辽西会稽道。[1] 始皇帝五次巡游天下，其中四次至海，往往沿海岸线周行，行迹北至碣石，南至会稽山。辽西会稽道大体沿始皇帝行迹，北起辽西郡南部，南下经过右北平、渔阳、广阳、巨鹿、济北、临淄、琅邪、东海诸郡，一直抵达会稽郡，大体沿渤海、黄海、东海海岸线，经过今天的河北东部、山东半岛，南贯江浙沿海。由辽西往东，道路可以连通辽东，抵达秦帝国的东北边极，由会稽南去，可以进入闽中越境。这条道上的碣石、琅邪山、会稽山，都有始皇帝纪功的刻石。

秦帝国的五大交通干道，皆因始皇帝的巡游出行而整备兴作。五大干道之外，始皇帝的交通建设，尚有北边道和直道，都是为用兵匈奴而修建的。始皇帝统一天下后，连接秦、赵、燕国长城构筑新的北疆防线，西起临洮东至辽东，绵延万里。因为施工与布防的需要，沿长城修建了贯通东西的军用交通要道，史家称为"北边道"。公元前215年，始皇帝第四次巡游天下抵达碣石，回程巡视北部边防，经渔阳、上谷、代郡、雁门、九原，由上郡回到咸阳，走的就是这条道路。

九原郡地处蒙古草原，秦军攻击匈奴占领河套地区以后，成为帝国的边防要地，长年驻有重兵。始皇帝三十五年，也就是阿房宫修建的同一年，始皇帝命令大将蒙恬修建直道，以军用高速公路连接九原和首都咸阳。直道由咸阳北郊的甘泉宫（今陕西淳化县北）起，走子午岭，穿越陕北高原，经过鄂尔多斯东部，抵达九原郡治九原县（今内蒙古包头西），全长一千五百余里。秦始皇三十七年，始皇帝病死于巡行途中沙丘，胡亥、李斯、赵高车载

---

[1] 王子今称这条道路为"并海道"，我为统一用郡名标注道路之便，改称为"辽西会稽道"。

遗尸绕道北上，由恒山、太原、雁门、云中进入九原，最后由九原经上郡过甘泉抵达咸阳，利用的就是直道。

三　亡国的前兆

国之兴亡，必有前兆。

历来史家论及秦帝国的速亡，无不指出其劳民过度是首要原因。始皇帝和秦二世酷使民力，最受诟病的就是阿房宫和始皇陵，纯粹是为君王私欲之满足。直道之建设，出于国防军用，姑且不论，至于为巡行出游而修建驰道，则是公私两论皆有。公务论者说，始皇帝的巡行出游是外出震慑四方，安定新建的帝国；私欲论者说，始皇帝的巡游外出是游山玩水，求药寻仙。这些或许都有道理，然而，家天下个人专制独裁的体制下，君王的个人行动和国家的政府行为，往往是分不清、划不开的，朕就是国家，皇帝的私欲也就是王朝的意愿。阿房宫的修建，既是始皇帝的个人喜好，以其取代咸阳宫作朝议正宫的考量，也是秦王朝朝廷的迁移；始皇陵是秦始皇个人的陵园，其承接先公先王陵园的余绪，也是王朝国家祭祀的要所。不过，不管公也好，私也好，君王欲念也好，王朝意愿也好，国防军用也好，修建阿房宫、始皇陵，整备驰道，建设直道，如此前所未有的庞大工程，其所消耗的巨额财力，其所征发的巨大人力，无公私之别，都是民脂民膏，都要由秦帝国的人民来承担。

为修建阿房宫、骊山陵，为整备驰道直道，秦帝国总共动用了多少人力物力，我们已经无法知道。司马迁说，秦帝国曾经动员七十万人，一部分用来修建阿房宫，一部分用来修建骊山陵。至于驰道直道，没有具体的数字。根据最新的研究，从秦始皇三十五年开始修建阿房宫起，直到二世元年叛军抵达骊山陵为止的四年间，阿房宫和骊山陵的工地上，常年有七十万人劳作。七十万人，多是青壮年男子，其中的一部分是服刑的犯人，他们无休止地在工地上劳作；其中的一部分是服役者，由全国各地征发而来，一年定期轮换。秦帝国时代，劳役与兵役等同，做工者按照军队编制，七十万工人常年劳作，相当于七十万军队常年屯驻。

七十万人屯驻做工，七十万人生活吃饭，七十万人的粮食供应，都要从函谷关外的关东地区转运。古代社会，生产工具简陋，一切依靠人力畜力，远距离运输的效率极为低下。以运送距离600公里计，要维持一个人的粮食供应，需要十五个人专职负责运输，效率仅为6.7%。关中有渭河连接黄河漕运，距离短、效率高。假设以20%的高效率论，要维持一个工人的粮食供应，也要五人专门负责，七十万人的粮食供应，需要动用三百五十万人作后勤转运。秦帝国时代，一个家庭大致有五口人，阿房宫、骊山陵的七十万工人，又关联到全国各地二百八十万人的生活生计。三百五十万专职运输者的劳作，又影响到一千四百万人的生活生计。当是何等巨大的数字！

驰道、直道之修筑，想来主要由经行的各地负责，长途转运之苦，或许不及骊山陵、阿房宫，但大规模的财力投入和人力动员，则是毫无疑问的事情。司马迁实有所感，他说："我到北疆考察，由直道归还长安，沿途观看蒙恬所修筑的长城亭障，断山填谷所开通的直道通途，痛感秦之酷使民力。"舍此感慨不论，与修建阿房宫、骊山陵，整修驰道、直道并行，始皇帝派遣大军攻击匈奴，连接长城，三十万戍卒常年屯驻北边，又派遣大军攻击南越，五十万戍卒常年镇守岭南。分布在帝国南北两疆的八十万军队，后勤供应要由内郡远距离转运，动员的人力，按照高效率计，要四百万人专门负责。八十万军人，涉及四百万家属；四百万转运劳工，涉及两千万家属，又是何等巨大的数字！秦帝国的人口，估计在四千万左右，根据上述的计算，仅阿房宫、骊山陵，长城南越两疆的人力动员，数量已在九百万，连累家属，已超四千万，几乎牵动帝国的全部人口。

如此草草算计，仅由此极不周全的数字，已经可以勾画出一幅秦帝国因为酷使人力物力而面临崩溃的图景。两千二百年前的中华大地上，南到五岭，北到长城沙漠，西到陇西临洮，东到黄海东海，四千万芸芸众生，宛若劳蚁工蜂，往来不停地奔走在纵横交错的道路上，劳作死斗于星罗棋布的据点中。关中咸阳的阿房前殿高台上，皇帝高高举旗，指挥宛若蜘蛛网般密布全境的官僚机器，操纵着帝国臣民的一举一动。皇帝挥旗往西，千万人西去；皇帝挥旗往北，千万人北行；皇帝挥旗往南，千万人南下。皇帝旗帜的挥动越来越频繁，四千万人的运动越来越剧烈，移动距离越来越长，道路交通拥塞，守备空虚失衡，民人疲惫不堪。官吏驱赶吆喝的威压，引来庶民躲避逃亡；政府执法刑戮的震慑，引来民众反感抗拒。

始皇帝晚年的秦帝国，宛如一辆不断加速奔驰的马车，已经失去了控驭；又宛若一张绷得越来越紧的弓弦，已经失去了制衡。至于马车何时坠毁，弓弦何时断裂，只是时间的早晚和机会的引发而已。

四　贵族后裔陈胜

秦二世元年（前209）七月，一支前往北方边境的部队困驻在泗水郡蕲县大泽乡（今安徽省宿州市东南）。夏秋之交时节，大雨滂沱不止，河道涨水，湖泊沼泽泛滥，土筑的道路成泥泞，阻断不通。

这支部队约有九百人，是从帝国陈郡各县征调的戍卒，受命前往帝国的北部边郡渔阳（今北京市东部密云一带）驻防屯守。这支部队，由两名军官统领，他们被称为将尉，是相当于县尉一级的武官，用我们今天的话来说，类似于县的武装部长。按照帝国的军制，军队由什伍制编成，士兵五人编为一伍，设置伍长一人统领；两个伍编为一什，设置什长一人统领；五个什约五十余人编为一个屯，设置屯长一人统领；两个屯约百人编为一个百人队，设置百长一人统领；五个百人队约五百人编为一个五百人队，设置五百人长一人统领；两个五百人队约一千人编为一个千人队，设置千人长统领。这支九百余人的队伍，大约相当于两个五百人队，两位县尉，相当于五百人长。在他们手下，有近十名百人长和近二十名屯长，陈胜和吴广，是这支部队中的两名屯长。

陈胜是陈郡阳城县人（今河南省商水县），[1]吴广是陈郡阳夏

---

[1] 关于陈胜的出生地阳城之所在，多年来争论不已，归结起来，多达五种说法：1. 河南商水说；2. 河南方城说；3. 河南登封说；4. 河南平舆说；5. 安徽宿县说。我在本书的初版（2007年中华书局版和2010年台北联经版）中采用了谭其骧先生所主张的方城说。1983年，商水县文物管理委员会对商水县舒庄乡扶苏村的战国秦汉古城遗址作了发掘调查，判断该城可能是陈胜的出生地阳城故址（见商水县文物管理委员会《河南商水县战国城址调查记》，刊于《考古》1983年第9期）。笔者在仔细查阅了史料，阅读了各位专家的论文后，于2009年8月亲临现场作了实地考察，得出了自己的结论：在现有的诸说当中，河南商水说不仅有文献和考古材料的支持，而且与陈胜的家庭出身和起义时借用扶苏名义的史实和民间传说相关联，最为确实可信。相关内容，我已经分别写入《楚亡：从项羽到韩信》第六章第六节"寻找传闻中的历史流"，以及论文《焚书坑儒的真伪虚实——半桩伪造的历史》（《史学集刊》2010年第6期）中了，请看看。关于商水说，请参见魏嵩山《陈胜出生地阳城考辨》，刊于《光明日报》1960年3月21日；苏诚鉴《陈胜出生地应属陈郡》，刊于《安徽师范大学学报》1979年第1期；彭克明《陈胜故里商水说补证》，刊于《安徽史学》1988年第2期。关于方城说，参见谭其骧《陈胜乡里阳城考》，收于同氏著《长水集》，人民出版社，1987。我放弃方城说，还有一个理由。2011年8月，我去方城作了考察，方城至今找不到与陈胜有关的遗址和传说。

县的人（今河南省太康县），都是家境贫穷的农民，他们被征发入伍，实在是有些异常。帝国以武力立国，军队是国家的根本，从军立功是帝国国民人生出路的主要途径，与个人的土地财产、地位荣誉等直接相关。从军是光荣的事情，帝国的兵士，主要从家境小康的中等人家中选拔征发，有恒产者有恒心，中产阶级有稳妥的进取心，对于家庭和国家责任心强，最有利于组织的健全和稳定，另一方面，帝国士兵的武器、盔甲等装备，由政府提供，一般的生活用品，要由服兵役者自己负担，没有一定资产的家庭，从军会有相当的困难。多年以来，帝国以军队建设为中心，形成了一套完整而严密的制度，培育了一个数量庞大的拥有土地财产、有爵位有尊严的中产阶层，确保了军队有稳定而优秀的兵源，这是帝国之所以强大无敌的极为重要的原因。也正因为如此，无产的贫穷人家，一般不在帝国征兵的对象当中。

帝国的法律和制度，确实合理而且公平，有效地维系着秦帝国这架巨大的机器有条不紊地运转。不过，到了始皇帝的晚年，这架机器的运转已经过于急促，频繁不断的徭役和军务的征发，使国民困苦不堪，国家和人民共同陷于超负荷的泥潭。二世皇帝即位以后，曾经一时停止了过重的劳民征调，然而不到半年，旧事重开，其势头比先帝晚年有过之而无不及。遵循二世皇帝的旨意，先帝的旧业不但不能怠慢停止，还得加强加紧，骊山陵要快快收尾，阿房宫要大干快上，匈奴要严防，长城要完备，南方远征军的兵源粮草要补充，皇帝出巡的道路要建设，无不需要大规模的人力征调。中等人家的征调，几乎已经穷尽，无奈之下，下等贫家的征发，也是不得已而为之。

当时的贫穷人户，被称为"闾左"，闾左当中，夹杂有不少流窜的游民，大规模征发闾左从军入伍，实属罕见异常，相当于置帝国国民于全面动员的紧急状态。以帝国的实情常情而论，不能自立的穷人，难以承担从军的经济负担，被强征编入军队以后，自己困苦，军队也不安稳，大规模地无选拔征兵，不循正道的浪人、不安分的游民大量流入。贫困游民，最容易搅乱稳定，破坏既存的组织秩序，他们一旦武装起来，往往成为叛乱、造反和革命的力量。

陈胜其人，关于他起兵以前的往事，记载很少，只知道他年轻的时候，曾经受雇为人耕田，对于贫穷有切肤的痛感，当是无田无产的雇农，不在征发之列的无产贫户。不过，陈胜受雇为人耕田，是秦统一天下以后的事情，有关他更早的行迹，特别是他的家世出身，史书上完全没有记载。

史书上没有记载的东西绝不等于没有，古史的记载往往是挂一漏万。史书上说，陈胜，姓陈名胜，字涉，司马迁著《史记》为陈胜立传，篇名为《陈涉世家》，就是用的他的字号。我们知道，字号是雅称也是尊称。战国、秦汉时代，有字号的人往往是有身份的贵族，下层平民没有字号。项羽出身贵族，他姓项名籍，字羽。刘邦出身平民，他姓刘名季，就是俗称的刘老三，没有字号，刘邦是他当了皇帝以后改的名，从经邦治国的大义中取了"邦"字来提高名字的档次。由此看来，有字号的陈胜，不会是普通的平民出身，有可能是贵族的后裔。

陈胜是陈郡阳城人，故址在现在的河南省商水县。阳城距离陈郡的郡治陈县（现河南淮阳）很近，这一带地方，过去都是陈国的领土。陈国是西周以来的古国，王族是舜帝的后裔。陈国有五百来年的历史，公元前 479 年才被楚国消灭，以后成为楚国的一部。陈胜出身于阳城，从历史渊源上看，就是出身于陈国。古代中国，贵族们有用出身国名作姓氏的习惯，比如韩是韩国王族的姓氏，赵是赵国王族的姓氏。陈是陈国王族的姓氏，出身于陈郡阳城县的陈胜，可能就是古老的陈国王族的后裔，是没落贵族。

战国时代，是古来的贵族社会走向衰亡的时代，陈胜的家世虽然几经沉浮变迁，但是，他的身上依然保留了古代贵族的流风余韵。史书上说，陈胜既不能殖产，也不能出仕，在为人耕田休息的时候，常常怅恨感慨，他曾经对一起种田的穷哥们儿说："将来如果发达富贵了，不要互相忘记啊。"种田人多是安分的人，大家笑话他说："为人耕田取佣，吃饭活命而已，谈什么发达富贵。"同是种田人，心志迥然不同，陈胜叹息道："燕雀安知鸿鹄之志。"陈胜自比鸿鹄，他的鸿鹄之志，当是古代贵族精英意识的残留，想要改变当下沦落的处境，恢复祖上出人头地的荣光。

五　陈胜吴广反了

陈胜一行抵达渔阳的日期，是比照征调军队的规定预先指定的。根据帝国的法律，军队不能按照预定时间抵达指定地点，将受到军法"失期罪"的指控，如果指控成立，犯失期罪者将被斩首处死。大雨不止，道路泥泞不可通行，日期一天天逼近，大家越来越不安。陈胜和吴广不是顺天安命的人，他们私下商量对策认为，如期抵达渔阳已经无望，为了求生只有逃亡，不过，弃军逃亡是死刑，与其逃亡死，不如干脆举事造反，死是同样的死，与其死于逃亡受刑，不如死于大事国事。走投无路之下，陈胜和吴广决定起兵反秦。

陈胜对吴广说："天下长久苦于秦政的苛暴。我听说二世是小儿子，不应当立为皇帝，皇帝的继承者是公子扶苏。扶苏因为多次劝谏的缘故，始皇帝让他到边疆监军将兵。听说扶苏没有罪过，是被二世冤杀的。老百姓多听说他贤明，知道消息的人以为他是

陈胜、吴广起事地点大泽乡，位于今安徽宿州市东南，今建有起事纪念碑。

冤屈而死，不知道的以为他尚在人间。项燕是楚国的大将，军功卓著，爱抚士卒，楚国人怀念他，有人以为他已经战死，有人以为他逃亡在世。如果我们利用扶苏和项燕的名义号召天下，一定会得到广泛的响应。"吴广深为赞同，遂决定以秦公子扶苏和楚将项燕的名义举事。

凡举事，须有名目。举大事国事，须有大义名分。没落贵族陈胜，虽说家境贫寒，从他为举事所策划的大义名分来看，他不但对当时的政治局势有密切的关注，而且相当有政治头脑。始皇帝以暴力灭亡六国，统一天下，秦政长期失于苛暴。始皇帝死，百姓曾经有所期待，盼望主张温和路线的公子扶苏即位，暴政得到缓解。殊不知扶苏不明不白被杀，少子胡亥即位，暴政不但没有缓解，反而是变本加厉，有过之而无不及。高压困苦之下，借助于对仁者的怀念，对暴君作隐喻的抗争，正是民情、国情所在。以扶苏的名义举事，不仅顺应民情，而且有利于对秦政府和秦军的动摇瓦解。

陈胜的出生地陈郡阳城县和吴广的出生地陈郡阳夏县，过去都是楚国的领土，以旧国而言，陈胜和吴广都是楚国人，故里依然是旧日楚国的乡音习俗，记忆里楚国人的归属意识依然浓厚。大泽乡在泗水郡蕲县，过去也是楚国的领土，十五年前，末代楚王昌平君熊启和楚国大将项燕统领楚军保家卫国，在这里与秦将王翦率领的六十万秦军激战，结果楚军战败，项燕自杀，楚国由此而亡。蕲县，成了项燕及其数十万楚军的国殇之地，楚国人对于项燕的怀念，一直绵延不断。身在蕲县，同行都是出身于旧楚国地方的戍卒，走投无路之下，借助记忆中的英雄，恢复故国山河，最能集聚人心，激发斗志。

大义名分确定，二人心里仍然有所不安，悄悄找到卜者算命。卜者是明白人，占卦吉祥，说道："二位的事情皆会成功。不过，二位何不卜问于鬼？"卜者的话，往往是一语双关，鬼是死者的精魄，问于鬼，死事也。鬼又逼人，问于鬼，以鬼威逼人也。对双关语的理解和选择，在于听者的意图和解读。陈胜、吴广闻言窃喜，心中落定，顺着自己的心情揣摩卜者的话意，决定借助鬼神以胁迫众人。他们用朱笔在帛布上写"陈胜王"三字，放入打捞上来的鱼腹里，混在炊事兵买来的鱼中，士兵们开膛看到帛书，很是有些惊怪。晚上，吴广又偷偷潜入驻地近旁神祠的草丛中点燃鬼火，模仿狐狸的叫声，作"大楚兴，陈胜王"的呼喊。秦汉时代，鬼神占卜盛行。白天现怪异，夜里闹鬼神，众人惊恐不安。天亮以后，戍卒们见到陈胜，往往目视他而悄声私语。

吴广素来善待人，很得部下之心。大概是在第二天吃饭的

今日大泽乡，十足的宁静气息

时候，两位将尉也心烦，酒喝得醉醺醺，吴广故意挑起逃亡话题，惹得将尉大怒，命令当众鞭笞吴广。吴广不服，将尉拔剑威吓，吴广借势挺身夺剑，在陈胜的配合下，将两名将尉杀死。混乱当中，陈胜和吴广召集众人道："大家遇雨失期，失期当处斩刑，即使有幸不被处死，支边戍守，十有六七也是死。壮士不死则已，死要死得大义堂皇。放眼当今天下，王侯将相，宁有种乎！"一切合于预期策划，同行的戍卒都愿意跟随陈胜、吴广举事反秦。于是众人以两名将尉的首级作为祭祀的牺牲，设坛结盟，九百人袒露右臂，起誓复兴大楚，宣称呼应秦公子扶苏和楚将项燕。

秦帝国的天空下，一场风暴骤然降临。

六　张楚政权的建立

大泽乡起义，最初只是帝国屯戍兵的兵变。帝国军队的编制，以郡为基本单位组建独立的军团。郡是军政合一的军事行政机构，郡守称将军，全面统领一郡之军政和民政。郡守下面设有一名或者数名都尉，作为副将专门负责军务。郡军团，由郡所辖各县的县军组成。县也是军政合一的军事行政机构，征兵的基本单位。县军征发集结后，由全面负责一县军政的县令长，或者专门负责县军务的县尉统领，组成县分军团，编入郡军团中。帝国有重大军事行动时，以郡军团为单位，集结数个或者数十个郡军团作战，战争完结后各归其地解散。陈胜、吴广夺取了部队的领导权后，九百人的屯戍兵，迅速按照帝国的军制重新组织起来。他们将原本相当于县军规模的部队扩大编制为郡军团，以陈胜为将军，以吴广为都尉，开始进攻所在的郡县。

陈胜军首先攻占了驻地大泽乡，进而攻占了大泽乡所在的蕲县城。蕲县过去是楚国的领土，也是楚国大将项燕领军抗秦、激战身亡的战场。在民众苦于徭役和暴政的时候，陈胜、吴广以项燕和复兴楚国的名义起兵蕲县，可谓是占了天时、地利、人和，蕲县民众积极响应和支持陈胜军。攻占蕲县以后，陈胜军得到了第一个可以作为依凭的据点，征兵扩军，整编策划，一一顺利进行。

在蕲县，陈胜军作了东西分进的军事部署，以符离（今安徽宿州南）人葛婴为将，统领部分军队向蕲县以东和以南的地区发展，陈胜和吴广统领军队主力向西面进攻。西进的陈胜主力军沿浍河进军，首先攻克蕲县的西北邻县铚县（今安徽宿州西南），沿河继续西北行，进入砀郡境内。进入砀郡以后，陈胜军攻占了酂（今河南永城），再折向东南，攻占谯县（今安徽亳县），西向进入陈郡，攻占苦县（今河南鹿邑）、柘县（今河南柘城西北），乘势挥师南下，向陈郡郡治陈县（今河南淮阳）进攻。当时，事出突然，陈郡郡守和陈县县令都不在任上，陈郡副长官陈郡守丞统领秦军进行了抵抗，守丞战死，陈胜军进入陈县县城。

陈县是陈胜军攻下的第一座郡治大城，故地在今天的河南省淮阳市。陈县交通南北，贯通东西，连接黄河水系和淮河水系的鸿沟就经过这里，是中原地区的一座重要城市。西周、春秋时期，陈是陈国的国都，战国时成为楚国的领土，战国末年曾经一时成为楚国的首都，秦灭楚以后设置陈郡，将郡治设在陈县。

正如我在第二章之"韩国贵族张良"中已经详细谈到过的，陈县这个地方，从战国末年以来，一直就是反秦的热土，层累着楚国旧都、韩王迁地、昌平君和项燕的反秦据点等种种历史积淀。

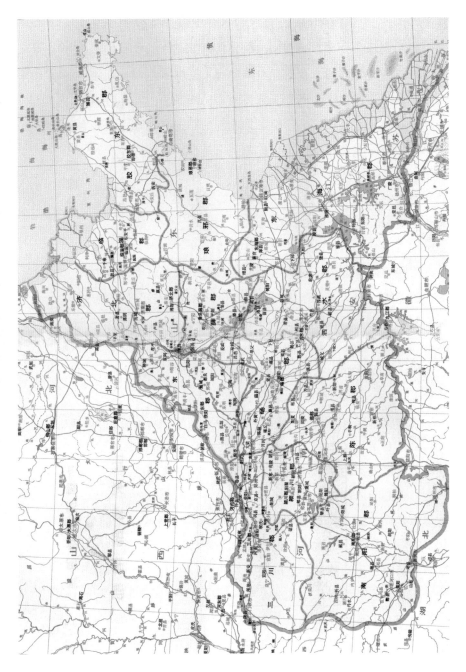

地图 3　山东南部诸郡图（谭其骧主编：《中国历史地图集》第二册）

进入帝国以来，反秦的暗流也始终在陈县一带涌动。魏国的游侠名士张耳和陈馀，被秦政府通缉后，是逃到陈县做里监门潜伏下来的；张良离开韩国，开始反秦串联时，他的第一个长期停留的地方，也是陈县。陈胜出生于陈县西南的阳城县；与陈胜一道领导大泽乡起义的吴广，出身于陈县北部的阳夏县；九百名首事的戍卒中，陈县附近的人当不在少数。正是出于独特的地理和历史条件，陈县成了陈胜军首先夺取的目标。进攻陈县时，陈胜军已经拥有六七百乘战车，一千余名骑兵，步兵数万人。此时，距离大泽乡起兵不过一个月左右。

攻占陈县以后，陈胜延请陈县地方的父老豪杰、有影响的人士，共同协商今后的反秦大事。这次协商会议，吸引了各方人士的广泛参加。会议上，陈县的地方父老们建议陈胜迅速建立政权，称王复兴楚国，以复兴后的楚国的名分号召天下，推翻秦王朝。陈胜和吴广采纳了陈县父老的意见，以陈县为首都，建立了张楚新政权，拥立陈胜为王。陈胜所建立的张楚国号，取"张大楚国"的意思，表示楚国由此复兴，更由此而张大。

张楚政权建立后，陈胜起义军与秦王朝间的斗争有了质的改变。由于有了王国政权，由屯戍兵引发的兵变就变成了国家之间的对抗，以复兴的楚国对抗暴虐的秦国。有了张楚的旗帜，天下响应，人心归之如流，关东各国、各地、各阶层、各等人士，或者远道来归，亲赴陈胜麾下；或者就地起兵，呼应张楚的名分。孔子的后人孔鲋，带着孔氏的礼器来归附陈胜，做了张楚的博士官。魏国王室后裔魏咎、楚国的封君蔡赐、魏国的名士张耳和陈馀等人士，也都纷纷汇集到张楚陈胜麾下。两三个月内，以楚国地区为中心，秦嘉、朱鸡石等人起兵于淮北，项梁、项羽等起兵于江东（今江苏苏州一带），刘邦等起兵于沛县，英布、吴芮等起兵于番阳（今江西鄱阳东北），陈婴等起兵于东阳（今安徽天长西北），都以张楚为号召，共同复楚反秦。

建都陈县的张楚政权，迅速作出了主力西进攻秦、分兵四面出击的军事部署：一、秦控制关东各地，荥阳（今河南荥阳）是最重要的军事基地，陈胜以吴广为假王，即代理楚王，统领楚军主力沿三川东海大道西进，直趋荥阳，伺机西取关中；二、南阳郡西部的武关（今陕西丹凤县东）是出入关中的南大门，陈胜以宋留为将军，领兵东南攻取南阳（今河南南阳一带），伺机攻取武关，指向咸阳；三、以武臣为将军，领军北上渡黄河，攻取燕、赵地区；四、以周市为将军，北向砀郡和东郡，攻取原魏国地区（今河南东部、山东西部一带）；五、以邓宗为将，领军向九江方向（今安徽、江西一带）进攻；六、以召平为将，领军攻取广陵方向（今江苏扬州一带）。[1] 尔后秦楚之间军事形势的发展，大体沿袭了上述方向。

七　项氏叔侄起江东

秦二世元年九月，项梁和项羽起兵于江东地区，史称项氏江东起兵。

长江滚滚，西来东去，至江西九江以后，折向东北流抵安徽芜湖，过芜湖以后，几乎呈正北向流往南京，南京以后，又折向东去，汇入东海。古往今来，长江两岸，以南北划分；唯九江至

---

[1]　参见霍印章《秦代军事史》第六章第二节，中国军事科学院主编《中国军事通史》第四卷，军事科学出版社，1998年。

芜湖，特别是芜湖至南京一段，以东西划分，长江以东的江苏南部和浙江北部一带，由此被称为江东。

江东地区，古来是吴国和越国的土地，越王勾践卧薪尝胆、灭亡吴王夫差的故事，就发生在这里。楚怀王二十三年（前306），楚国灭亡越国，从此，这里成了楚国的领土。秦始皇灭亡楚国后，在江东地区设置了会稽郡。会稽郡郡治在吴县（今江苏苏州），下辖丹徒、曲阿、江乘、秣陵、丹阳、娄县、阳羡、海盐、由拳、乌程、郫县、馀杭、钱唐、山阴、歙县、黟县、句章、诸暨、乌伤、大末等县，是人口众多、经济发达的地区。

项氏一族，是楚国的名门贵族。祖上是楚国的王族，分枝下来，世世代代出任楚军将领，有功受封于项，建立封国，取地名作为氏名，一族遂称为项氏。项氏的封地项国本在颍水南，就是现在的河南项城一带，以秦的政区而言，就是陈郡项县。项县本是楚国的领土，战国中后期以来，楚国受到秦国东进的压迫，领土被蚕食侵夺，节节向东方后退。项氏一族，为了躲避秦军的威胁，也随同东迁。他们大概首先迁徙到了泗水郡西部的相县（今安徽淮北）；后来再向东，迁徙到了泗水东岸的下相县，也就是现在的江苏省宿迁一带。项、相音同，陈郡项县—泗水相县—泗水下相县，自西而东，或许就反映了项氏一族的家世变迁和迁徙路线。

项羽，名籍，字羽，于楚幽王六年（前232）生于下相县。他的祖父，是楚国名将项燕。公元前224年，项燕统领楚军，大破入侵的秦军；次年，秦举国攻楚，项燕被秦将王翦围困于泗水郡蕲县，兵败自杀，楚国也由此而亡。项燕死时，项羽只有九岁，由叔父项梁抚养长大。项梁是项燕的第四个儿子，关于他早年的行状事迹，我们知道的不多。始皇帝统一天下以后，曾经迁徙六国王族和贵族，或者到僻远之地，或者到关中咸阳附近，项氏一族，大概是

项王故居地。项羽的先祖是楚国贵族，历经数代辗转迁徙到泗水东岸的下相县，即今江苏省宿迁一带。秦始皇一统天下后编户齐民，项氏一族沦为寻常百姓，但其贵族意识未曾泯灭，依然矜持地维持着战国分封的流风余韵。

没有被迁徙，继续居住在下相故地。不过，同所有的六国贵族一样，项氏一族失去了旧有的封地特权，成为帝国治下的普通编户齐民。

俗话说，百足之虫，死而不僵。项氏一族，虽然沦落为寻常百姓，楚国贵族、王侯将相的意识未曾泯灭，依然矜持地维持着战国分封的流风余韵。战国时期的六国贵族，正当古来的贵族社会和新兴的平民社会交替之际，旧传统和新风气交汇融合。他们在朝出仕带兵，执政出使，沿袭古来世卿世禄的传统；在府则招聚宾客游士，不问门第出身，俯身低首，结交新兴的平民下士。君臣之间，是同族亲属，由血缘姻亲相维系；主客之间，是恩信侠义，由个人间的然诺义气相连接。六国灭亡以后，各国贵族执政出仕的途径断绝了。儒弱无能的人意气消沉，或者种田，或者放羊，脱胎换骨，变成了普通的平民百姓；强项不屈的人，隐身于民间社会，结交不轨志士，游侠任气，一心一意要恢复故国旧土，变天复辟。项氏一族，属于后者。

楚国灭亡以后，项梁成了项氏一族的主心骨和头面人物，抚养项羽，由他一手操持。项梁游踪远，结交广，下至闾里民间，上至县郡官府，所及之处，上上下下，里里外外，编织起一张严密的关系网。这关系网不仅关系到项梁的一生，对于秦末之乱的历史，也有不可忽视的影响。

项梁曾经到过关中地区，触犯刑法，被逮捕关入栎阳县（今西安市阎良区东北）监狱。他动用自己的关系网，请托蕲县（今安徽宿州市）狱掾，就是县政府的司法局长曹咎修书一封，送与栎阳狱掾司马欣，将事情摆平，无事出狱。曹咎后来跟随项梁、项羽起兵作战，爵封海春侯，官至大司马，成为楚军的主要将领之一。这位司马欣，也不是平凡的人物，他是关中栎阳人，后来成了秦军统帅章邯的心腹。巨鹿之战后，他促成章邯投降项羽。项羽分封

项王故居地，项家古井

天下的时候，念及旧情新功，司马欣被封为塞王，首都就在栎阳。项氏一族，与关中和秦国人的关系，至少可以追究到这里来。

项梁曾经杀人结仇，在故乡下相待不下去，带领项羽一道越郡东南迁徙，定居于会稽郡吴县。江东是吴越故地，民风强悍，逞勇好斗。吴县是江东的中心，会稽郡治所在，战国末年楚国的著名政治家，与魏国信陵君、赵国平原君、齐国孟尝君齐名的四大公子之一春申君黄歇，他的封地就在这里。有英雄引领，受世风熏染，当地游侠结交，主从依附的风气盛行。吴中人士景仰项氏名族，久闻项梁大名，对于项梁的到来，归心低首，纷纷依附在他的门下。客居吴中的项梁，隐然成了民间社会的领袖，地方上的头面人物，其影响和势力之大，连郡县长官都对他另眼相看，他成为会稽郡府、吴县县廷的座上客。吴中地方上有大的徭役征发和丧葬祭祀等事情，项梁往往被推选出来主持其事。受世代名将家世渊源的熏陶，项梁深谙兵法，富于组织能力，他在受托为地方举办事情的时候，暗中用兵法规范组织宾客子弟，有意识地在使用中考察用人。吴中地区人力物力的调配使用，早就在他的掌握当中。

项羽跟随项梁来到江东的时候，大概已经成年。他身高八尺有余（在 1.85—1.9 米左右），力能扛鼎，天生一副武将的体魄，才气勇武，超越常人，接触过他的人，没有不生畏惧之心的。项梁呵护项羽长大，让他去学习读书写字，引导他走文法官吏的道路，但他学不进去。于是又让他去学剑术，引导他走武吏出仕的方向，他又是中途而废。项梁怒其不成材，项羽自有辩解，他说："学习认字写字，不过可以书写名字而已；学习武艺剑术，不过一对一打而已。要学，就要学习与万人对敌的本事。"于是项梁教授项羽兵法，项羽大喜，学了个大概，又无意深入下去。

始皇帝第五次巡游天下，进入会稽郡经过吴县，项梁与项羽一起前去观瞻。万人空巷的盛大行列中，项羽遥遥远望始皇帝的车马行列，冷冷说道："此人可以取而代之。"项梁大惊，一把掩住项羽的嘴告诫说："不要妄言瞎说，有灭族之祸！"不过，从此以后，项梁对项羽另眼相看。凭他的阅历眼光，他觉察出项羽非同寻常。此时的项羽，年纪在二十三岁，正当江东起兵的前一年。

二世元年七月，陈胜起兵，关东大乱，会稽郡也受波及而政局不稳。观望到了九月份，会稽郡代理太守殷通感到秦朝大势已去，天下政局的重新组合已经不可避免。殷通是秦政府直接任命的地方大员，不是当地人，他素来看重项梁的家世和能力，以为要在本郡起兵必须借助项梁的威望。他请项梁来郡府商议大事，说："整个江西地区，已经纷纷反叛，大概是到了天意灭秦的时候了。有话说先发制人，后发则制于人，我决意举郡起兵，想以项公和桓楚为部将，共同成就大业。"

项梁是有用心有准备的人，陈胜起兵以来，他密切关注局势，暗地里筹划行动。他所等待的，只是一举而起的时机。听了殷通的话，项梁心中暗喜，计上心来。桓楚是当地名族，在吴县地区声望极高，当时逃亡在山泽之中。项梁应道："桓楚逃亡在外，没有人知道他的所在。侄儿项籍与桓楚有交往，知道他的踪迹。要找到桓楚，只有请项籍来打听。"殷通同意了。

项梁得到殷通的许可出得府来，见着项羽作了吩咐，命令项羽带剑在门外等候召见。项梁再次进府入堂，入座后对殷通说："项籍已经在门外听候，请府君召见，然后命令他去找回桓楚。"殷通传令宣项羽进来。项羽进到堂上，询问回答之间，项梁使眼色一声令下，项羽迅速拔剑刺杀殷通，斩下头来，交由项梁一手提持，又将殷通佩戴的郡守印绶取下，由项梁挂在身上，以此号令府中。事出突然，郡府官吏警卫群龙失首，一时大乱，项羽当即斩杀了不听命者数十人。一府当中，人人恐惧慑服，纷纷俯身愿意服从项梁。

项梁夺取会稽郡府以后，马上召见会稽郡与吴县的官吏和地方豪杰，晓以之所以杀郡守、起兵反秦复楚的大义。得到他们的支持后，项梁被推为会稽郡太守，全面负责郡政，项羽出任郡都尉，协助项梁统领军队。在项梁的主持下，会稽郡各县动员征兵，经过挑选，得到精兵八千人。这支八千人的军队，成为后来的项氏楚军和楚国政权的核心力量。因为其成员都是会稽郡属下各县的江东子弟，史书上称之为江东子弟兵。

项梁和项羽在吴县发动江东起兵，得到秦王朝吴县县令郑昌的有力支持。郑昌后来成为楚军的重要将领，被项羽封为韩王，主持韩国军政，抗拒刘邦的东进，也是一位不可忽视的历史人物。此是后话。

八　刘邦沛县起兵

二世元年九月，芒砀山中秋凉，一名信使匆匆从沛县赶来，送来重大消息。来人叫樊哙。

樊哙是沛县人，本是沛县城里杀狗贩卖的狗屠。刘邦押解民工去骊山，樊哙就在被押解的民工当中。刘邦释放民工落草芒砀山，樊哙不愿离去，一直跟随下来。以资历而论，他在刘邦集团当中，可以算是最早参加革命的元勋。樊哙后来娶了吕雉的妹妹吕媭，成了刘邦的连襟，终身与刘邦关系亲密，算是同乡同志，连理姻亲。樊哙是条鲁莽的汉子，勇猛仗义，是个直肠子，不过他粗中有细，忠心耿耿，很得刘邦信任。落草芒砀山以来，刘邦与丰邑家中的联系，与沛县旧交的通信，多由樊哙在两地间往来传递。

原来，陈胜、吴广起兵以后，关东各地大乱，秦帝国的统治一时陷于瘫痪。沛县与大泽乡同在泗水郡，近受起义震动，政情不稳。沛县令眼见周围地区纷纷易帜反秦，局势一天天失控，于是有意顺应大势，改换旗帜，响应陈胜。秦帝国政府任命官吏有严格的籍贯限制，郡县主要长官一律不用本地人，由朝廷从他处直接任命，郡县属下的官吏皆用本地人，由郡县长官在当地举荐考选任用，在外来客籍官僚和本地土籍役吏之间实行严格的分断。[1]帝国官制之制定用心深远，役吏用本地人，地方政权的末端直接植根于本土，有利于政令下达，民情上闻；长官不用本地人，以中央任命的方式出守地方，便于中央政府控制地方，也有

---

[1] 严耕望《秦汉地方行政制度》第十一章"籍贯限制"，中研院历史语言研究所专刊之四十五A，1990年。

利于防止地方势力和地方长官沆瀣一气，共同欺瞒中央。

沛县令不是本地人，当地的事都是依靠本地出身的役吏办理。由于事关重大，沛县令招来手下两位主要役吏萧何与曹参商量。当时，萧何是沛县的主吏掾，相当于县政府的办公室主任兼人事局长，负责人事考核和日常事务；曹参是狱掾，负责沛县的司法，相当于司法局长。萧何和曹参都赞同县令的主意，同时也表示了自己的担心。他们对县令说："您是秦的官吏，现在有意率领沛县吏民反秦，固然是大家都好的事情，不过，沛县的年轻人能不能如愿听从，实在是没有把握。您的旧部，原泗水亭长刘邦逃亡在外，手下有近百人，多是沛县的年轻人。如果能够将刘邦一行召回来，利用他来震慑众人，怕是没有人敢不听从命令的。"沛县令同意了。

芒砀山离大泽乡和陈县都不远，陈胜起义、关东大乱的消息，刘邦已经有所闻。不过，毕竟是在偏僻的山里，难以把握局势，有心回应却不便贸然举动。樊哙的到来，使刘邦极为兴奋，当即传令手下，立即起程，直奔沛县。

当刘邦一行赶到沛县城下时，只见城门紧闭，戒备森严，局势发生了变化。原来，当樊哙离开沛县以后，沛县令对于召集刘邦回来的决定后悔了，他怀疑萧何、曹参串通刘邦，意图在于胁迫和危害自己，于是下令关闭城门，禁止出入，逮捕萧何、曹参。萧何和曹参都是本地大户人家，又是在县衙门工作多年的豪吏，耳目多，消息快，在追捕到来以前，已经翻墙出城，投奔到刘邦队伍中来。

大家商议之后，由刘邦手书帛书一封，装在箭上射到城上。帛书的内容是告谕守城的吏民和城中的父老兄弟，天下多年来苦于秦政的苛暴，现在各地蜂起反秦，诸侯并立。沛县令是秦吏，是外乡人，反复无常无信，如今不为地方着想，驱使大家为秦守城，一旦诸侯攻来，城破以后，只有身死家亡。我们都是家乡人，为家乡着想，为自己和妻子儿女着想，不如一起诛杀县令，在本县子弟中选择可以守卫家乡的人立为县令，响应诸侯共同反秦，如此一来，家室可以保全，地方可以安宁……云云。沛县吏民，多是刘邦、萧何、曹参的故旧和属吏，得到刘邦的帛书后，里应外合，杀死县令，开城迎接刘邦一行。

开城以后的沛县，马上面临重新建立沛县政权的课题。以当时的沛县形势而论，大概有三种力量左右政局：其一是以萧何和曹参为代表的沛县旧政权的中下级官吏；其二是沛县地方的父老豪杰，即民间政治势力，可以举出名字来的有王陵和雍齿；其三就是刘邦从芒砀山带来的近百人的队伍，主要是沛县出身的年轻人。

萧何和曹参是县吏中的头面人物，地位高，人脉广，组织能力强，算是很好的人选。不过，二人都是文法之吏，辅佐型的人物，长于在既有的组织中行动，再说二人家族大，顾虑也多，不愿意承头起事。王陵是沛县有数的豪民，民间游侠社会的领袖，他从来视刘邦为小兄弟，对于萧何、曹参这样的沛县属吏，也是不大放在眼里，承头主事，他敢当敢干，绝不会推辞。不过，王陵不曾出任过官府吏职，不是沛县属吏圈子里的人，役吏们对他有戒心。王陵性格又过于耿直，是炮筒子，办事直杠杠，说话呛死人，托付事情可靠，领导众人求活路怕是不行。

推来选去，大家还是觉得刘邦合适。刘邦曾经做过泗水亭长，是武吏，虽然地位在萧何、曹参之下，毕竟是旧日沛县县吏圈子里的人物，役吏们易于接受。刘邦过去是游侠，兄事过王陵，在江湖民间有交往浪迹；如今陈王麾下的魏国名士张耳，当年算是刘邦的门主，由刘邦主事，与内外的民间豪杰便于沟通。况且，如今是举县造反求生存，沛县地方万千老老少少的身家性命，都系于起事后行动的成败；沛县人中，刘邦最早在秦政权的体制外拉起队伍，武装割据一方山头，做了草莽英雄，他敢作敢当，由他来领头，最能为各方接受，无疑是最佳人选。经过议论协商以后，大家一致推选刘邦为首领，主持沛县军政大事。

刘邦作了例行的辞让以后，接受了推举，出任首领，重新组建沛县政权。刘邦首先明确起事的大义名分，响应陈胜张楚政权，在张楚的名义下举县武装反秦。他袭用楚国的制度，建立楚制的沛县政权，自己出任长官沛公，以沛公的名义，在全县动员征兵，正式组建军队。沛县是大县，人口在一万户以上，刘邦完整地接受了秦王朝沛县的政权组织，得到沛县地方父老民众的一致支持。征兵动员的结果，他组织起一支两三千人的军队。这支军队，都是沛县人，以地缘结成，号称沛县子弟兵，成了未来的刘邦军团的核心、汉帝国政权人事的根基。初期汉帝国政权的大臣阁僚，多是这批丰沛故人。

九 "亡秦必楚" 的真意义

陈胜大泽乡起兵、项氏会稽起兵和刘邦沛县起兵，是决定秦楚汉间历史动向的三件大事。后来历史的发展，大体由陈胜、项羽和刘邦三位英雄主导。这三个人，都与楚国有着紧密的关联。战国末年流传一时的谶言"楚虽三户，亡秦必楚"也由此可以得到索解。[1]

---

[1] 《史记·项羽本纪》范增劝说项梁立楚王后裔为王时说："自怀王入秦不反，楚人怜之至今，故楚南公曰：'楚虽三户，亡秦必楚。'"南公，楚国之阴阳家流，善谶言。《汉书·艺文志》有"南公十三篇"，在阴阳家。三户，诸家解释不同，或言楚国昭、屈、景三大族，或言项羽击秦军之地名三户津，都不能成说。《集解》引臣瓒曰："楚人怨秦，虽三户足以亡秦也。"《会注考证》泷川资言曰："三户者，言其少耳，虚设之辞。"其说平实而合于常情常理，不过，就谶言而论，其说则缺少预见之力，故我用陈胜、项羽和刘邦来解说亡秦之楚三户。

陈胜建立张楚政权，开创诛暴灭秦的大业；项羽消灭秦军主力，决定秦亡的命运，奠定分割天下的基础；刘邦攻入关中，迫使秦政府投降，最终成就帝业。司马迁综述这一段历史说：发难反秦，由陈胜开始；暴厉灭秦，出于项氏；拨乱诛暴，平定海内，成就帝业，则是刘邦。五年之间，天下政局的主导递次嬗变于三人，自有生民以来，天命之授受移转，未曾如此急切。[1]《史记》将陈胜的一生入于王侯世家，将项羽和刘邦写入帝王本纪，无一不予以高度的评价；司马迁又著《秦楚之际月表》，将从秦末之乱到汉王朝建立之间的这一段历史，视为秦楚之际，强调的是楚国楚人在秦末历史中的独特地位和作用。

　　陈胜是陈郡阳城人，吴广是陈郡阳夏人，他们在大泽乡起义。这些地方，战国末年都是楚国的领土，随同陈胜、吴广起兵的九百戍卒，也都是出身于楚国地区的贫民；陈胜所建立的政权号为张楚，取"张大楚国"的意义。项氏是楚国的名门贵族，封地在陈郡项县，后迁徙到泗水郡下相县；项梁、项羽起兵于会稽郡吴县，都是楚国的旧土。随同项氏的八千江东子弟兵，也无一不是楚人。项梁后来拥立怀王，复兴楚国王政；项羽统领楚军歼灭秦军主力，自封西楚霸王宰割天下，时时处处都是楚人楚国。刘邦是泗水郡沛县人。战国末年，沛县是楚国的领土，沛县吏民随同他起兵于沛县，也是楚国人起于楚国旧土。刘邦起兵以后，被推举为沛公，是楚制的沛县长官。他始终在楚国的旗帜下奔走。攻入关中收降秦王时，他是怀王楚国的砀郡长。

---

[1]《史记·秦楚之际月表》："太史公读秦楚之际，曰：初作难，发于陈涉；虐戾灭秦，自项氏；拨乱诛暴，平定海内，卒践帝祚，成于汉家。五年之间，号令三嬗，自生民以来，未始有受命如斯之极。"

然而，自东汉历史学家班固著《汉书》以来，陈胜和项羽被贬入臣民列传，《秦楚之际月表》被《异姓诸侯王表》取代，秦楚汉之间的这段历史，被视为秦汉之间的历史。在这种对于历史的修改当中，曾经主导天下政局的楚国之存在被抹消，张楚王陈胜和西楚霸王项羽被淡化，刘邦曾经是楚国臣民、汉出于楚的历史也被掩盖。班固综述这一段历史时说：刘邦没有封土王侯的依托，凭借一剑之任，五年成就帝国伟业，有史记载以来，未曾有过。[1]论述同一段历史，在班固这里，只强调西汉建国和刘邦伟业。历史认识的差异，直接影响到对于历史事实的处理。

解读历史，有解读者的识见掺入其中；编著历史，受编著者认识的左右。《史记》由司马谈和司马迁父子两代写成。司马氏父子的时代，距离秦楚汉间不过百十来年，时代的遗留尚在，他们能够真切地感受。《史记》是私人著作，未受官方的指导限制，能够实实在在地撰写，成就古风信史。

《汉书》是班彪、班固父子的著作，写成于东汉，距离秦楚汉间已经有三百来年，王朝循环交替的历史已经固定，正统观念的史观已经形成。《汉书》编成以后，成为官修正史的开端，后代王朝编撰前代王朝历史的义例体裁，天命在前后王朝之间移转的历史观念，也成为中国史学的主流和传统。正因如此，出于统一王朝有序交替的观念，西汉王朝被视为秦王朝天命的承接者，秦汉之间难以容纳承接天命的第三者出现，于是历史被按照既定的型样剪裁。在这种剪裁当中，不仅曾经主导天下的楚国楚人被抹消；伴随这种抹消，秦末之乱的本质是否定秦帝国的统一而回复战国，其历史特点

---

[1]《汉书·异姓诸侯王表》："是以汉亡尺土之阶，由一剑之任，五载而成帝业。书传所载，未尝有焉。"

是战国以来七国关系的重演，如此种种时代精神的真相也被涂抹后重新勾画。模糊扭曲的成见，误导国人两千余年。

阅读历史，最微妙的是把握时代精神。入史学之门以来，我多年受成见误导，也随时流在秦汉之间迷惘，不知秦汉之间有楚，更何遑想到过连接汉—楚—秦一直到战国时代。1982 年，我在北大选修田余庆先生的秦汉史，听先生讲义，眼前豁然一亮，识见洞然开启。1989 年，先生《说张楚——关于"亡秦必楚"问题的讨论》一文正式发表，我长年置于手边，反复拜读至于今天。[1]

史家治史论史之难，莫过于时代精神论，或流于空泛，教条无物；或陷于浅显，牙慧学舌，多视为畏途，敬而远之。田先生独辟蹊径，着眼于长沙马王堆汉墓的遗留，从出土历书上的张楚年号入手，究明西汉初年陈胜张楚法统的存在，进而钩沉考证，再现秦汉间被抹消的楚国楚人，又索隐推断，连接战国，指出秦楚汉间的历史特点，是战国末年以秦楚关系为主的列国关系的重演和发展；这种重演和发展，又是在新的历史条件下，由楚承秦重新走向统一。"张楚之立，重新开始了秦楚之争；刘邦灭秦，完成了张楚之军西击强秦所未曾完成的任务。秦楚之争，最后的胜利者是楚。胜利的楚以刘邦为代表，转化为汉的皇权，这同时又是秦始皇已开其端的统一的回归，帝业的胜利。"何等深刻的史论，卓识远见，拨开两千年史识之迷雾，引导我解读秦楚汉间的历史真相。

统而言之，在战国以来的秦楚角力中，最后的胜利者是楚人，

---

[1]《说张楚》一文，最初发表于《历史研究》1989 年第 2 期，后收入《秦汉魏晋史探微》，中华书局，1993 年。以笔者之见，《说张楚》与先生的另一篇论文《论轮台诏》（最初发表于《历史研究》1985 年第 1 期，后也收入《秦汉魏晋史探微》），堪称人文史学论文的精品，精雕细琢，索隐探微，用推敲得如同珠玑的字句，巧妙地刻画出两个不同时代的历史风貌，留下了回味无尽的思索余地。

而成就楚人最后胜利的三位是陈胜、项羽和刘邦，这就是"楚虽三户，亡秦必楚"的真意义。我由此承继生发，着眼于秦楚汉之际的历史连续性，有后战国时代论。[1] 秦末历史回到战国，从秦楚之间一直到西汉初年，历史进入后战国时代，列国并立纷争，诸子百家、游侠豪杰重现，王业—霸业—帝业转移的种种历史特点，延续变迁约有六十年之久。直到汉武帝即位，第二次统一完成，历史才又进入新的统一帝国时代。不过，这又是后话了。

眼下的历史，正进入六国复活、七雄纷争的门槛，后战国时代到来。

---

[1] 拙著《汉帝国的建立与刘邦集团——军功受益阶层研究》第三章第一节之一"秦楚汉间的国际关系"，结语第三节之三"秦楚汉之历史连续性"，三联书店，2000 年。对于春秋、战国以来的秦楚关系，上溯到秦楚两国间二十一代的联姻结盟，下及昌平君、项燕、扶苏、陈胜吴广起义之关联纠葛，我在拙著《秦谜：重新发现秦始皇》和《楚亡：从项羽到韩信》中作了不同形式的探索，有兴趣者可以参见。

第五章

章邯撑危局

一　失衡的帝国防务

统一六国以后，中原息兵，南北对百越和匈奴开战，秦帝国的军事重心由中原向南北两边境转移。整个秦帝国的军事布防，成一外重内轻的格局。

二　英雄周文

秦军的精锐，使周文震惊；秦军的布阵，使周文缭乱。周文凭借丰富的军事经验，意识到眼前的秦军非同一般，当是秦军精锐中的精锐。

三　戏水之战的秘密

抵达戏水以后，迅速挥师西进，一举攻克咸阳，正是周文既定的战略目标，岂能有止军不进、贻误战机的稍许踌躇？合理地推想，周文军之所以未能渡过戏水西进，不是不进，而是不能；之所以不能，当是遭遇到了无法西进的意外阻挡。

四　复活的军团

当我再一次站在雄伟的兵马俑军团前时，眼前是战车滚滚，刀光剑影，耳中是军鼓阵阵，战马长啸。骊山下，戏水畔，秦帝国京师中尉军主力，正列阵以待，迎击周文军的进攻。

五　少府章邯

章邯其人，在秦末动乱之前，几乎不见于任何记载。戏水一战，他成功地阻击了来势凶猛的周文军，迅速成为秦帝国举足轻重的军界大腕。秦帝国的安危，系于章邯一人。

六　秦军反击

章邯用了短短两个月时间，结束了仅仅存在六个月的张楚政权。一时陷于灭亡危机的秦帝国政权，因章邯的胜利而得到拯救；战国以来秦军战无不胜的军威，也因章邯的胜利而得到重振。

七　项梁渡江北上

通过渡江北进，未来项氏楚国政权的军政建设，有了基本的雏形。未来楚军的主要将相大臣如范增、陈婴、英布、蒲将军、钟离眛等，以及项氏一族如项伯、项庄、项它、项冠、项声、项悍等人，大概都是在这个时候汇聚于项梁军中的。

八　牧儿做了楚怀王

项梁拥立楚怀王，结束了陈胜败亡以后楚国地区群龙无首的混乱局面。在楚怀王的名义下，将楚国地区的反秦武装力量统一起来，继承楚国的法统，正式复国重建了楚国政权。

九　章邯灭魏

魏咎开城投降，是为了换取秦军不对魏国临济军民实行屠城。魏王魏咎约降秦军，对魏国臣民尽了保存之责，不可不谓仁义；烧身自杀，没有辱没一国之主的尊严，不可不谓壮烈。

十　项梁败亡

项梁因为一连串的胜利，滋生了轻视秦军的情绪。这种情绪由上而下，开始在军中蔓延。而得到增援的章邯军主力，趁夜突袭项梁军大营，定陶城内的秦军也呼应出击。项梁军被击溃，项梁也被秦军杀死。

一 失衡的帝国防务

秦从统一天下（前221）到始皇帝去世（前210），十二年间国内承平无战事，销毁民间兵器，撤除六国关防城郭，统一文字货币，整齐度量衡，整备交通道路，推行郡县户籍法制，举国上下，专心致力于统一帝国的内部建设。始皇帝五次出巡，告庙祭祖，祭祀各地山川神灵，安抚黔首庶民，刻石纪功，彰显息兵统一的伟业。峄山石刻宣称："乃今皇帝，一家天下，兵不复起"[1]，东观石刻明言"阐并天下，甾害绝息，永偃戎兵"，琅琊刻石公布"今皇帝并一海内，以为郡县，天下和平"，无不是由始皇帝亲临各地，宣告息兵和平，子孙万代，永享太平。在这种和平安定的环境当中，内郡各地，削减兵力，松弛武备，自然是顺理成章的事情。另一方面，秦统一六国以后，并没有停止扩张的步伐，秦帝国的军事力量，由内郡向南北边境集中，开始准备对匈奴和南越的战争。

蒙恬一家，三代秦军名将。祖父蒙骜、父亲蒙武，都是驰骋统一战场上的名将。秦始皇二十六年（前221），蒙恬助王贲、李

---

[1] 始皇帝巡行天下，留有七处石刻，其中泰山、琅琊、之罘、东观、碣石、会稽六处碑文见于《史记·秦始皇本纪》，峄山石刻碑文，史书失载，传世有北宋淳化四年郑文宝摹刻，较为可信（现藏西安碑林博物馆）。其源流考述，参见袁维春《秦汉碑述》，北京工艺美术出版社，1990年。

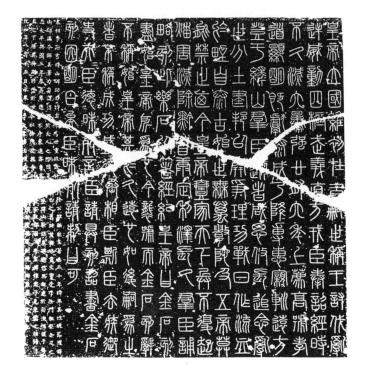

峄山刻石

信攻灭齐国，再建军功。灭齐归来，始皇帝任命他为内史，统领
重兵屯驻上郡，负责关中地区和首都咸阳的防务。上郡的治所肤
施，故址在今天的陕西省榆林市东南。蒙恬领重兵屯驻陕北保卫
首都，标志着秦帝国军事力量的布置，已经由东方转向北方，其
攻防的对象，不再是六国，而是活跃于蒙古高原的匈奴。蒙恬屯
驻上郡，首先是安定首都的北面，防止匈奴骑兵南下；同时，他
奉命建造城塞，加强边防，修筑道路，囤积军粮，为与匈奴开战
做事前的准备。

秦始皇三十二年（前215），始皇帝下令进攻匈奴。他任命蒙恬为大将，统领三十万大军出击，占领了河套地区。次年，蒙恬军渡过黄河，攻占高阙（今内蒙古杭锦后旗东北）、阳山（今内蒙古狼山）、北假（今内蒙古黄河河套以北、阴山山脉以南的地区），夺取了整个阴山地区和贺兰山高地，迫使匈奴撤退到阴山以北、贺兰山以西，失去了南进的基地。蒙恬军取得军事胜利以后，大军继续屯驻，在河南地区设置九原郡，移民作永久性的占领，沿边大规模修筑城塞亭障，建立起设防的边境；又修筑从九原通达咸阳的军用高速公路——直道，将首都和北疆直接连接起来。匈奴虽然一时被迫退出河套地区，势力依然强大，其所控制的地区，西起阿尔泰山，东至辽河流域，秦帝国的整个北部和西部边境，几乎被匈奴包围。接受始皇帝的命令，蒙恬进而将旧秦国、赵国、燕国的北部长城全部连接起来，西起临洮，东至辽东，建立起统一的北部边防。负责帝国北部边防的三十万屯驻军，称北部军，总部设在上郡，由蒙恬指挥。

秦攻灭楚国以后，对于过去臣服于楚国、由当地氏族首领和部落君长们自治的广大百越地区，开始实行军事攻击。在军事占领后，比照郡县实行直接统治。当时的所谓百越，是广泛分布于长江以南直到东南亚的古越族。分布于今浙江绍兴一带者，称为于越；分布于今温州一带者，称为东越；分布于今福建福州一带者，称为闽越；分布于今广东及其以南者，称为南越；分布于今广西及其以南者，称为骆越（又称西瓯）。

秦始皇二十六年，秦将王翦挟灭楚之余威，渡江攻灭于越，设置会稽郡，开秦用兵百越之端绪，军威逼近东越和闽越。同时，王翦军别部由湖南、江西方向灭楚南下，军锋已经抵达楚越交界的岭南地区，与南越和骆越有所冲突。

秦帝国第一次全面攻击越人的军事行动，是在秦始皇二十七年（前220）到三十二年（前215）。当时，秦始皇任命屠睢为大将，统领近十万大军南进。[1]屠睢军从三个方向，兵分五路进军。西南方向两路进军，分别走今越城岭（广西资源和兴安县间）和今萌渚岭（湖南江华），负责攻击骆越；中南方向兵分两路，分别走今骑田岭（湖南宜章和郴州间）和今大庾岭（江西大余与广东南雄间），攻击南越；东南方向一路，走今江西余干南之信江，攻击东越和闽越。[2]东南方面军顺利进军，攻灭东越和闽越，设置闽中郡，实现了秦的直接统治。中南方面军和西南方面军遭到南越和骆越的顽强抵抗，大将屠睢战死，大量秦军阵亡，秦军深陷于越人游击战的泥沼中达三年之久，无法完成对于南越和骆越的占领。

秦始皇三十三年，始皇帝任命任嚣为大将，开始第二次大规模对越军事进攻。这次军事行动，增兵移民超过五十万人，将大量人力、物力、财力源源不断地投入南越和骆越战场，终于攻占了岭南地区，在骆越地区设置了桂林郡，在南越地区设置了南海郡和象郡，长期屯驻军队，实现了对百越的直接统治。秦帝国屯驻岭南的军队及辅助人员，数量以五十万计，称为南部军，先后由屠睢、任嚣和赵陀统领，大本营设在番禺，就是今天的广州。[3]

---

[1] 何维鼎《秦统一岭南投放了多少兵力》，刊于《华南师范学院学报》1982年第2期，进一步的解说详本页注3。

[2] 秦军攻击南越的路线，主要参照霍印章《秦代军事史》第五章第三节《南平百越》，军事科学出版社，1998年。

[3] 秦军进攻百越，究竟动用了多少军队，《史记》没有明确的记载。《淮南子·人间训》曾经提到，屠睢第一次进攻百越时，动用了五十万大军。节略其文如下："秦皇挟录图，见其传曰：'亡秦者，胡也。'因发卒五十万，使蒙公、杨翁子将，筑修城，西属流沙，北击辽水，东结朝鲜……又利越之犀角、象齿、翡翠、珠玑，乃使尉屠睢发卒五十万，为五军……（越人）而夜攻秦人，大破之，杀尉屠睢，伏尸流血数十万。"这段话，是为了论证作者的哲学思想"事或为之，适足以败之；或备之，适足以致之"，

秦自建国以来，关中地区是国本所在的根据地，军事布局的重中之重。秦长年东进扩张，攻击和防卫的目标指向关东六国，扼守关中东部门户的函谷关是最重要的军事要地，也常年屯驻重兵。随着东进扩张的顺利进行，秦的军事重心逐渐东移，荥阳一带成为新的军事重地。统一六国以后，中原息兵，南北对百越和匈奴开战，秦的军事重心由中原向南北两边境转移，上郡以北、五岭以南成为重兵屯驻的要地。整个秦帝国的军事布防，成一外重内轻的格局，不仅内郡空虚，秦帝国本土——关中地区的防务也松懈下来。

二 英雄周文

陈胜、吴广起兵于泗水郡大泽乡，其地远离关中咸阳靠东，远离南北两疆在中，是帝国外重内轻的军事格局中最空虚薄弱的地区之一。

（接上页）而引用的历史故事，可信度不高。比如，文中提到的蒙恬领军击匈奴修长城经营北边，《史记》明确记载为三十万人，这里作五十万，显然是夸张之说。战国秦汉时代，野战军的最大动员量，大致在六十万，秦始皇灭楚之战，楚汉彭城之战、垓下之战，都是如此，其详细考证，参见拙著《汉帝国的建立与刘邦集团——军功受益阶层研究》第一章第三节之二"汉初军功受益阶层之形成"，三联书店，2000年。据此考虑，匈奴强大，对于秦有直接的威胁，秦用三十万大军出击，可以理解。百越是散居的部落地区，秦举国动员，动用五十万大军进攻，非常不合情理。如同《淮南子》这样的诸子著作中的历史故事，不可不信，也不可全信，作为史料来说，可信度相对比较低，需要作鉴别和来源分析。我对于这类问题的研究和意见，已经写入拙文《解构〈史记·秦始皇本纪〉——兼论3＋N的历史学知识构成》，刊于《史学集刊》2012年第4期，以及拙著《秦谜：重新发现秦始皇》第二案之"茅焦劝秦王的历史意义"，可参见。因此之故，我在书中采用了何维鼎的意见，进攻百越秦军的最大数量在八万到十万人，概述为近十万人，而将五十万的数字，作为秦南征军、后勤运送和前后移民的总数来理解，可能更合理一些。这个意见，我已经写入《楚亡：从项羽到韩信》第六章之二"最后的秦军"中，请参见。

陈胜七月起义，九百人攻占大泽乡及其所在的蕲县。不到一个月时间，先后攻克铚、酂、谯、苦、柘等数县，拥有六七百乘战车，一千余名骑兵，步兵数万人。陈胜进而一举攻下陈郡郡治陈县，称王，建立张楚政权。陈胜军的迅猛发展，楚国故地民众的响应固然是重要的因素，不过，陈胜军若入无人之境的军事进展，其最关键的原因，在于武备松弛的内郡各级秦政权，无法组织起有效的抵抗。

张楚政权在陈县建立以后，迅速作出了主力西进关中夺取咸阳、分部四面出击的军事部署。西进的张楚军由两支部队组成，一路军以吴广为假王，统领张楚军主力进攻荥阳，指向关中的东大门函谷关；一路军以宋留为将军，领兵攻取南阳，伺机夺取进入关中的南大门武关，两路进军的目标都是关中咸阳。荥阳在三川郡境内，是由关东地区走三川东海道通向关中的第一道门户，控制东西南北交通的关口，秦王朝驻有重兵防守。紧靠荥阳东北部，秦帝国建有著名的粮食储备基地——敖仓，大量存贮战备用粮。荥阳的屯军和敖仓的粮食，构成秦帝国控制关东地区的战略基地。

吴广军一路顺利，击败沿途的秦军，包围了荥阳。当时，秦王朝的三川郡守是李斯的长子李由。叛乱军逼近，他由郡治洛阳抵达荥阳，统领荥阳驻军，死战坚守。吴广军虽然围困了荥阳，却无法攻克，战局陷入了胶着状态。另一支西进军的宋留部队虽然顺利地进入南阳郡，也遭到了南阳秦军的阻击，无法迅速逼近武关。西进军的这种胶着形势，引发张楚政权作出一项新的战略决定：绕过荥阳，直接进攻函谷关。英雄周文，由此登上历史舞台。

周文，又名周章，是陈县的豪杰贤侠，曾经在战国四大公子之一楚国春申君的门下做过门客，自称熟习兵法。秦楚战争中，他从军抗秦，曾经入项燕军中服役参战，做过将军幕府的视日，相当于作战参谋，负责天气地形、占卜预测，有相当的军事经验和才能。陈胜军攻克陈县以后，他以地方豪杰的身份参与了张楚政权的建立，得到陈胜的信任。绕过荥阳的战略，也许就是周文的建议，得到了陈胜的赏识和赞同。张楚政权任命周文为将军，另外率领一支军队绕过荥阳西进，直奔函谷关而去，以突然袭击的方式破关突入关中，夺取咸阳。周文的军队，得到围困荥阳的吴广军的支援，顺利进军，突破洛阳、新安、渑池一线的秦军防线，一举攻破函谷关。

函谷关是关中的东大门，是秦扼守关中本土的咽喉要地、军事重镇。战国以来，秦与关中六国争斗，有胜有败，有进有退。不过，秦军的进退有一条基本的底线，就是函谷关从未丢失过，始终能够将诸侯国军阻止在函谷关下，保障关中本土不受敌军的侵入蹂躏。秦最终能够战胜六国，因为守住函谷关而保有稳定的关中根据地，可以说是极为重要的基本条件。周文攻破函谷关，是秦建国以来罕见的重大失败，也是张楚军的一次决定性的胜利。关中震动惶恐，反秦军鼓舞欢腾。函谷关被攻破以后，关中八百里平川，几乎是无险可守。入关后的周文乘胜进军，沿渭水南岸的大道急速西进，过宁秦、郑县，几乎是毫无阻拦，一直打到咸阳东郊骊山脚下的始皇帝陵旁。周文的部队浩浩荡荡，拥有兵车千乘，步兵数十万人，西望秦都咸阳，大有一举灭亡秦帝国之气势。

然而，就在周文军抵达骊山东面的戏水时，一支精锐的秦军部队，已经静悄悄地在戏水西岸严阵以待。战国末年，周文参加过项燕对抗王翦的大战，秦楚两军百万雄师的战阵，他是见识过的。秦末乱起，他身为张楚军将领统兵西进，一路上与无数秦军交战过来，可谓破关斩将，久经沙场。然而，当他观望布阵在戏水西岸的秦军时，不禁倒抽一口凉气，有不寒而栗之感。

上图：秦兵马俑出土状况
下图：秦兵马俑队列

《秦始皇陵兵马俑坑一号坑发掘
报告》，文物出版社，1988 年

戏水西岸的秦军，约有五万人，分为五军，排列成前锋后卫两阵。前锋三军，右军依托骊山布阵，左军旁靠渭水布阵，左右军之间，中军横列展开。前锋三军之后，后卫两军集结在前锋三军的结合部，作支援依托。五部秦军，每军万人，自成一独立军团，各军团布阵相同，分别列成右方阵、左曲阵、中方阵和军幕指挥所。

右方阵呈长方形作纵深排列，约有六千人，是一支由弩兵、步兵、车兵构成的主体部队。方阵最前端是三列弩兵横队，每列68人，共204人，军士不穿铠甲，手持弓弩类远程武器，组成军阵的前锋。前锋之后是车兵和步兵相间的38路纵队。车兵身穿铠甲，持戈、矛、戟等长兵器，分乘由四匹战马牵引的战车。步兵有不穿铠甲者，为轻装步兵；有穿铠甲者，为重装步兵，分持长短各种兵器。右方阵两翼，各有一列弩兵横队，分别外向排列，为右方阵的翼卫，防止敌军从两翼的袭击。右方阵的最后，有一列后向排列的弩兵横队，为右方阵的后卫，防止敌军从背后的袭击。右方阵的布阵，依据长兵在前、短兵在后的阵法，攻守兼顾，滴水不漏。

左曲阵是一个由四个分阵组成的曲尺形军阵，由900名弩兵、步兵、车兵、骑兵混合编成。四个分阵分别为弩兵阵、骑兵阵、混成阵和车兵阵。弩兵阵突出于左曲阵的最前端，由332名弩兵组成。弩兵阵的阵表，即军阵的四面由172名立射弩兵组成，其阵心是160名跪射弩兵，成八路纵队排列。弩兵阵后外侧是骑兵阵，是由战车六乘、骑兵108骑编成的长方形军阵，战车在前先导，骑兵跟随在后，战车以三乘为一列，骑兵以四骑为一组。

弩兵阵后内侧是混成阵，是由车兵、骑兵、步兵混合编成的长方形军阵，19乘战车排列成三路纵队，264名步兵编组跟随其后，阵后另有8名骑兵殿后。车兵阵侧接混成阵，前锋收敛与右方阵看齐，是由 64 乘战车和 192 名甲士组成的正方形方阵。64 乘战车排成八纵列，每列八乘战车，每乘战车由四匹战马牵引，车上有驭手一名，甲士二名，皆着重装铠甲。左曲阵阵形复杂，成所谓大阵套小阵，阵中有阵的布局，四阵组合自如，变换自如，特别是骑兵的机动运用，可谓是前所未见。

在左曲阵之后，是中方阵。中方阵的构成与右方阵类似，由三千名弩兵、轻重装步兵和车兵组成。中方阵也是长方形军阵，与右方阵不同的是，中方阵作横向排列，后卫左曲阵，右翼右方阵，是军团方阵的支援部队。军团的指挥部、战车帷幕、仪仗鼓旗，布置在左方阵和右方阵的纵深部，整个军团方阵的后方。

秦军的大营，在前锋三军团后面，依托后卫两军团移动，仪仗鲜明，警卫森严，传令骑士进进出出，金鼓旗帜变换有序，宛若灯影戏中幕后牵线的手，指挥各军团各军阵移动，如影随形。

秦军的精锐，使周文震惊；秦军的布阵，使周文缭乱。周文凭借丰富的军事经验，意识到眼前的秦军非同一般，当是秦军精锐中的精锐，也许就是传闻中的始皇帝的近卫军之一、拱卫帝都咸阳的京师中尉军。

以数量而论，楚军占有绝对的优势，但是，由于地形的限制，数十万大军无法展开。周文不敢轻敌，他首先以楚军轻锐部队，筑便桥强渡戏水，由战车打头，步兵跟随，试探冲击秦军前锋三军团的结合处。秦军放任楚军渡河，待部分楚军渡过戏水时，三军团齐进，转换阵形，将九阵展开，合拢结合部，开始攻击。秦军首先以弩兵直立蹲跪轮番射击。万箭齐发之后，弩兵闪开撤至两翼，阵门开启，战车出动，步兵跟进，突入楚军军阵，直接攻击遭受弩兵射击后的楚军。就在车战交戟和步兵格斗展开之时，集结起来的秦军骑兵迅速由两翼扑出，突入半渡的楚军身后，焚烧破坏便桥，切断戏水两岸楚军的联系。楚军士兵，先遭秦军强弓劲弩射击，因伤亡而震恐，继而被秦军战车冲开军阵，队形出现混乱。当编队严整、击杀凶猛的秦军步兵方阵抵达眼前时，后方又因秦军骑兵的包抄而动摇，纷纷溃散，无法作有组织的抵抗，多成了秦军士兵据以报功的首级。

初战戏水的结果，楚军大败，渡过戏水的楚军，几乎无一生还。周文在戏水东岸稳住阵脚，不敢再轻易渡河攻击。他曾经试图引诱秦军渡戏水，准备利用数量优势在戏东与秦军决战。然而，秦军尽管初战获胜，却不乘胜追击，事后也丝毫不为周文军的引诱所动，只是坚守在戏水西岸。秦楚两军，相持在戏水。

三 戏水之战的秘密

周文军滞留戏水未能迅速进军咸阳一事，因为史书失载而成千古疑案。

从尔后的历史来看，周文军滞留戏水，是大泽乡起兵以来秦楚间军事形势的重大转折。对于张楚政权来说，乘风云突变之势，一举攻入咸阳灭亡秦帝国的可能前景，宛若电光幻影转瞬即逝。从此以后，张楚军失去进取之力，节节败退，不久就被消灭。与此相对，秦帝国由此赢得了喘息的时间，从猝不及防的慌乱中清醒过来，得以动员集结秦军，开始东进反击，一时转危为安。古往今来，同情张楚陈胜者，无不为周文军停留不进惋惜，读书论史者，往往批评周文未能迅速挥师西进，犯了重大的军事决策错误。

周文军的这种错误，用现代战史上的成例来比况的话，类似于第二次世界大战中的敦刻尔克。1940 年 5 月，闪电横扫欧洲的

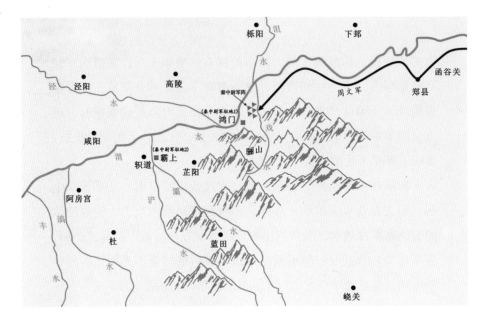

地图4　戏水之战图

德军主力，将一败涂地的英法联军追逼到加莱海峡的敦刻尔克，
50公里宽的险恶海岸，40万联军绝路逢生的唯一希望，就是乘船
渡海撤退到英国。对于联军来说，他们最紧迫的需要，就是时间，
哪怕是一分一时一天。奇怪的是，5月24日，已经逼近敦刻尔克，
即将切断联军退路的德军装甲部队突然停止了前进，直到5月27
日方才恢复进攻。三天的时间里，英法联军从混乱中镇静下来，
构筑起固守海岸的防线，撤退计划得以紧急实行。6月4日，德军
攻克敦刻尔克，四万联军后卫部队被俘，然而，33万联军主力已
经顺利撤退到英国。正是这支保存下来的有生力量，成为尔后联
军重建的根本，敦刻尔克，也由此被视为第二次世界大战中德军
由盛而衰的转折。

　　战争是艺术，千载难逢的战机，转瞬即逝。敦刻尔克战役，

德军为何突然停止前进，由此丧失全歼英法联军的战机？根据历史学家的研究，5月24日希特勒下达了"停止前进"的命令。至于希特勒为什么下达"停止前进"的命令，至今仍然是未解的历史之谜。有研究说是出于德军统帅部对进军过于快速的装甲部队的担心，也有研究说是出于希特勒希望与英国作政治交涉的失误，不管原因何在，历史性的错误已经铸成。

我追究秦末的历史到戏水周文，联想古今，感慨万端之余，每每心存疑虑。周文其人，是陈胜政权中难得的军事人才。战国末年，他在项燕军做视日，身为作战参谋参加过秦楚大战；吴广军荥阳受阻，他出奇策，领奇兵，一举攻下函谷关，集结数十万大军抵达戏水东岸，充分显示了他杰出的军事才能。抵达戏水以后，迅速挥师西进，一举攻克咸阳，正是周文既定的战略目标，岂能有止军不进、贻误战机的稍许踌躇？合理地推想，周文军之所以未能渡过戏水西进，不是不进，而是不能；之所以不能，当是遭遇到了无法西进的意外阻挡。

司马迁记载周文军在戏水停留的事情，主要见于《史记·陈涉世家》。司马迁说：周文"行收兵至关，车千乘，卒数十万，至戏，军焉"。对于这段重大史实，仅仅用了聊聊十六个字。据这十六个字所言，周文一边进军一边扩大军队，一直抵达函谷关，拥有战车千乘，兵士数十万，进而抵达戏水，驻军于此。对于周文军为何在骊山停留不进，完全没有交代，紧接着就说章邯请准二世赦免骊山的刑徒和奴隶，编入军队击败周文，周文军退出函谷关。

周文攻破函谷关抵达戏水与秦军大战，是在二世元年九月。戏水战败后退出函谷关，在曹阳（今河南灵宝东）与秦军又战，战败，是在十一月。退到渑池（今河南渑池西），再与秦军激战，兵败自杀，是在曹阳之战后的十余天。三个月间，秦楚间数十万

戏水，位于陕西临潼东南，出于骊山东侧，北流入渭河。2004 年 7 月，秦俑学会最后一天的傍晚，当我再一次站在雄伟的兵马俑军团前时，眼前是战车滚滚、刀光剑影，耳中是军鼓阵阵，战马长啸。骊山下，戏水畔，秦帝国京师中尉军主力，正列阵以待，迎击周文军的进攻。

大军三次大战，其激烈的程度可想而知；然而，《史记》仅仅用了八十余字记载这段史事的流程，对于具体的战况，完全没有提及，特别是关于秦军的情况，除了主帅章邯的名字和他提议赦免刑徒、奴隶编入军队的寥寥数语外，更是一概阙如。[1] 我多次感慨，古史往往是挂一漏万，挂一漏万的记事，受文言文语体的限

---

[1]《史记·陈涉世家》中关于这场战事的记载全文如下：周文"行收兵至关，车千乘，卒数十万，至戏，军焉。秦令少府章邯，免骊山徒、人奴产子生，悉发以击楚大军，尽败之，周文败走出关，止次曹阳二三月。章邯追败之。复走次渑池十余日。章邯击，大破之，周文自刭，军遂不战。"同一事《史记·秦始皇本纪》记载如下："二年冬，陈涉所遣周章等将西至戏，兵数十万。二世大惊，与群臣谋曰：'奈何？'少府章邯曰：'盗已至，众强，今发近县不及矣。骊山徒多，请赦之，授兵以击之。'二世乃大赦天下，使章邯将，击破周章军而走，遂杀章曹阳。"

制，常常语焉不详；细节的阙如，更是通行惯例。与此关联，周文数十万大军为何在戏水停留不前，坐失一举攻入咸阳之战机的千古疑案，依靠现有的史书文献不可能得到解答。历史真相的解明，必须另寻出路。

1974 年 3 月，在骊山秦始皇陵园东侧，发现了兵马俑坑。一、二、三、四号俑坑中，八千余具兵马俑，按照作战陈兵的阵势排列，忠实地再现了帝国秦军的原貌。根据历史学家的研究，兵马俑的风格，是忠实写实：四个俑坑的排列，是秦军的实战布阵；兵马俑的塑造，以实在的秦军部队为原型；八千余件兵马俑所组成的军团，如实地再现了秦军的组织和阵容。兵马俑，是安置于地下保卫始皇帝的秦军精锐部队；他的原型，当是秦的京师卫戍部队，即所谓京师军之一部。[1]

秦帝国的京师军，有郎中令军、卫尉军和中尉军三支部队。郎中令军是皇帝的侍从武官团，由大夫、谒者和郎三种官吏组成，在皇帝身边负责侍从警卫，由郎中令统领。郎中令是皇帝的侍从总管、内廷警卫总长，大夫是皇帝的内廷参议，谒者主要负责皇帝的礼宾司仪，大夫和谒者的数量不多，大致各有数十人。郎中令下属的主体部分是郎官，数量最多，作用也最为重要，他们既是皇帝的侍从近卫，也是出仕官员的预备队，人数没有一定，多的时候总数可以到一千人左右。在郎中令下属的三种属吏中，负

---

[1] 古代史书中，关于战争的记载，过于简单而语焉不详，特别是关于军队作战的编制和布阵，几乎完全是空白。兵马俑出土以后，我们首次得到了有关秦军装备、编制和布阵的宝贵资料。袁仲一先生以为兵马俑为秦军军阵，相当于驻扎在京城外的戍卫军，也就是中尉军（见氏著《秦始皇陵东侧第二、三号俑坑军阵内容试探》，收于秦始皇兵马俑博物馆编《秦俑学研究》，陕西人民教育出版社，1996 年），笔者赞同这个意见，根据兵马俑军阵复原了秦中尉军在戏水阻击周文军的布阵。

责侍从警卫的郎官，比照军事组织编制，由郎中令下的五官中郎将、左中郎将、右中郎将、车郎将、户郎将、骑郎将等分部统领，是一支小而精的侍从武官团。

卫尉军是皇宫宿卫军，由九卿大臣之一的卫尉统领，负责京城内外诸宫城城门的警卫及其城内的保安，皇帝出行时也要承担安全警卫的工作。卫尉属下的部队由卫士组成，卫士是定期服役的士兵，一年轮换，数量在两万人左右，他们分别屯守各个宫城要所，沿宫城内城垣设营帐居住，分散驻守，没有统一的营垒。

中尉军因由中尉统领而得名。中尉掌管首都内史地区的军事和治安。由于内史是首都所在，性质特殊，中尉作为内史地区的军事长官，兼有中央官和地方官两种性质，跻身于国务大臣之列，成为九卿之一。中尉的职务，可以分为两部分：一是负责内史地区的守备保卫、治安维持、地方军之管理。这种职务，大体相当于帝国地方各郡的郡尉。二是统领京城卫戍部队，负责首都咸阳的守备、中央各官署的保卫、中央武库的管理，皇帝出行时率领部队先导扈从、清道警卫。这种职务，相当于中央军事大员的职能。中尉所掌管的军队，大体可以分为两部分，其一为分散在首都内史各县的地方军；其一为集中屯驻在咸阳宫城外的京城卫戍军。京城卫戍军，有五万人左右，主要由内史地区征召的服役士兵组成。他们年年冬季在本籍地区接受军事训练，经选拔编入卫戍军服役一年，满期轮换。

总的说来，以郎中令军、卫尉军和中尉军组成的秦京师军，分别分布于宫殿内外、宫城内外和京城内外，以皇帝为中心，在关中地区构成一个严密的多层防卫系统。首都地区的安危，系于京师军的存在。兵马俑的原型部队，在京师军中寻求，确是合乎情理的推想。受此启发，我进而推断，在京师军这个多层防卫系统中，郎中令军是皇帝的身边警卫队，卫尉军是宫城宿卫军，他们屯驻宫城内外，一般是不外出野战的，屯驻在首都咸阳近郊、能够随时调遣出动的野战部队，唯有中尉军。

中尉军是帝国秦军精锐中的精锐，不仅担当首都咸阳的卫戍，国家有重大仪式仪礼，也出动中尉军担当。秦汉皇帝下葬，中尉军战士着黑甲黑衣，玄冥军阵从皇宫排列到陵寝送葬，[1]应当就是兵马俑军阵的原本。

由此联想开来，戏水岸边，遏止周文军西进步伐的力量，可能就是秦帝国的京师中尉军。

四　复活的军团

2004年7月底，秦俑学第六届学术讨论会在兵马俑博物馆召开。承蒙会议主办方的厚意，我在骊山山麓小住了一周，得以了却多年夙愿，将始皇陵兵马俑遗迹、灞上鸿门故地、咸阳城阿房宫旧址、东陵秦王墓、长安故城……一一寻访游历。

---

[1] 汉代葬仪用军阵，军士着黑甲。《汉书·霍去病传》，霍去病死后下葬，"发属国玄甲，军阵自长安至茂陵"。师古曰："属国，即上所云分处降者于边五郡者也。玄甲，谓甲之黑色也。"玄甲，黑甲，当为铁甲。武帝为了尊显霍去病击降匈奴的军功，特别在送葬的军阵中用了霍去病所收降的骑士。据《汉书·霍光传》，霍光死后，葬礼同于皇帝，"发材官轻车北军五校士军阵至茂陵，以送其葬"。材官，步卒；轻车，车兵。秦末汉初，北军就是屯戍守卫京师的中尉军。此处的北军五校，性质相同。以此逆推，始皇帝下葬，当用中尉军军阵送葬，车兵、骑兵、步兵列阵，从咸阳到骊山，兵马俑军团，正是担当此重任的中尉军一部。

悠悠渭水，自陇西渭源而来，经天水由甘肃入陕西，过宝鸡横贯关中平原，经过秦都咸阳，收纳沣河灞水于南，汇集沔河泾河于北，水势滔滔，河道宽广，进入现在的西安市临潼区境内，河道陡然折向东南直冲骊山而来，再呈九十度东去数里，然后又呈九十度往北流去，在骊山与渭水河道之间形成一狭窄的通道，正如瓶颈扼守着由函谷关通向咸阳的大道。

戏水，出于骊山东侧，北流入渭河，正好南北横亘在这条瓶颈通道的东口，宛若防守通道的堑壕。灞水，出于骊山西侧北流入渭河，正好横亘在出这条瓶颈通道的西外，宛若另一条开闭通道的堑壕。进入关中的南道——武关蓝田道，沿灞水河谷而来，也由这里进入渭河平原。于是乎，东以戏水为堑、西以灞河为防、北傍渭河、南背骊山的这一片地方，遂成为函谷关和南阳武关道以后保卫咸阳的最后一道屏障、秦军的屯兵重地，秦帝国守卫首都的中尉军主力，应当就屯驻在这一带。

我由骊山先去鸿门，项羽宴请刘邦的鸿门宴旧址，至今犹存。吟味"项庄舞剑，意在沛公"的名句，想当年项羽四十万大军之所以驻扎于此，正是因为利用旧秦京师军的营房驻地。戏水在鸿门东近处，出动鸿门的驻军，正好可以在戏水西岸布阵设防，堵截由函谷关方向西进的敌军。秦汉时的咸阳—函谷关道，走向大致同于现在的西（西安）潼（潼关）公路，我多次来来往往。这次，我专程沿骊山南麓小道，走韩裕（地名）访东陵，过洪庆原吊坑儒谷，下原直趋灞河河谷，顺河堤西去，遥望蓝田。原上山麓的这条道路，就是当年鸿门宴刘邦脱出虎口，与樊哙等人持剑盾步行，从骊山下道芷阳间行，回到灞上军营的小路。十万刘邦军屯驻的灞上军营，在灞河谷口一带，想来也是秦京师军的营房驻地。秦京师中尉军一部，屯驻灞上军营，控制武关—蓝田道；

秦京师中尉军另一部，屯驻鸿门军营，控制函谷关—咸阳道。灞上鸿门之间，正是京师中尉军主力的屯驻地。

实地考察至此，再回到纸上书中。《汉书·高帝纪》说："陈涉之将周章西入关，至戏，秦将章邯距破之。"距，据守；破，击溃；距破，先据守防御后进兵击破也。一字之差，或者遗漏了一场战事？神思远去往昔，已经消失的历史，宛若倒行重放的影像，历历如在眼前。兵马俑以京师中尉军为原型塑成，鸿门中尉军驻地就在骊山陵近旁，屯驻鸿门的中尉军将士，正好做了兵马俑的模特儿。他们演习的军阵，正是兵马俑坑排列的阵式；他们的装备队列，正是兵马俑军团将士们的武装队形。中尉军将士，不仅训练有素，装备精良，极具战斗力，而且选拔严格，忠诚可靠，在帝国军中受到格外的重视，肩负着保卫首都最后一道门户的重任。二世元年九月，当周文数十万大军抵达戏水时，屯驻在鸿门灞上的中尉军出动，在戏水一带布阵设防，以一场成功的防御战阻止了周文军的西进，在千钧一发的时刻，挽救了秦帝国。

历史是什么？是现在与过去的对话，是折射过去的镜像，抑或是不断弱化远去的信息？最不可思议的是历史遗迹，既属于历史，又属于现在；只有看到它们，你才会确信历史曾经存在；只要看到它们，你就会情不自禁地坠入欲知往事的诱惑。

秦俑学会最后一天的傍晚，当我再一次站在雄伟的兵马俑军团前时，眼前是战车滚滚，刀光剑影，耳中是军鼓阵阵，战马长啸。骊山下，戏水畔，秦帝国京师中尉军主力，正列阵以待，迎击周文军的进攻。庄周梦蝶，蝶梦庄周，在恍恍惚惚间物我交融，是文学和思想的幻影；考证史料而钩沉往事，搜寻遗物而逆转时空，在联想推理之间通贯古今，则是史学的明悟。真相超越虚幻，明鉴胜过空玄，兵马俑迎面席卷而来，我据实驱使兵马俑作战，鬼使神差，我获得历史的复活，写周文军西进与戏水之战。[1]

五 少府章邯

当周文军抵达戏水东岸时，少府章邯正在骊山监督始皇帝陵寝工程的收尾工作。

秦以耕战立国，以武力统一天下，始皇帝在世时，钟爱秦军有加，出行外游，无不以秦军军阵先导护行。骊山修建陵墓，始于秦王政即位之时。统一天下以后，始皇帝发下宏愿，要将帝都咸阳，筑进骊山陵园，作为永久的居所；帝国秦军，也要随同到地界冥乡，做永久的卫护。遵照始皇帝的指令，骊山陵的建筑，地上地下一体，仿照咸阳宫室百官署寺施工；又秉承始皇帝的意图，在骊山陵东侧，比照秦军精锐，开始烧制兵马俑。骊山陵工程，由丞相李斯总领，具体事务则由少府章邯负责。兵马俑的烧制，章邯亲自监督。

中尉军的驻地，就在骊山陵旁。兵马俑的烧制，选取中尉军一部，排列成迎敌方阵，一兵一卒，一车一马，完全写实仿制，真

---

[1] 在本章的二、三、四节中，我尝试依据间接的史料和合理的推想，用文学的手法构筑"戏水之战"，填补历史记载的空白。在《楚亡：从项羽到韩信》中，我将这种手法进一步深化扩大，补写了陈平"离间楚国的真相"、"范增之死"、"侯公说项羽"等失载于史书的历史叙事，并在该书的前言《文学比史学更可信？》中作了说明。我也将这种尝试加以系统化和理论化的整理，写成论文《论人物传记中的合理构筑——文学比史学更可信？》在"华人传记与当代传记潮流"国际学术讨论会（2013年10月，上海交通大学）上作了发表，论文刊登于上海交通大学传记中心主办的《现代传记研究》第2辑，2014年，请参看。

实展现秦军军阵的威仪。周文军抵达戏水时，六千兵马俑的右方阵、一千兵马俑的左曲阵、后方的指挥部皆已经烧制完工，安放就绪，只剩中方阵刚刚挖好坑，兵马俑的烧制，尚在进行中。楚军攻破函谷关进入关中的消息，章邯是在工地得知的。章邯深感震惊，体察到事情非同寻常的严重。章邯是先帝时代的军人，当今的九卿大臣，军情紧急就在眼前，他没有时间多想，就亲自赶到戏水前线，协助中尉军列阵设防，初战击退周文军的进攻。战局稍微稳定以后，他告诫中尉军坚守待命，自己连夜赶回首都咸阳。

陈胜吴广乱起，竟然如此迅速地蔓延开来，完全出乎二世政权的意料之外。二世朝廷的决策和权力核心，在二世皇帝、丞相李斯和郎中令赵高三人。二世皇帝方才二十出头，没有任何政治经验。即位以后，他的心思，集中于消灭皇位继承上的潜在威胁，为安逸执政、恣肆人生开路。关东乱起的最初消息传到咸阳朝廷时，没有引起秦政府的重视，以为不过是庞大帝国境内偶发的一般逃兵作乱事件，下令地方严加追缉而已。当事情蔓延开来，扶苏复活、项燕领军等真假消息源源不断地由帝国各地汇报上来时，朝廷核心怀疑事情与皇位继承关联，有诈不实。二世皇帝下令追究谣传，将传递关东大乱消息的使者下吏治罪。如此举措的结果，使帝国的信息通道梗阻，传递上来的都是朝廷愿意听到的消息，所谓"盗贼作乱，正在平息"云云。

周文军攻破函谷关抵达戏水，关中震动，咸阳危急，二世朝廷方才如梦初醒，仓促面对现实。二世惶恐失措，除了仰仗老师赵高和丞相李斯而外，毫无办法可想。郎中令赵高一直是内廷官员，长于权术阴谋，对于军国大政，却是毫无经验。三驾马车中，唯有丞相李斯是先帝老臣，执政经验丰富。不过，李斯是文职官僚，没有军事阅历，眼下年事已高，面对紧急的军事危机，也提不出有效的对策。二世朝廷，一时几乎陷入瘫痪。

就在这个时候，少府章邯从戏水前线赶回，陈述军情，紧急提议说，叛军已经抵达戏水，势力强大，事情紧迫，就近征兵调动已来不及，修筑骊山陵的服役者和刑徒人数众多，臣下请求赦免他们，发给武器编入军队，可以马上就近参战。章邯的到来，宛若绝境中的救星。二世朝廷别无选择，当即接受了章邯的提议。经李斯提名，二世皇帝正式任命章邯为大将，全权统领秦军，负责首都保卫战。

俗话说，时势造英雄。章邯其人，在秦末叛乱之前，几乎不见于任何记载。我们只是辗转知道，章邯，字少荣，始皇帝统一天下时，他曾经在消灭韩国和赵国的战争中立有军功。[1] 灭韩之战，是在始皇帝十七年（前230）。其时，章邯正当年，入伍从军，跟随征韩军统帅内史腾先至南阳，继而北上进攻韩国都城新郑。因为作战勇敢，有功受赏，他开始在秦军中崭露头角。天下统一以后，章邯进入政界，一步一步升迁。始皇帝在世时，他就很得器重，被任命为担当宫廷事务的大臣——少府，成为帝国大臣中新锐的少壮派人物。始皇帝的骊山陵园工程，由丞相李斯挂名主持，其具体工作，多年以来皆由章邯负责。二世皇帝即位以后，李斯继续当权，他也受命主持骊山陵园的收尾工程。

章邯为人坚忍顽强，武勇有谋略。他接受任命，掌握了秦军的指挥权之后，迅速回到戏水骊山前线，着手新的军事部署。章邯首先命令停止骊山的所有工作，以从军立功为条件，赦免服刑者，与服役者一道，全部发给武器装备，就地改编为军队。章邯是有经验的将领，在强敌面前，他惯于先退守示弱，隐秘结集兵

---

[1] 马非百《秦集史》人物传四之"章邯"，中华书局，1982年。

力后展开突然袭击。他快速整编新军、得到补充以后，以精锐的中尉屯军为核心，以新军为侧翼支援，对周文军发起了突然袭击。周文军对于章邯释放骊山刑徒和服役者编制军队的情况毫无预想和察觉，虽然人数众多，毕竟是短时间收凑起来的军队，在得到增援的秦军的攻击之下，军败退却。章邯指挥秦军步步紧逼，迫使周文军退出函谷关。

周文军退出函谷关以后，首都咸阳的直接威胁解除，帝国朝廷和关中地区暂时安定下来。经过这次重大危机的教训，二世朝廷充分认识到局势的严重，迅速采取对策，倾其全力镇压叛乱。喘息始定的秦帝国，作出四项新的军事部署：第一，全国进入战时体制，实行军事总动员；第二，以章邯为秦军统帅，总理镇压叛乱的一切军务；第三，加强关中地区的武备防守，紧急征调蜀汉关中兵增援章邯；第四，屯驻长城沿线的北部军和屯驻岭南的南部军内调，配合章邯军镇压叛乱。

章邯击退周文军、收复函谷关以后，停止进军，下令闭关自守，对停留在函谷关前曹阳一带的周文军采取守势。章邯用兵，老成慎重。通过戏水之战，他清楚地知道，楚军在秦军的攻击下，并未溃散，只是暂时退出，眼下正集结在曹阳，随时可能对函谷关发起新的进攻。戏水之战，依靠的是中尉军；中尉军的动用，是万不得已。首都威胁解除后，中尉军作为京师守备的核心，继续屯驻关中，已经再次由朝廷直接掌控。眼前手中可以动用的部队，多是武装起来的骊山服役者和刑徒。临时紧急之下，有中尉军主力在，驱赶他们协力可以；单独动用他们出关作战，万万不可。眼下要紧的不是出击进攻，而是防守，争取时间，火速动员和调动各地秦军，就全面镇压叛乱作统一部署。

前面已经谈到，统一天下后的秦帝国，军事部署的重心移向南北两边疆，三十万大军屯驻北边，五十万军民屯驻岭南，关东空虚，关中削弱，成外重内轻的格局。陈胜吴广乱起，战国六国复活，天下政局又回到战国，重演秦与六国间的合纵连横。秦帝国的军事部署，必须马上作新的安排。

在朝廷的紧急命令下，蜀汉关中地区的预备兵员首先被动员起来，编制成军，源源不断地汇集到章邯麾下。帝国的北部军，也受命由章邯节制指挥，主力部分东向渡过黄河，进入太原、上党地区，堵截占领赵国地区的叛乱军李良部队和张黡部队的进入；一部分由直道南下，编入章邯军。[1] 遗憾的是，帝国的南部军，由于楚地叛乱和道路阻塞，与朝廷完全失去联络，后来封闭边境独立，建立了南越王国，完全没有介入秦末之乱当中，写成另一段历史，留待将来再来叙说。

章邯击败周文，迫使周文军退出函谷关，是在二世元年九月。此后将近两个月里，章邯闭关坚守不出，暗地里调兵遣将，全力整军备战。

六 秦军反击

二世元年十一月，章邯军动员准备完成，大举出关，向屯驻于曹阳的周文军发起全面进攻。

曹阳一战，周文军不敌，东向撤退到渑池。章邯领军紧追不舍，在渑池与周文军大战，周文战败自杀，军队被彻底击溃。章邯军乘胜东进，沿三川东海大道经新安、河南抵达三川郡郡治洛

---

[1] 关于秦北部军，也就是王离军动向的详情，见本书第六章之二 "辩士蒯通的登场"。

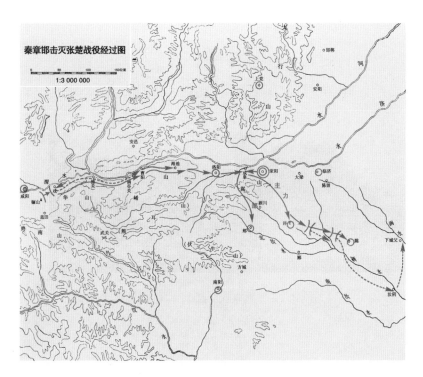

地图 5　秦章邯击灭张楚经过图

阳，马不停蹄，过巩县、成皋，直奔荥阳而去。荥阳是控制三川东海大道的军事要塞，是秦帝国控制关东的战略基地。吴广统领张楚军主力，围困荥阳已有四个月之久，丞相李斯的儿子、三川郡守李由一直坚守荥阳，孤军奋战，形势岌岌可危。

　　章邯深知保有荥阳的战略意义。他知道，要想完成战争形势由防守到进攻的逆转，必须解除荥阳的包围。荥阳无虞，三川安定，关中本土才可以安然无恙；另一方面，有效地控制了荥阳，就等于掌握了进出中原的门户，以居高临下之势，俯视震慑整个关东地区。章邯用兵，极为重视后勤供应。只有保证粮道才能立

荥阳古城遗址

荥阳黄河岸

于不败之地，他比谁都体会深刻。章邯领军过成皋后，没有直接扑向荥阳，而是绕开荥阳，直接指向荥阳北部的敖仓（今河南荥阳西北）。敖仓是秦帝国最大的战略粮食基地，此时已经被吴广军占领，章邯的意图是首先夺取敖仓，断绝吴广军的粮道。

吴广领军围攻荥阳，四个多月不能攻克。周文军败，章邯军逼近，面临被内外夹攻的险恶局面，内部出现了不稳。吴广是与陈胜共同起兵的战友，深得陈胜的信任，以假王的名义监督诸将围攻洛阳。不过，吴广没有什么军事才能。久攻荥阳不下，将士疲敝，士气低落，眼下形势骤变，他也没有作出及时的反应和对策，引起了部下的恐慌和不满。吴广麾下的将军田臧、李归等人对于章邯军的逼近深感危机，他们以为如果维持现状，不作迅速应变的军事部署，荥阳城下的楚军将遭遇被歼灭的命运。经过密谋协商，他们伪称接到陈王的命令，杀掉吴广，夺取了军队的领导权，迫使陈胜承认现状。

田臧得到陈胜的追任，被任命为相当于丞相的令尹，全权统领军队。他命令李归带领少量军队继续包围荥阳，自己亲自带领大部分军队开赴敖仓迎击章邯军。两军在敖仓展开大战。田臧军战败，田臧战死，军队溃散。章邯领兵逼近荥阳城下，攻击李归军。李归军战败，李归战死，荥阳之围解除。章邯与李由会合，扫清三川境内的张楚军残留，重建荥阳—敖仓防线，将秦帝国的东方防线安定下来。

稍后，章邯指挥秦军，全面转入战略进攻。他兵分两路，南下颍川郡。别军一部由阳城（今河南登封东）方向南下郏县（今河南郏县），攻击在这一带活动的张楚军邓说部。章邯统领秦军主力，东南由新郑方向攻击驻守在许县（今河南许昌东）的张楚军伍徐部。经过激战，邓说军和伍徐军皆被击破，军队溃散，邓说

陈胜墓

　　我去芒砀山访古，参拜了陈胜下葬的墓地。陈胜墓修复完整，垣墙环绕，林木茂盛，墓碑为郭沫若所题"秦末农民起义领袖陈胜之墓"。想到当年刘邦亡命落草，也是藏身于此。芒砀小小山地，竟然同是开创者的葬身之处和成功者的龙兴之地，将信将疑中，益发感到一种不可思议的神奇。

和伍徐统领残军退回张楚都城陈县，邓说被陈胜问罪处死。

　　章邯占领颍川郡后，命令郏县方面军继续南下，指向已经占领南阳郡的张楚军宋留部，自己统领秦军主力西向进入陈郡，攻击张楚政权的首都陈县。逼近陈县的章邯军，遭到张楚政权的国务大臣、上柱国房君蔡赐所统领的楚军的阻击。章邯军击败楚军，蔡赐战死。章邯军乘胜进军，兵临陈县城下。楚王陈胜亲自出城监军，监领张楚军张贺部队在陈县西门外迎击章邯。两军激战的结果，张贺军战败，张贺战死，陈胜被迫放弃陈县，东南往汝阴（今安徽阜阳）方向撤退。章邯派遣部将继续追击陈胜。在城父县东南的下城父（今安徽涡阳东南）地方，陈胜被车夫庄贾杀死。庄贾投降秦军，张楚政权被消灭。

　　陈胜称王仅仅六个月就军败身亡，没有达成起事之初灭秦的目标。俗话说，始作俑者，其无后乎。开创事业的人，往往不是完成事业的人。不过，陈胜首事反秦，他的未竟之业，由他所设置派遣的部下们继承，最终成就于项羽和刘邦。陈胜死后，葬于芒砀山，汉帝国建立以后，刘邦特地设置三十户人家为陈胜守冢，供奉祭祀一直持续到西汉末年。我去芒砀山访古，参拜了陈胜下葬的墓地。陈胜墓修复完整，垣墙环绕，林木茂盛，墓碑为郭沫若所题"秦末农民起义领袖陈胜之墓"。想到当年刘邦亡命落草，也是藏身于此。芒砀小小山地，竟然同是开创者的葬身之处和成功者的龙兴之地，将信将疑中，益发感到一种不可思议的神奇。

　　话又说回来，章邯占领张楚首都陈县后，注意力转向了南阳郡方向。秦军收复了三川郡、颍川郡，控制了陈郡以后，张楚军的主力几乎完全被消灭，只剩下攻占了南阳地区、企图攻打武关进入关中的张楚军宋留部队。宋留部队，是可能威胁关中地区的最后一支张楚军。

南阳郡西部是秦帝国的关中本土,北部是三川郡,东部是颍川郡和陈郡。章邯领军由三川进入颍川,章邯部下别军在郏县击败邓说军后,宋留军就已经受到南下秦军的直接威胁。章邯军主力攻占陈县后,宋留军面临退路断绝、被秦军孤立包围的危险。在不利的形势下,宋留被迫放弃攻打武关进入关中的目标,率领部队退出南阳,向陈郡方向移动。当宋留军撤退到陈郡南部的新蔡县(今河南新蔡)时,章邯军主力已经在新蔡一带严阵以待。宋留军被秦军包围,走投无路,被迫投降。秦军将宋留车载传送到首都咸阳。二世皇帝下令,将宋留以叛逆问罪,处以车裂的酷刑,悬尸示众。

就在章邯军主力南下汝阴、新蔡,追击陈胜、包围宋留期间,陈县方面的局势有了反复和变化。陈胜的部下吕臣,在陈郡东南的新阳县(今安徽界首北)集结起一支军队,突袭攻占了陈县,将杀死陈胜投降秦军的庄贾处死,重新安葬了陈胜。章邯军别部集结反攻,击退吕臣军,夺回陈县。吕臣军退出陈县,与由九江方面北上的楚军英布部队会合。两军协力共同作战,再一次攻克陈县,继续打出陈胜的张楚旗号。不过,陈县反复的时间很短。章邯统领秦军主力解决了宋留军以后,马上挥师北上,再次攻占陈县。吕臣和英布,在强大的章邯军的打击下,被迫撤离陈郡,东向泗水郡方向败退,后来加入到项梁军中,已经又是后话了。

秦将章邯,崛起于戏水之战。他在短短两个月时间,集中兵力逐一消灭张楚军主力各部,收复三川、颍川、南阳、陈郡失地,结束了仅仅存在六个月的张楚政权。一时陷于灭亡危机的秦帝国政权,因章邯的胜利而得到拯救;战国以来秦军战无不胜的军威，也因章邯的胜利而得到重振。秦帝国生死存亡的命运，在军事上完全系于章邯一人。由二世皇帝、郎中令赵高、丞相李斯三头主导的秦帝国政局，因章邯的崛起而迎来了四头牵引的新局面。大将章邯的行动举止，将直接关系政局的安稳和帝国的存亡。

平定了张楚以后，楚国南部地区和韩国地区的战局安定下来，章邯军的军锋开始指向砀郡和东郡方面，着手于平定魏国地区的叛乱。章邯的目标，是要消灭占据临济（今河南封丘县东）的魏王魏咎和魏军主力。然而，就在这个时候，从偏居东南一隅的会稽郡方面，一支精锐的楚军渡过长江，沿东海郡北上，正在向下相、下邳、彭城（今江苏徐州）方向靠拢，准备参战攻击秦军。这支楚军，就是起兵于江东的项梁军。

七　项梁渡江北上

项梁是老练而有城府的人，吴县起兵以后，他并不急于北上东进，而是征兵整军，安抚郡内各县，首先致力于江东根据地的建设和巩固。从二世元年九月到十二月，项梁军一直在江东整训，密切注视形势的发展。十二月，章邯军攻破张楚的首都陈县，陈胜下落不明。

当时，陈胜部将召平在东海郡南部一带攻城略地。召平是广陵县人，广陵县是东海郡南部边县，在现在的江苏省扬州市，渡过长江就是会稽郡。召平领军攻打广陵县不下，得到陈胜兵败、秦军东进的消息，放弃围攻广陵，南下渡过长江，来到吴县面见项梁。召平假借楚王陈胜的名义，任命项梁为楚国的上柱国，命令他迅速带领军队渡江西进，进攻秦军。上柱国是楚国最高军政大臣之一，地位仅次于令尹。项梁起兵自任会稽郡守，已经将江东地区安定下来，正欲伺机东进。得到召平的任命以后，他应命选拔精锐，统领八千江东兵北上渡过长江，进入东海郡内。

项氏是楚国名族，在楚国地区极具号召力，现在又得到陈胜的任命东进击秦，宛若如虎添翼，如龙乘云。风闻项梁军的到来，楚国各地的起义军纷纷慕名前来投靠。首先归附项梁的是陈婴军。

陈婴是东阳县（今江苏盱眙）人，本是秦的东阳县令史，也就是县政府的职员，为人严谨而有信用，很受地方上敬重。关东大乱时，东阳县的年轻人杀了县令，纠集数千人起事反秦，推举陈婴做了首领。项梁军接近东阳时，陈婴的部队已经有两万人。项梁派遣使者到东阳，希望与陈婴联军西进共同击秦。

秦末离战国不远，世卿世禄，古代贵族社会的遗风还在，特别是楚国地区，血缘氏族依然根深蒂固。陈婴出身平民，本来不是要闹事造反的人，被众人拥戴为首领，也是出于勉强，心里始终是不安的。陈婴父亲早死，从小由母亲抚养长大，行事为人，受母亲影响很大。他得到项梁联军的建议以后，将此事与母亲商量。陈母对陈婴说："自从我嫁到陈家，没有听说过你祖上有大富大贵的人。你现在出人头地暴得大名，不是好事。不如有所归属，事情成了以后，可以攀龙附凤，裂地封侯，事情不成，不是挑头的人，也便于逃亡。"陈婴以为母亲的话很有道理，决定归属于项梁。他对部下们说："项氏一族是将门世家，闻名于楚国。当今举兵要想成就大事，非由项氏来领导不可。如果我们归依名族，仰仗项氏的名望实力，一定可以灭掉暴秦，大家也会有好的前景。"部下们纷纷表示赞成，陈婴于是率领部队归附项梁，成为项梁军的一部。

召平假借陈胜名义任命项梁为楚上柱国，是希望项梁迅速领军西进，攻击集结在陈郡、泗水郡一带的秦军，所以同时有"急速引兵西去击秦"的命令。然而，项梁并没有如命急速西进，而是一路北上。由广陵北上渡过长江，走东阳合并陈婴军后，项梁领军沿大泽（今洪泽湖）东北向，由淮阴方向渡过淮河，继续北上，由凌县抵达下相县。在下相停留整编后，东北方向开拔到下邳，屯军停驻下来。

项梁是有战略眼光的将领，他之所以没有马上西进击秦而是北上，自有其明确的战略意图。首先，项氏家族的封地和根基，在淮北泗水流域的下相县。项梁和项羽避祸客居吴县，项氏宗族都留在了下相。项梁起兵江东，仰仗的是世代楚将的家世名望，掌握江东会稽以后，迅速北上回到下相，与项氏家族会合，自然成了项梁的一大急务。东海郡是楚国故土，远离关中，秦统一以来成了反秦势力的逃亡聚集之地，以楚将的名义占领东海郡，略地收兵，壮大军队，是项梁北上的另一大目的。可以说，项梁的这两大目的都圆满地完成了。

持续三个月的北上进军，项梁军没有遭遇重大的战斗，顺利地占领了东海郡。活动在这一带的反秦武装力量，纷纷归属项梁。项梁部下军队，已经发展到六七万人。这支六七万人的军队，就是未来楚军的基本力量。楚军的众多名将，都是在这个时候加入到项梁军中来的。继陈婴军的归附以后，活动在淮南一带的江洋大盗英布、号为蒲将军的柴武等所率领的武装势力，[1] 也

---

[1] 蒲将军其人，疑为《高祖功臣表》中的棘蒲侯柴武，因其封号称蒲将军。他与英布一道，在巨鹿之战中首先强渡黄河，在棘蒲一带攻破秦军运粮甬道，进而阻击章邯军立了大功，他的称号和封号，可能来源于此。

纷纷归属项梁，成为项梁军的一部。英布和蒲将军，后来都成为楚军名将，消灭秦军主力的巨鹿之战，首先渡黄河攻击秦军的先锋，就是他们统领的部队。谋士范增、军事天才韩信、枭将钟离昧、张楚政权的大臣吕臣和他的儿子吕青等人，也都是在这个时候加入项梁军的。

项梁军抵达下相以后，告慰先祖，安顿故乡父老。项氏举宗族从军，成为后来项氏政权的核心，史书笼统所称的诸项，如项伯、项庄、项它、项冠、项声、项悍等人，大概都是在这个时候汇聚于项梁军中的。通过这次渡江北进，未来项氏楚国政权的军政建设，有了基本的雏形。

八　牧儿做了楚怀王

二世二年三月，项梁在下相会合项氏家族以后，进军下邳，窥视彭城。这个时候的项梁军，养精蓄锐有日，建设整备完成，兵强马壮，名将如云，只待一声令下，即可开赴进击。

彭城在下邳的东面，就是现在的江苏省徐州市。彭城地处淮泗地区的中心，曾经做过楚国的首都，连接魏国和楚国地区的东西通道和连接齐国和楚国地区的南北通道交互会合于此，古往今来都是兵家必争之地。秦帝国时代，彭城与咸阳、荥阳并列，被视为天下三大交通枢纽之一。当时，彭城由楚王景驹的军队占据。察觉到项梁军的意图，景驹下令大将秦嘉屯军彭城东部，意图阻止项梁军的西进。景驹是楚国旧贵族，陈胜兵败下落不明后，由独立活动于淮北地区的张楚军将领秦嘉拥立为楚王，继承张楚陈胜，举起楚国地区起义军的帅旗。刘邦和张良，一时都集聚在楚王景驹的旗号之下。

项梁以受楚王陈胜之命的名义北上，身为张楚政权的上柱国。秦嘉拥立景驹为楚王，与打着张楚旗号的项梁之间对立，冲突不可避免。项梁召集部下将领说："张楚陈王首先起兵反秦，战事不利，下落不明。现在秦嘉背叛陈王，拥立景驹，大逆不道。"于是领兵由下邳西进，攻击秦嘉军。秦嘉军在彭城东战败，北向撤退。项梁军追击到薛郡胡陵县（今山东鱼台东南），再次击败秦嘉。秦嘉战死，秦嘉所统领的楚军向项梁投降。楚王景驹西向往砀郡方向溃逃，死于混乱当中。项梁合并了秦嘉军后，暂时停驻在胡陵，整顿收编景驹的旧部，准备西向与秦军作战。

这个时候，消灭了张楚陈胜政权的章邯已经领军北上，开始进攻魏国，秦军一部抵达砀郡东部的栗县（今河南夏邑）。项梁派遣部下朱鸡石和余樊君南下迎击章邯军，楚军战败，余樊君战死，朱鸡石退回胡陵。

二世二年四月，项梁领军北上进入薛郡薛县（今山东滕县东南），得到楚王陈胜确已死去的消息，决意撑起陈王后继的大旗。他诛杀败军将领朱鸡石，为陈王发丧祭祀，以张楚上柱国的名义，召集楚国各地的起义军汇集薛县，共同协议重建楚国政权、推翻秦王朝的大事，这就是历史上的薛县会议。薛县会议的首要课题，就是在陈胜死后如何重建楚国政权。

在薛县会议上，谋士范增进言项梁说："陈王的失败，自有他失败的道理。秦灭六国，楚国最是无辜。自从怀王受骗进入秦国没有回来，楚国人至今念念不忘此事。楚国南公曾有预言：哪怕楚国只剩三户人家，也定要灭亡秦国。陈胜起兵反秦，不立楚王之后而自立为王，号召力有限，政权不能持久。将军起兵于江东，楚国各地起兵的将领争先归附将军麾下，是因为将军家世世代代是楚国的将领，他们期待您能拥立楚王的后代，恢复楚国的天下。"

项梁接受了范增的建议，急令搜寻楚王的后裔。楚怀王的孙子熊心，在民间为人牧羊，被项梁找到。于是，二世二年六月，项梁在薛县与各路楚军将领共同拥立熊心为楚王。为了顺从楚国人怨恨秦国无信、怀念无辜而死的楚怀王之民望，仍然号称楚怀王，以盱台（今江苏盱眙北）为首都，正式重建楚国政权。楚怀王政权建立以后，项梁自号称武信君，出任楚军统帅，部下各路楚军有十万余人，名副其实地成为六国反秦军的主力。

当时，秦军主力在砀郡、东郡一带，薛县邻近砀郡，容易遭受秦军的攻击。新都盱台在东海郡南部，地处楚国腹地，前有淮河大泽阻断，可以避开战事；后有会稽、九江两郡楚国故地，可以获得依托。会稽是项梁起兵的根据地，九江是番君吴芮和英布起兵的地盘，都是楚国势力强大的地方。项梁选择盱台为首都还有一个原因，盱台紧靠东阳县，东阳是楚将陈婴的家乡，东阳吏民起兵以后，自发集结在陈婴手下，民心稳定，政权基础牢靠。项梁任命陈婴为上柱国，辅佐楚怀王南下盱台建都，将政权安定下来。

薛县会议，结束了陈胜败亡以后楚国地区群龙无首的混乱局面。在楚怀王的名义下，将楚国地区的反秦武装力量统一起来，继承楚国的法统，正式复国重建了楚国政权。薛县会议的参加者，除以项梁、项羽为主的项氏家族外，还有陈婴、英布、蒲将军、范增、桓楚以及吕臣、吕青父子等人。刘邦和张良也脱离景驹阵营，参加了会议，跻身于拥立楚怀王的功臣之列。

薛县会议，是重建楚国政权的会议，不过，因为楚国是反秦的首事之国、反秦各国的盟主，薛县会议还作出了一个重大的决定，就是恢复韩国。自陈胜起兵以来，为秦所灭的战国六国中，楚、齐、赵、魏、燕国都已经复国，唯有韩国未能实现复国的夙愿。恢复韩国的建议,是由张良向项梁提出来的。得到项梁的同意后,张良在民间找到韩王的后代韩成,拥立为韩王,张良任韩国司徒。二人共同领兵前往旧韩国的颍川地区,致力于韩国的复国运动。

六国的复国运动分散了帝国秦军的攻击目标。章邯在快速消灭陈胜张楚政权后,将下一步进攻的目标指向了刚刚复国的魏国。

九　章邯灭魏

张楚政权建立以后,陈胜派遣部将各路出击。魏国人周市受陈胜命令领军北上攻击原魏国地区,也就是秦的砀郡和东郡一带。周市军一路北上,一直打到齐国地区,进入秦的济北郡,受到起于齐国地区的田儋的抵制,退回到东郡,专心致力于魏国地区的发展。当时,田儋复兴齐国,自立为齐王;武臣攻下赵国,自立为赵王。周市的部下们,希望周市自立为魏王,主持魏国地区的军政。赵国和齐国,也积极怂恿周市为魏王,一方面希望由此共同抗击秦军,另一方面则希望由此和缓来自楚国方面的压力。

周市与陈婴类似,是宁愿做辅佐而不愿承头的人,他拒绝拥立说:"天下昏乱,忠臣乃现。当今天下共同反秦,我们魏国地区,应当拥立魏王的后人,方才合于大义名分。"在他的心目中,早有魏王的人选,就是此时尚在陈县的魏咎。

魏咎是魏国王室的公子,受封为宁陵君,封地宁陵在今河南省宁陵县,入秦后属于砀郡。魏国于魏王假三年(前225)被秦攻灭,亡国之际,悲壮而又惨烈。当时,魏国军民退守国都大梁,孤城被秦将王贲围困三月之久。大梁在黄河南,王贲掘开黄河河堤,引黄河水灌城。大梁城坏,秦军攻入城内,魏王假投降被杀,魏国灭亡。大梁成为废墟。魏国灭亡以后，魏咎与魏国旧贵族一样，失去封地被迁徙他乡，沦落为编户齐民。陈胜起兵，魏咎与堂弟魏豹一道前往陈县投奔，成为张楚政权的臣下。

周市辞退拥立，说服部下，决定请准陈胜让魏咎归国做魏王。陈胜起兵以后，一直恼怒于部下自大称王，对于六国贵族的复国，更是戒心重重。周市的使者四次到陈县请求，都被拒绝。二世二年十二月，陈县已经面临章邯军的攻击，危在旦夕，陈胜不得已接受周市的第五次请求，遣送魏咎归国。魏咎回到魏国，被拥立为魏王，周市出任丞相，魏国复兴，魏咎魏国政权建立。由于旧都大梁经秦军水淹，已经成为废墟，魏咎魏国的国都，定在大梁近邻北部的临济（今河南封丘东）。

魏咎魏国政权建立不久，章邯军消灭张楚政权，挥师北上，将进攻的目标，锁定在魏国。二世二年二月，章邯军进入砀郡，开始对魏国地区进行攻击，三月，在砀郡东部的栗县击败项梁军别部朱鸡石部队和余樊君部队，大军一路东北上，横扫砀郡，将魏国君臣重重围困在临济，仿佛重演了王贲围困大梁的旧戏。在章邯军的铁壁合拢以前，魏咎紧急派遣大臣分赴邻近各国求援，丞相周市到齐国，王弟魏豹到楚国，赵国方面也有重臣出使。齐王田儋，接到魏国的告急后，亲自率领齐军主力，与周市一道由济北东南下；项梁在彭城，派遣项它率领楚军一部，与魏豹一道急速西来；赵国方面，由于秦北部军主力东进南下，军情紧急，无力援助魏国。

章邯攻击魏国，经过精心策划。他对于齐国和楚国方面的救兵，早有围点打援的充分准备。严阵以待的章邯军主力，在临济城下大破齐楚两国援军。战斗激烈而残酷，齐王田儋和魏国丞相周市战死，楚军溃退，魏王魏咎自度守城无望，决定开城向秦军投降。降约签订生效后，魏咎焚火烧身自杀。战国以来的战争中，对于坚守不降的城市，破城的军队往往实行报复性屠杀，称为屠城。魏军主力被消灭，援军被击溃，临济已经无法坚守，魏咎开城投降，是为了换取秦军不对魏国临济军民实行屠城。

魏王魏咎约降秦军，对魏国臣民尽了保存之责，不可不谓仁义；烧身自杀，没有辱没一国之主的尊严，不可不谓壮烈。

十 项梁败亡

临济大败，田儋的弟弟田荣率领齐军残部从东北方向往齐国撤退；项它率领楚军残部，与魏豹一道西向往楚国撤退。攻破临济，消灭魏国，是章邯领军出关、继攻灭张楚陈胜以来的第二个重大胜利。灭楚、灭魏以后，章邯决定乘胜一举攻灭齐国，于是挥师紧追田荣，在东郡东边的东阿城（今山东阳谷东北），将田荣包围。

薛县会议以后，项梁兵分两路，一路派遣项它率领部分楚军驰援魏国，自己则统领楚军主力由薛县誓师出发，西进北向，攻克薛郡西边的亢父县。项梁在亢父县得到项它所带来的败讯，马上认识到局势的严重，迅速统领楚军主力北上，直趋东阿援救田荣。在东阿城下，项梁军与章邯军展开了激战，章邯军失败，被迫向西南濮阳县（今河南濮阳南）方面撤退。项梁领军追击，在濮阳东再次与章邯军交战，章邯军又大败。章邯军被截断成两支，别部一支往东退入成阳县城（今山东菏泽东北），[1] 主力残部由章

---

[1] 今山东菏泽东北之秦东郡成阳县名，史书误写为"城阳"，与今山东莒县为中心的秦之城阳郡名混同，引起诸多史实，特别是关于彭城之战的误读，参见《楚亡：从项羽到韩信》第二章之十"回首彭城之战"。

邯带领，向西退入濮阳城中坚守不出。濮阳是东郡郡治，在黄河南岸，紧靠黄河的主要渡口白马津。章邯退守濮阳，迅速在濮阳修筑护城堑壕，引黄河水流入其中，作长期固守的打算。章邯固守濮阳的战略意图，在于控制黄河水运渡口，维持补充受援的通道，伺机反攻。

濮阳战胜后，项梁军分成两个部分，主力由项梁统领，追击章邯，围攻濮阳；别部一支由项羽、刘邦统领，往东追击向成阳方向败退的秦军。秦军退入成阳坚守，项羽刘邦联军强攻破城以后，实行屠城报复。破成阳以后，项羽刘邦联军南下进攻定陶（今山东定陶西北）。由于城池坚固，守军强大，未能攻打下来。项羽刘邦于是放弃攻打定陶，南下绕过外黄县，直插雍丘县（今河南杞县），阻击由三川郡方面开拔过来的秦军增援部队，与秦军遭遇作战，大破秦军，斩杀秦军将领三川郡守李由。击溃李由军后，项羽刘邦回军北向，进攻外黄县，呼应由濮阳抵达定陶作战的项梁军主力。

东阿之战，是项氏楚军主力与秦军主力的第一次大战。项梁起兵江东以来，一直活动在东楚边郡，致力于整军建政，未曾与秦军主力交锋对阵。新组建的军队，能否与秦军对抗，尚在未知当中。初战大胜，项氏楚军的组织建制、装备武器、士气斗志，都经受住了实战的考验，名副其实地成为六国反秦军的主力和中坚。项梁战胜秦军的自信，由此大为增强。

东阿之战后，项梁再战濮阳又大胜秦军，别部项羽刘邦联军攻克成阳，在雍丘消灭李信军，断绝了秦军西南方向的增援。章邯军困守濮阳不出，项梁移军向定陶逼近，在定陶再次击败秦军，重兵包围了定陶，准备一举攻克。定陶是东方的大城，富裕的都市，曾经是秦昭王时的权臣穰侯魏冉的封地。然而，就在这个时

214

候，项梁因为一连串的胜利，滋生了轻视秦军的情绪。这种情绪，由上而下，开始在军中蔓延。项梁的部将宋义劝诫项梁说："用兵取胜后，将领骄傲而士卒怠惰，是败军之兆。眼下士卒中出现了怠惰的情绪，而秦军坚守待援，正在逐渐得到补充，臣下甚为将军忧虑畏惧。"陶醉在胜利中的项梁听不进去，嫌宋义沮军败兴，打发宋义出使齐国，与田荣交涉出军会战的事。项梁没有对秦军的动向，作严密而充分的警戒。

另一方面，章邯军出关以来，连战连胜，破陈胜、灭魏咎、杀田儋，将叛乱军的主力逐一击破，大有一举平定叛乱的气势。东阿之战，是章邯军的第一次败战，继而又军败濮阳，失守成阳，丧失李由军，经历了从来未有过的重大挫折。不过，哲人老子有言，祸兮福所倚，福兮祸所伏。初发的顺风船，容易陷没于突如其来的暴风雨；行程中几经风浪反倒磨炼出免于灭顶之灾的谨慎。章邯经过与项梁军的一连串交锋失利，深刻地认识到项氏楚军不同于以往的对手，是一支组织严密、战斗力强大的精锐部队，是当前秦军的大敌，须要集结优势兵力，谨慎作战。

章邯用兵，继承了秦军名将白起以来的用兵传统，就是在强敌当前的不利形势下，首先示敌以弱，作战术退却和保守态势，以麻痹对手。在此期间，秘密而迅速地补充装备军力，集结力量，做进攻的准备。准备就绪，耐心而密切地关注敌军动向。一旦敌军出现懈怠的空隙，突然以优势兵力作大规模的奇袭，一举获胜。用这种战法，白起在长平大败赵军，王翦在淮北大破楚军。二世元年九月，章邯击退周文军后，保守关中不出，秘密整编补充完成，出关突击，一举将周文军彻底击溃，用的也是这种战法。这次，章邯仍然沿用成法，他退入濮阳城后，坚守不战，表面上显示因连续战败而畏惧退缩，暗地里通过黄河漕运补充装备军粮，集结援军。由外黄方向驰援而来的李由军被歼灭以后，章邯倍加小心翼翼。他调动河东郡和河内郡秦军沿黄河北岸西行；同时，他请准朝廷当局，抽调正在河北攻击赵国的王离军一部南下，渡河会师攻击楚军。[1]

二世二年九月，河东河内援军和王离军一部抵达白马濮阳一带，秘密渡过黄河，与章邯军会合，秦军军势大振。得到增援的章邯军主力，由濮阳向定陶方向秘密运动，夜晚突袭项梁军大营，定陶城内的秦军也呼应出击。项梁军对于河东、河内、河北秦军的南下完全没有察觉，措手不及，被秦军击溃，项梁也被秦军杀死。

定陶之战后，秦末之乱的战事，又进入新的局面。秦与六国的主战场，由黄河以南转移到黄河以北，史家称之为河北战场。

---

[1] 王离军参加定陶之战的意见，见于辛德勇《巨鹿之战地理新解》，收于同氏著《历史的空间与空间的历史》，北京师范大学出版社，2005 年。不过，王离军的主要战场，是赵国和燕国地区，围困巨鹿的重任，也由王离军担当，所以，笔者综合学界诸位专家的意见后，用了王离军一部秘密增援定陶说，详情参见本书第六章之二"辩士蒯通的登场"。

第六章

项 羽 的 崛 起

一　燕赵复国运动

　　张楚军北上的战略决策，是由多年隐居于陈县的两位游侠张耳和陈馀提出来的。其战略目的，是策动旧赵国和燕国地区的军民反秦，牵制秦帝国部署在长城沿线的北部军。

二　辩士蒯通的登场

　　蒯通是范阳人，如同张耳、陈馀一样，也是江湖上传奇性的英雄人物。他继承了战国游说之士的传统，精于审时度势，长于权变游说，呼风唤雨于秦末汉初。

三　叛将李良

　　秦将李良归赵，出于权衡利害，眼下利害逆转，自然要作新的权衡。接受二世皇帝的"亲书"后，李良将信将疑。

四　围城巨鹿

　　章邯再次施用围城打援的战术，包围巨鹿，以逸待劳，如果六国援军前来，则以优势兵力在巨鹿一带作战略决战；如果六国援军不至，待巨鹿粮尽兵疲，一举攻占。

五　楚怀王抓权

　　项羽年轻使气，剽悍横暴，难以控制。对于项羽，怀王及其左右的方针是有控制地使用，绝不愿意单独委以重任，更不愿意看到项羽坐大称王。

六　宋义的发达

　　宋义是谨慎持重的人，与齐国关系密切，与项氏不和。宋义的出现，使怀王得到可以抑制项氏统领楚军的人选。他对宋义，信赖而寄予厚望。

七 齐楚纠葛

项羽受到怀王的压抑，屈居宋义之下出任副将，楚国政权内怀王势力和项氏势力间的矛盾，集中在宋义和项羽之间，同时，因为田假滞留楚国而引起的齐国和楚国间的不和谐关系，也集中在宋义和项羽之间。

八 项羽杀宋义

宋义无盐送子之行，引起了楚军内部的不满。他长期离军在外，掌握军队的权力旁落。无盐之行，对于宋义来说，是致命的错误行动；对于项羽来说，则是千载难逢的机运。

九 巨鹿之战

巨鹿城外的原野上，蓝天白云下，楚军旗帜鲜明，金鼓严整。烟尘滚滚之中，楚军将士呼喊之声惊天动地，人人奋勇当先，怒号击杀秦军。秦军军阵，步步溃退，秦军军营，逐一起火，秦军将士，身首分断。

十 悠悠漳水祭英灵

屈原的《国殇》是祭歌，两千年前，为追悼殉国的楚军将士而作。两千年后，我读《国殇》，为追悼殉国的秦军将士而诵。放眼历史，事后想来，究竟当初为了哪桩？如果殉国的英灵们能够在天相会，当会携手同唱。

一　燕赵复国运动

秦二世元年七月，定都陈县的张楚陈胜政权作出了一项重大的战略决策，派兵北上渡河，在黄河以北的燕赵地区开辟北部战场。

张楚军北上的战略决策，是由多年隐居于陈县的两位游侠张耳和陈馀提出来的。[1] 其战略目的，是策动旧赵国和燕国地区的军民反秦，牵制秦帝国部署在长城沿线的北部军。楚国陈县人武臣是陈胜大泽乡起兵以来的老部下，很得陈胜的信任。陈胜任命武臣为将军，统领一支三千人的部队北上，张耳和陈馀被任命为校尉，作为副将辅佐武臣。同时，陈胜还任命另一名腹心邵骚为护军，代表陈胜监督军事。

战国时期，黄河以北主要有赵国和燕国两个大国。战国中期以来，赵国长期称雄于黄河以北。赵国以邯郸（今河北邯郸）为首都，领土北及于陕西东北部，兼有山西大部、河北南部，山东

---

[1]《史记·张耳陈馀列传》："陈馀乃复说陈王曰：'大王举梁、楚而西，务在入关，未及收河北也。臣尝游赵，知其豪杰及地形，愿请奇兵北略赵地。'"据此，提议似由陈馀单独提出。不过，巨鹿之战后二人决裂以前，行动一致，言论协调，不分彼此。所以，同一事《汉书·张耳陈馀传》记作："耳、馀复说陈王曰：'大王兴梁、楚，务在入关，未及收河北也。臣尝游赵，知其豪杰，愿请奇兵略赵地。'"将二人并列为提议者，本书从之。

西部和河南北部的部分地区也在其领土内。以秦帝国的政区而论，由西而东，由南而北，拥有雁门、代郡、太原、恒山、上党、邯郸、巨鹿七郡。公元前 307 年，赵武灵王胡服骑射，率先引进游牧民族的骑兵技术和装备服饰以后，赵国的军事力量称冠各国，名将辈出，长期与秦国抗衡，争夺统一天下的主导权。公元前 260 年，秦国和赵国之间爆发长平大战，赵国兵败，四十万赵军投降秦国，被秦将白起坑杀，赵国的国力由此衰弱。尽管如此，赵国军队在名将廉颇、李牧的统领下，仍然长期顽强而有效地抗击着秦军的侵攻。秦武力统一天下以后，赵国人对秦的仇恨极为深刻。

武臣军由陈县出发，经过砀郡，进入东郡，由白马津（今河南滑县东北）渡过黄河，进入赵国地区的邯郸郡，正式开辟了北部战场。进入赵国的武臣军，在张耳和陈馀的策划下，致力于唤醒赵国人对秦的仇恨，鼓动赵人响应陈胜，共同推翻暴秦。因为顺应了民心，武臣军在赵国发展顺利，不久就攻下了十余座城池，军队扩充到数万人，武臣号为武信君。进而，武臣听从蒯通之计，对赵国地区的秦朝官吏施行怀柔招降的政策，尽可能和平接收秦王朝在赵国地区的政权组织。赵国的东部地区，很快被平定下来，旧赵国的首都邯郸也被武臣军占领。进入邯郸以后，周文军退出关中的消息传来，反秦战争长期化的苗头日渐明显。在张耳和陈馀的策动下，武臣在邯郸称赵王，任命张耳为右丞相，邵骚为左丞相，陈馀为大将军，赵国复国，建立起独立的政权。

武臣赵国政权的建立，是在秦二世元年八月，以邯郸为首都，大致拥有赵国东部地区的邯郸、巨鹿两郡和燕国南部的广阳郡。武臣赵国政权建立以后，没有顺应张楚陈胜政权的要求，西向支援楚军攻秦，而是致力于巩固实力，扩大领土。九月，武臣分兵三路，派遣李良领军北向攻略恒山郡，张黡领军西向攻略上党郡，韩广领军北上攻略燕国地区。恒山郡和上党郡都是旧赵国的领土，李良和张黡进军的目的，在于恢复赵国旧地。武臣派遣韩广进入燕国地区的意图，是想趁机兼并燕国而扩张赵国的势力。

燕国是战国世界的北极，以河北省北部为中心，东到辽东半岛，北到长城，西到张北地区，以秦帝国的政区而论，由西而东包括上谷、渔阳、右北平、辽西、辽东五个边郡和广阳一个内郡。战国七雄中，燕国力量弱小，又偏处东北一隅，在天下政局中影响最小。燕国的西部和南部被赵国包围，赵国成为燕国进出中原的屏障，国势的变动受赵国影响最大。秦征服赵国，举国动员，多年苦战不休，胜负交替反复，付出了极大的代价，方才完成。攻占赵国后，征服燕国几乎是摧枯拉朽。燕国无力以有组织的军事力量抗秦，被迫采取恐怖活动，太子丹折节求士，派遣荆轲刺杀秦王，演出一场慷慨悲歌的史剧，千百年来，为后人传颂不已。刺杀秦王的失败，引来秦国的加倍报复。

秦军攻占燕国后，对燕国贵族实行严酷的惩处。西周召公以来的燕国贵族，在强大秦军的残酷攻击之下，举国向东撤退，在辽东半岛作了最后的抵抗。亡国以后，燕国贵族或者被秦军诛杀，或者逃亡到朝鲜半岛，与旧土隔断了联系。秦末之乱，无处可逃、沦落民间备受苦辛的各国贵族纷纷而起，致力于复活故国王政，唯有燕国的旧贵族，他们已经在朝鲜半岛安居下来，不愿意再卷入中国的内乱，从而，在秦末之乱中完全见不到任何有记载的活动。

韩广是燕国人，出身于燕国地区的上谷郡，曾经做过秦上谷郡的卒史，也就是郡政府的下级办事员。武臣派韩广攻略燕国地区，是想利用韩广燕国出身的背景，在反秦复国的号召下，争取燕国地区军民的归附。正如武臣政权的预想，韩广到了燕国，受到燕国军民的欢迎，进军顺利，迅速地占领了燕国的大部分地区。然而，出乎武臣政权的预想之外，进入燕国地区的韩广，重演了武臣脱离张楚称王的故事，独立称王，恢复了燕国。韩广称燕王恢复燕国，是在秦二世元年九月，就在武臣称赵王复兴赵国仅仅一个月之后。独立后的燕国，开始在西面南面设防，抗拒赵国，致力于北向东向发展，力求恢复故土，大体沿袭战国以来燕国的传统，偏居一隅，力求自保。黄河以西以北的华北地区，再次形成秦与赵国和燕国对立的局面。

二 辩士蒯通的登场

秦帝国的北部军，就是征伐匈奴、负责整个帝国北部边防的军队。秦始皇帝三十二年，始皇帝派遣大将蒙恬统领三十万大军北伐匈奴，夺取了匈奴在河套地区的肥美牧场，设置九原郡，移民屯田，连接秦国、赵国、燕国长城，修筑要塞直道，在上郡设置北部军总部，统一部署帝国的北部边防。秦帝国统一天下以后，秦军的战略主力有三支，其一为关中地区的京师军，其二为南越地区的南部军，再就是这支北部军了。北部军的任务主要有两项：一是负责帝国的北部边防，防备被击退到蒙古高原的匈奴骑兵卷土重来；二是作为首都地区的北部屏障，防止对关中地区的可能袭击。北部军的第一任统帅为大将蒙恬，监军是皇长子扶苏。始皇帝三十七年，秦始皇死于出巡途中，胡亥、赵高、李斯伪造诏书送抵上郡，扶苏和蒙恬先后自杀，北部军改由王离统领。

王离，内史频阳县（今陕西富平）人，祖父王翦、父亲王贲都是秦国的名将、统一天下的功臣。始皇帝统一天下，王翦领军灭亡赵国和燕国，王贲领军水淹大梁，灭亡魏国。王翦和王贲，又先后主持进攻楚国的战争。秦王政二十三年，王翦统领六十万秦军，击败末代楚王昌平君熊启与项羽的祖父项燕所统领的楚军，灭亡楚国。秦始皇帝二十六年，王贲与蒙恬领军攻灭齐国，完成统一。秦重军功阀阅，天下统一以后，王氏家族与蒙氏家族并列，成为秦王朝最为显赫的勋阀世家，一家三代为将，父子两代封侯。秦始皇二十八年，始皇帝东巡天下，王翦为武城侯，王贲为通武侯，父子并驾随同，荣耀富贵之极。[1]蒙恬讨伐匈奴，统领北部军屯驻帝国北部边境，王离在蒙恬军中担任副将。王离继任蒙恬出任北部军统帅后，他的两位副将，分别是苏角和涉间。

二世元年九月，张楚周文军进入关中，秦王朝仓促应对，来不及征调帝国各地的军队。章邯以京师军为核心，将骊山陵的役夫刑徒编入军队，击败周文军，迫使周文退出函谷关，首都地区的危机得以一时解除，秦政府得到时间重整旗鼓。在这之后两个多月的时间里，秦帝国实行总动员，全面调整军事部署，周密地准备了对关东叛乱的反击。在这次全面的军事调整中，北部军的一部奉命由直道南下，进入关中增援章邯军，其主力部队受命在王离的统领下，东渡黄河，负责黄河以北地区，也就是旧赵国和

---

[1]《史记·秦始皇本纪》引秦始皇二十八年巡行天下时所作琅邪石刻文曰："列侯武城侯王离、列侯通武侯王贲。"梁玉绳《史记志疑》曰："离为贲子，何以叙于上？"陈直《史记新证》曰："王离为王贲之子，郭沫若氏谓题名似不能在王贲之上，疑王离为王翦之误字。现存琅邪石刻，前段已佚，惜不能勘正。王翦在始皇伐楚时，尚未封侯，翦之受封，当在始皇并六国后，王贲盖自以功封侯者也。王翦之死，当在始皇末期，《王翦传》有'秦二世之时，王翦及其子皆已死'之语可证。"郭沫若之说，见同氏著《吕不韦与秦王政的批判》，收于《十批判书》，科学出版社，1962年。

燕国地区的平叛军事活动。[1]

二世元年十一月，章邯军出函谷关攻击周文军，沿山川东海道开始对张楚军施行全面反攻。与此同时，王离军由上郡东渡黄河，进入太原郡。当时，赵军李良部队已经攻占了太原郡东部的恒山郡，正准备西向进攻太原郡；赵军张黡部队已经攻占了太原郡南部的上党郡，准备向西进攻河东郡。王离军进入太原郡后，迅速封锁了通往恒山郡的所有交通要道，使李良军无法西进。安定太原郡后，王离军进而增援河东郡秦军，北由太原，西出河东，夹击上党郡，赵军张黡部队军败，被迫退出上党郡，撤退到邯郸郡内。王离收复了上党郡后，兵分两路，一路进入河内郡，与已经被章邯军收复的三川郡隔黄河相呼应，由南路对赵国展开军事进攻，一路由井陉关方向东进，攻击恒山郡。

武臣的赵国政权，是由武成、邵骚、张耳、陈馀等人所统领的三千张楚军旧部创建的，他们都不是赵国人，却是政权和军队的核心。进入邯郸郡和巨鹿郡后，武臣军宣扬张楚反秦的大义，唤醒赵人对于秦国的仇恨，得到了赵国民众的支持，攻下了十来座城邑，军队发展到数万人，大量加入到军队和政权中来的赵国人成为武臣赵国政权的外围基础。武臣军进入赵国地区的当初，依从张楚起兵以来的政策惯例，彻底摧毁当地的旧秦政权，对于旧秦郡县官僚，一概施行严厉的诛杀，其结果，引起赵国各地秦

---

[1] 关于秦北部军，也就是王离军动向的论述，参见朱绍侯《关于秦末三十万戍守北部国防军的下落问题》(刊于《史学月刊》1958 年 4 月号)，张传玺《关于"章邯军"与"王离军"的关系问题》(刊于《史学月刊》1958 年 11 月号，后收入同氏著《秦汉问题研究》，北京大学出版社，1985 年)，以及辛德勇《巨鹿之战地理新解》(收于同氏著《历史的空间与空间的历史》，北京师范大学出版社，2005 年)，本节乃综合各家之说，判断取舍写成。

政权的恐惧，纷纷守城不下，顽强抵抗。然而，当武臣军进入燕国地区，抵达广阳郡范阳县（今河北易县）时，由于辩士蒯通的出现，诛杀秦吏的政策才发生重大的转变，武臣政权和军队的构成也由此发生重大的变化。

蒯通是范阳人，如同张耳、陈馀一样，也是江湖上传奇性的英雄人物，呼风唤雨于秦末汉初。蒯通继承了战国游说之士的传统，精于审时度势，长于权变游说。秦帝国时期，他同众多英雄豪杰一样，默默潜伏于故乡，读书著作，韬晦隐忍，密切关注天下形势。汉代的图书目录《汉书·艺文志》中有《蒯子》五篇，就是蒯通的大著，归类于纵横家书，与战国著名的游士苏秦、张仪的著作并列，都是外交谋略的论述，出使游说、权事制宜的言论。

当武臣军抵达范阳时，蒯通自感出山的机会来临。他径直来到秦范阳县廷，求见县令徐公。见徐公后，蒯通自我介绍："在下乃是范阳百姓蒯通。听说足下将不久于人世，特来凭吊。不过，即便如此，足下也将因为有蒯通而免于不幸，特来祝贺。"

徐公是明白人，闻言知道来者非常人，屏退左右，欠身施礼问道："在下愚钝，望先生不吝赐教，凭吊的事，从何谈起？祝贺的话，又有何因由？"

蒯通说："秦法苛重，足下任范阳县令已经十年，杀人之父，孤人之子，断人之足，黥人之首，不可胜数，而慈父孝子没有手刃公腹，是因为畏惧秦法。当今天下大乱，秦法已废，百姓手刃公腹，为其亲人报仇，正好成就他们慈父孝子的名声。如今武信君大军即将兵临城下，足下若为秦坚守范阳，范阳父老少年定将杀足下以响应武信君，这就是在下所以前来凭吊公的因由。不过，足下若信臣听臣，急遣在下为使者前往武信君处交涉，则可以因祸为福，转危为安，这就是在下所以前来祝贺的由来。"

徐公同秦帝国所有的郡县主要官僚一样，不是本地人，受中央政府任命，派到范阳做县令。多年以来，他乘秦军胜利的威势，严格遵照帝国的法令，冷酷地镇压一切违法不轨之徒，有效地统治着范阳地区，为帝国政权尽心竭力。然而，天下突然大乱生变，叛军兵临首都城下，朝廷陷于瘫痪，各地政府群龙无首，被迫人自为战。这种形势下，在当地没有民意基础的徐公陷于进退两难的困境之中。民心思乱，兵力单薄，为秦坚守几乎没有生还的可能；开城投降，张楚军对秦吏诛杀无赦，也是死路一条。蒯通洞察形势，有备而来。他的出现，对徐公而言，仿佛是一线光亮，指明了夹缝求生的活路。于是徐公起身再拜，施礼奉蒯通为上宾，一切听从蒯通的安排，准备车马行装，派遣蒯通作为自己的使者正式出使武臣军，交涉投降议和事项。

蒯通面见武臣说："将军入赵以来，奉行战胜然后略地、攻取然后下城的方针，在下以为过头了，非良策。如果将军愿意听从在下的策划，可以不攻而降城，不战而略地，传檄而定千里。"

武臣问："此话怎么讲？"

蒯通说："将军兵临城下，范阳令徐公整顿士卒，以备守战。徐公其人，怯而畏死，贪而重富贵，想投降将军，又担心被将军诛杀，正彷徨于进退之间。范阳城内的年少暴徒，闻风蠢蠢欲动，欲乘机起事杀徐公占领范阳，独立兴国抗拒将军。度此局势，将军何不授在下以列侯之印，使在下持侯印封赏徐公，徐公受封赏开城归顺将军，年少暴徒也不敢轻举妄动。降下范阳以后，将军再令徐公为使者，佩列侯玺印，乘朱轮华车，驱驰燕赵各地游说劝降。各地官员见了徐公，宛若看见了自己的未来，喜讯传闻，必将不战而降于将军。这就是在下所说的传檄而定千里之事。"

武臣接受了蒯通的建策，使蒯通持侯印封赐徐公。一切如蒯通所预料，赵国各地的秦郡县官吏纷纷停止抵抗，和平归顺武臣军的城池有三十多座，大量的秦军将士由此加入到武臣军中来，成为武臣政权和赵国军队又一个重要的组成部分。

大体说来，武臣赵国的政权和军队，由三部分人组成。第一部分是随同武臣一道渡河北上的三千张楚军旧部，他们是政权和军队的核心，赵王武臣、右丞相张耳、左丞相邵骚、大将军陈馀以及受命领军攻入上党的将军张黡等人，都是其成员。第二部分是由燕赵地区就地加入的当地人，数量最大，蒯通自然是不在话下，武臣的部将，后来在攻击章邯军时立有大功、被项羽封为殷王的司马卬，[1]以及领军攻击燕国地区的韩广，都是其代表人物。第三部分，就是通过蒯通和徐公的游说，归降于武臣的旧秦官吏将士，数量当以数万人计，受命领军攻占恒山郡的赵将李良是其代表人物。

三　叛将李良

李良其人，本是秦军的高级将领，通过蒯通和徐公的游说，随大流归附了赵国，与韩广、张黡一起，被委以独当一面的军事重任，出任赵国恒山方面军的将领。有关李良归附赵国以前的情况，史书完全没有记载。根据秦军大将王离诈冒二世皇帝书信的内容，以及他归降赵国后马上出任恒山方面军将领的史事，我推想他本是秦的郡都尉一级的将军，或许就是范阳令徐公所在的广阳郡都尉。

---

[1] 司马卬为赵人，见《史记·太史公自序》：司马氏"在赵者，以传剑论显，蒯聩其后也。……蒯聩玄孙卬为武信君将而徇朝歌。诸侯之相王，王卬于殷"。

李良受命攻下恒山郡后，回到邯郸复命，领得赵王武臣令其进军太原郡的旨意，又回到恒山郡。当他领军进到恒山郡与太原郡交界的石邑县时，王离军已经封锁了由恒山郡进入太原郡的要道——井陉道，李良军在强大秦军的阻击下无法前进。就在这个时候，秦军对李良展开了离间工作。大将王离假借二世皇帝的名义派人送信给李良，信中说：李良曾经服事于我，得到显幸；如今一时误入歧途，如果能够在新的形势下有所省悟，"反赵为秦"，重新回到皇帝麾下，不但会得到赦免，还将得到新的封赏云云。来信有意不封口，使李良感到内容可能已经泄露，滋生出种种猜疑和不安。

李良归附赵国的时候，秦帝国关东地区全面反叛，周文军攻入关中，逼近咸阳，秦王朝政权的崩溃几乎就在眼前。李良驻地任所，赵军压境，民心思叛。同为旧秦长吏的范阳令徐公亲自前来，带来赵王的优惠条件，李良权衡利害之下，作了归赵的选择。殊不知形势瞬息万变，章邯安定关中，出关一举消灭周文军，进而击破田臧、李归军，夺还三川郡，再破伍徐、邓说军，收复颍川郡，大军直指张楚政权的首都陈县。短短三个月时间，战局完全逆转，张楚政权面临马上被消灭的局面。燕赵地区，帝国北部军出动，东渡黄河压境而来，大将王离转来二世皇帝"亲书"，晓以旧情，不计前嫌，劝谕再次回归皇帝麾下。李良归赵，出于权衡利害，眼下利害逆转，自然要作新的权衡。接受二世皇帝的"亲书"后，李良将信将疑，觉得不可轻信，决定回邯郸面见赵王陈述敌情的变化，请求增兵。

李良到了邯郸郊外，在路上遇见一支华丽的车马队伍，前后有一百余骑，旌旗中有武字旗号。李良以为是赵王武臣出行，带领随从卫士下马，跪伏路旁行谒见之礼。车骑过后，有骑士前来致谢请起，才知道车队不是赵王，而是赵王的姐姐外出饮酒归来。李良本是秦军高级将领，归赵后出任赵国将领，担当方面军统帅，素受赵王尊重礼遇。以礼节论，赵王的姐姐见了李良这样的重臣，当止步谦让，下车施礼。当时，赵王的姐姐酒醉在车中，不知道伏谒路旁的是大将李良，以为不过是地方小吏之类，所以长驱而过，过后遣随从告知，王姐已过，请起云云。李良不意受到如此不礼的待遇，在随从面前非常尴尬，一时惭愧得无地自容。

随从中的一位亲信武士当场大怒，对李良喊道："将军，天下叛秦，能者先立，凭的是本事实力。赵王素来尊重将军，礼遇无所怠慢，眼下一个女子，妄受将军跪谒，不下车施礼，实在欺人太甚，请将军准许我追杀了她。"

李良得到二世皇帝"亲书"后，内心已经动摇，经此一激，怒气上来，借部下之气势决意反赵，当即派随从骑士追杀赵王姐于路上，迅速部署所属军队突然袭击邯郸城。邯郸城内的赵国政权没有丝毫察觉和准备，赵王武臣、左丞相邵骚被杀，武臣赵国政权的中枢几乎被李良叛军彻底摧毁。右丞相张耳和大将军陈馀，本是民间游侠，人缘关系深入民间，特别是陈馀，早年曾经在赵国游历，娶了赵国富人公乘氏的女儿为妻，在赵国可谓上上下下通达，里里外外根深，耳目多、消息快，紧急时得到通报和掩护，侥幸逃脱出邯郸城，各自捡了一条性命。

李良的叛乱，毕竟只是归赵旧秦军的局部叛乱，没有赵国民众的支持，更受到张楚军旧部的坚决抵抗。张耳和陈馀逃出邯郸后，迅速收集旧部，重新组织起一支数万人的军队，在齐国援军的支持下，着手重建赵国政权。

张耳、陈馀重建赵国政权，是在二世二年一月。此时相对于武臣赵国政权建立的时候，天下的局势有了很大的变化。陈胜败亡，张楚政权被消灭，以下层平民为核心的六国反秦复国运动陷于低潮。反秦运动中，六国复国的基本方向没有改变，不过，复国运动的领导核心，开始转移到六国旧贵族的手中，反秦复国的主流，由平民王政转向王政复兴。[1]

齐国的田儋政权，是最早建立的六国旧贵族王政，始终倡导王政复兴，一直与平民王政的张楚政权争夺反秦复国的主导权。二世二年十二月，魏国旧王族魏咎，由陈县回到魏国，正式登上空缺已久的王位，魏国的王政复兴完成。二世二年一月，楚国旧贵族景驹建立新的楚国政权，楚国的王政复兴开始。张耳和陈馀，本来也是王政复兴的倡导者，在陈胜主持的陈县会议上，他们就曾经建议以六国复国、王政复兴的形式反秦，没有被陈胜采纳。如今，面对变化了的国内外形势，张耳和陈馀更加认识到以外来人为核心建立的羁旅政权，最终难以在赵国扎下根来。他们接受了谋臣说客的意见，在民间找到了赵国王族的后裔赵歇，拥立为王，建立起新的赵国政权。赵歇赵国的首都，定在邯郸北部的信都县（今河北邢台南），张耳和陈馀，继续担当赵国的丞相和大将。

在赵国复兴王政、建立赵歇政权的过程中，齐王田儋起了相当重大的作用。李良叛乱、武臣政权崩溃后，田儋迅速派遣田间为将，统领齐军渡过黄河支援赵国。赵国的王政复兴，既受到齐国的军事支援，也反映了齐国方面的意愿。赵歇新政权刚刚建立，就遭到了占据旧都邯郸的李良军的进攻。新组建的赵军在陈馀的统领下与齐军田间部队联合作战，击败了李良军，乘胜南进，收复了邯郸。李良叛军被陈馀与田间所统领的赵齐联军击败，退出

---

[1] 关于王政复兴，参见拙著《汉帝国的建立与刘邦集团——军功受益阶层研究》第 3 章第二节之二 "怀王之王政复兴与贵族王政"，三联书店，2000 年。

邯郸，依附于章邯军。收复邯郸以后，新政权一方面继续收罗武臣政权的余部；另一方面，顺应当地民心，彻底实行赵国化，力求使赵歇政权，完全扎根于赵国本土。本土化政策的结果，使赵歇政权在赵国的东部地区站稳了脚跟。

从二世二年一月到八月，赵军与齐军共同抗秦，也得到北部韩广燕国的声援，三国互为依靠，成功地经受住了王离秦军的攻击，将秦北部军主力拖留在黄河以北。

四　围城巨鹿

王离所统领的秦北部军主力在进入太原郡、收复上党郡以后，一部东出太原，兵临井陉，由恒山郡方向威胁赵国；一部进入河内郡，沿黄河东进，威胁邯郸郡南部，由南北两面形成夹击赵国首都信都之势。王离军所用的这个战略，大致同于二十年前其祖父王翦灭赵所用的战略。秦王政十八年，王翦统领秦军一部由上郡进入太原，出井陉关攻击恒山郡，由北路南下击赵；另一名将军杨端和统领秦军一部由河内郡东进北上，直接攻击邯郸，两军南北夹击灭赵。

不过，时过境迁，由于有齐国和燕国的支援，赵齐两国联军顽强作战，王离军的进攻似乎并不顺利。由太原东出的秦军与赵国军队相持于井陉关一带，由河内北上的秦军被赵齐联军阻击于漳水南岸。从二世元年三月到八月，黄河以北的北部战场，秦军与赵、齐、燕军的战事，处于僵持拉锯状态，直到章邯军兵败东阿、退守濮阳以后，僵局方才打开。

二世二年八月，章邯军在东阿大败于项梁军，退守濮阳城（今河南濮阳南），引黄河水修筑环城水壕，背靠黄河，构筑起坚固的防守工事，坚守待援。当时，项梁统领楚军主力先围濮阳，后攻定陶，楚军项羽刘邦部队南下雍丘、外黄、陈留，消灭了由李由所统领的秦军增援部队，切断了由三川方面支援濮阳的道路。在濮阳紧急的情况下，停留于漳河南岸的王离军部队秘密集结南移，与河东和河内军的援军一道，在濮阳附近渡过黄河增援章邯军。章邯军得到王离军和河东、河内军的增援，军势大振，以迅雷不及掩耳之势奔袭定陶，一举将项梁军主力彻底击溃。定陶之战结束后，章邯认为黄河以南残留的叛乱军大势已去，难以再成气候。通过定陶作战，他也认识到南北两支秦军主力联合作战的威力。在章邯的统一部署下，秦军主力悉数渡过黄河，准备一举消灭赵国，彻底平定黄河北部地区的叛乱。

章邯军渡过黄河以后，秦帝国两支主力部队会师联合作战，大破赵国和齐国联军，乘胜攻陷了赵国的旧都邯郸城。章邯下令将邯郸城墙拆毁，将当地居民强行迁移到河内郡，杜绝他们再次据城反抗的可能。赵军战败、邯郸失守以后，赵国放弃了首都信都，举国东迁，退入巨鹿城中，一方面依托齐国做长期坚守的准备，一方面向六国紧急求援。针对当时的形势，章邯和王离对秦军的战略作了新的调整部署。王离军追击赵齐联军进入巨鹿郡，将赵王君臣及赵齐联军主力围困在巨鹿城中，做攻坚破城的准备。章邯军留在河内和邯郸郡内，掩护王离军，确保敖仓的粮食能够源源不断地运到巨鹿前线。

章邯用兵，有几个特点，一是善于奇袭。面对优势敌军，先示弱以懈怠对方，同时秘密集结兵力，然后出其不意，攻其不备，一举将其击溃。戏水击败周文，定陶攻破项梁，用的都是这个战术。二是重视粮道后勤。兵马未动，粮草先行。章邯深知后勤供应是军队的生命线。荥阳之战，先攻敖仓，迫使田臧军前来会战，用的就是攻粮道的战术。此次大军深入敌国境内作战，确保后勤通道，自然是大事中的大事，自己亲自指挥执行。三是围城打援。章邯进攻魏国，将魏王魏咎和魏军主力围困在临济城中，诱使齐国和楚国的军队前来救援。章邯早有所备，趁两军远道而来，以逸待劳，先击溃齐军，杀死齐王田儋、魏相周市，再攻击楚军，败走项它、魏豹，最后回军攻打临济，迫使孤立无援的魏王魏咎投降自杀。围困巨鹿城，秦军集中中部军和北部军两大主力，做了长期作战的准备。章邯再次施用围城打援的战术，包围巨鹿，以逸待劳。如果六国援军前来，则以优势兵力在巨鹿一带作战略决战；如果六国援军不至，待巨鹿粮尽兵疲，一举攻占。

五 楚怀王抓权

项梁战死，楚军主力军溃灭于定陶的消息，传到怀王楚国的首都盱台，怀王政权大为震恐。在前所未有的危机面前，怀王政权迅速北上迁移到彭城，致力于收拾残局，重新振作和部署楚军。楚怀王都彭城后，亲自主持政权，他首先命令各路楚军作战略撤退，往彭城方向集结。对于集结起来的楚军，怀王作了重新部署。他命令吕臣军屯驻彭城东，项羽军屯驻彭城西，刘邦军屯驻砀县，其他各支楚军部队，也分别作了安排，将骤变的局势稳定下来。

楚怀王是楚国王室的后裔，亡国以后落难于民间为人牧羊。他由项梁所立，除了旧王族出身所具有的号召力以外，在楚军中没有基础和实力。利用这次战略调整的机会，怀王着手直接掌握楚国的军队。首先，他将屯驻首都彭城的两支楚军主力部队——吕臣军和项羽军合并，由自己亲自指挥。怀王即位以来，一直得到陈婴的辅佐，他任命陈婴为柱国，全面负责楚国的政务；又任命吕臣为司徒、吕臣的父亲吕青为令尹，将楚军中的实力人物吕青、吕臣父子直接吸收到自己政权的核心中来，共同出任辅政的要职。对于楚军中的另外两位实力人物，刘邦和项羽，他也分别作了不同的安排。项梁兵败之时，项羽正与刘邦在砀郡东部联合作战，围攻外黄县。得到项梁战死的消息以后，项羽与刘邦无心恋战，开始撤退。按照怀王的命令，项羽撤退到彭城西屯驻下来。怀王亲政以后，项羽被封为长安侯，以鲁县为领地食邑，号称鲁公，地位上算是楚国的一方诸侯，不过，军队的指挥权被怀王收回。刘邦被封为武安侯，任命为砀郡长，统领本部兵马，屯驻砀县，负责彭城西部外围的防务，得到怀王的信任和重用。

怀王政权稍微安定以后，利用章邯军北上攻赵、黄河以南战事平静的时间，全力整军建制，强化政权，进而君臣朝议协商，对今后反秦战争的整体格局，重新作了战略性的规划。这次战略性规划，历史上称为怀王之约。怀王之约的主要内容大致有以下三个方面：

一、反秦战争的基本目标，是复兴六国，诛灭暴秦。六国复国，以战国末年的政局为基础；诛灭暴秦，以楚国为盟主联合作战。

二、六国政权的建立，正统在于王政复兴，即恢复被暴秦所中断的各国旧王族的政治权力。

三、暴秦政权必须摧毁，秦国将予以保留。新的秦国王政，由首先进入关中、摧毁暴秦政权的功劳者出任。

怀王之约制定于二世二年后九月（相当于闰九月）。当时，战国六国都已经复国，秦与六国对抗的后战国局面再一次出现。各国王政，除僻远的燕国外，全部实现了王政复兴。楚怀王熊心、赵王赵歇、齐王田市、魏王魏豹、韩王韩成，都是故国旧王族。

怀王之约，一方面是对于已经形成的天下政局的肯定和确认；另一方面，在肯定了陈胜起兵以来六国复兴的同时，也对陈胜所开创的平民王政作了批判和修正，力图通过扶持和肯定各国的王政复兴，杜绝各种实力人物擅自称王的野心。对于群雄并起，豪杰英雄立功求进的愿望，怀王之约作了正面而富有诱惑的引导：不分贵贱，不论国别，首先攻入关中灭亡秦国者为秦王；对于最有野心和实力的人物，用秦国王位虚位以待。怀王之约，作为公之于众的天下公约，成为反秦阵营的行动纲领和计划蓝本，对未来历史影响极大，我们将来还会不断地谈到。[1]

怀王之约制定的时候，正是秦军两大主力会师河北，章邯破邯郸、王离围巨鹿的时候，赵国的求援使者连连不断抵达彭城。楚国是反秦的首事国，反秦阵营的盟主。吸取战国末年各国互不相救、被秦各个击破的教训，怀王政权作出以楚军主力渡黄河援救赵国的决定。同时，另外派遣一支偏师部队，西向进攻关中，直捣秦都咸阳。怀王分兵两路的决定，引出项羽、刘邦和宋义三位英雄的登场。

自从周文军入关失败以后，秦军先后攻灭陈胜张楚、赵王武臣、魏王魏咎、齐王田儋、楚将项梁，收复了三川、颍川、南阳、陈郡、东郡、上党、太原、邯郸等广大地区，形势一片大好。黄河以南、淮河以北地区，反秦军已经退守到泗水、薛郡一线。黄河以北地区，章邯军与王离军两支秦军主力会师，围困巨鹿城，正准备一举攻灭赵国。秦国首都关中地区，日渐远离战事，已经内外重新设防，再次成为易守难攻的战略后方。在这种形势下，

---

[1] 关于怀王之约的详细内容和意义，参见拙著《汉帝国的建立与刘邦集团——军功受益阶层研究》第4章第二节之二 "怀王之约与汉国王政"。

直接西进、深入秦国后方攻取关中，无异于虎口谋食，诸路楚军将领，没有人看好这项任务。然而，项梁战死后，项羽仇恨秦国益甚，执著于灭秦复仇。他是勇敢无畏的战士，主动请缨，愿意率领本部人马，奉怀王之约，西进攻取关中。

楚怀王熊心是项梁所立，做了楚王以后，被项梁打发到盱台后方，处处仰仗于项氏，没有实力和实权。亲政以后，对于项氏的巨大势力，一方面不得不借助，另一方面也不得不有所抑制。项梁死后，项羽成了项氏的领军人物。项羽勇武善战，其军事才能、军功威望，楚军将领中没有人能够与他相比。不过，项羽年轻使气，剽悍横暴，难以控制。对于项羽，怀王及其左右的方针是有控制地使用，绝不愿意单独委以重任，更不愿意看到项羽坐大称王。经过仔细的计量以后，怀王没有接受项羽的请求，他将奉约西进攻取关中的重任，交给了刘邦。怀王及其左右认为，刘邦老成持重，宽怀大度，西进有利于争取秦国人心，功成后也不至于不可驾驭。怀王与项羽之间，由此种下了嫌隙不和的根，刘邦与项羽间的争斗，也由此埋下了种子。怀王不准项羽西进的请求，而是授予项羽另一项任命，作为大将宋义的副将，随同楚军主力北上援救赵国。

六　宋义的发达

宋义原是项梁的部下。项梁在东阿、濮阳大败章邯，又在定陶附近再次击败秦军，接到项羽、刘邦斩杀李由的捷报后，滋生了傲慢轻敌的情绪。当时，宋义曾经劝谏过项梁。陶醉在连战连胜欢快中的项梁听不进去，反而嫌他败兴沮丧，打发他离开军队，出使齐国。在去齐国的路上，宋义碰见齐国的使者高陵君显。当宋义知道高陵君显将去定陶见项梁后，劝告他说："我预见项梁军近日必败。你慢行缓去，可以免于一死，急行快去，必将大祸及身。"高陵君显将信将疑，信其无不如信其有，于是放慢行程，在路上果然得到项梁军败身死的消息，大为叹服。

怀王亲政，高陵君显改道到徐州谒见怀王，将这件事原原本本地讲述给怀王。他向怀王推荐宋义说："战争尚未开始，就能够预见其败相的人，可以说是懂得带兵的人。"怀王正在物色能够取代项氏的楚军统帅人物，于是他召见宋义，倾听他对今后军国大事的意见，大为称意。于是怀王任命宋义为上将军，号为卿子冠军，出任楚军统帅，统领楚军主力援救赵国。卿子是尊称，冠军的意思是在诸军之上。在宋义麾下，项羽出任副将，范增出任末将，桓楚、英布、蒲将军等各部楚军将领，都在军中。

二世三年十月，宋义带领楚军由彭城誓师出发，北上救赵。楚军北上走沛县、胡陵、亢父，进入无盐县（今山东东平）附近的安阳时，[1] 宋义下令就地停驻，不再前进。楚军在安阳一连停驻了一个多月，宋义始终没有开拔出动的指令动向。项羽心急，曾经请求宋义说："眼下秦军围困赵王于巨鹿城，如果迅速渡河北上，楚军从外面攻击围城秦军，赵军从里面展开攻击，秦军受夹击必定会被击溃。"

宋义不以为然，反驳项羽说："牛虻斗牛，志不在虮虱。楚军的最终目的，在于灭秦，而不在救赵。眼下秦军攻赵，战胜

---

[1] 宋义统领楚军北上救赵所停驻的安阳，历代的解释有误，正确而合理的地点，应当在山东东平附近，其详细内容，参见本章之十"悠悠漳水祭英灵"及注。

则马乏兵疲，我军可以趁其敝而胜之。秦军败退，我军乘势鼓行西进，直接进攻关中，可以一举消灭秦国。因此之故，秦赵先斗，楚作壁上观，乃是得策。话说回来，被坚执锐，陷阵杀敌，我宋义不如项将军，至于坐而运筹，策划谋略，项将军就不如我宋义了。"说完这番话后，宋义下令："军中若有凶猛如虎、不从如羊、贪婪如狼的人，一律斩首。"这实际上是直接以军令约束项羽。

宋义是谨慎持重的人，与齐国关系密切，与项氏不和。怀王亲政，力图摆脱项氏的控制，对于项羽在军中的势力和威信，多所戒备。宋义的出现，使怀王得到可以抑制项氏统领楚军的人选。他对宋义，信赖而寄予厚望。当时的怀王政权，刚刚从项梁兵败的阴影中振作起来，重新组建了政权和军队，调整了攻秦战略。新的攻秦战略的最终目标，就是宋义所言的攻取关中，消灭秦国。为了完成这个最终的战略目标，楚军分两路行动，宋义统领楚军主力北上救赵，首要目的在于牵制和消灭秦军主力；刘邦统领楚军偏师，趁秦军主力被牵制在赵国的时机，袭击秦军后方，相机直接进攻关中。宋义在安阳停留期间，刘邦军在东郡的成武一带击破秦军后，也停驻不前。楚军暂时观望的意向，或许直接来自怀王宫廷方面。

项羽西向进攻关中的请求被怀王拒绝，迅速北上救赵的请求又被宋义驳回，对怀王和宋义的不满累积成怒，以项羽的为人而言，爆发是早晚的事。宋义以严厉的军令约束项羽，就是对不测的事情有所提防。宋义曾经出使齐国，面见齐王田市和齐相田荣；他在出使齐国期间，由齐国使者推荐给怀王，成为楚军大将，他与齐国的关系，可谓非同寻常，而齐国的田氏政权，与项氏和楚国政权之间又有理不清的恩怨瓜葛。

七 齐楚纠葛

齐国复国，是在二世元年九月。当时，陈胜部将周市领军逼近临淄郡狄县（今山东高青）。居住在狄县的齐国田氏王族支庶田儋、田荣、田横三兄弟杀秦狄县令起兵，拥立田儋为王，复兴了齐国，开创了王政复兴的政局。

复国后的田儋齐国，击退周市楚军进入齐国的企图，迅速将旧齐国的大部分故土攻占下来，以齐国旧都临淄为首都，稳固地占有济北、临淄、胶东、琅邪诸郡。齐国东邻赵国和魏国，南与楚国接界，与秦国东西远隔，直接受到秦军攻击的威胁最少。

战国末年，齐王田建与秦国修好，拒绝支援诸侯各国抵抗秦国的兼并，不修武备，苟且偷安于中原战事之外。秦国消灭各国以后，大军压境，齐国不战而降，齐王田建成为俘虏被迁置于河内郡共县（今河南辉县），被齐国人民所怨恨。田儋复兴齐国以后，吸取历史教训，在大局上与反秦诸国相互合作，联合反秦。田儋齐国，与武臣赵国关系良好。田儋曾经与武臣共同拥立攻占了魏国地方的陈胜军将领周市做魏王。这件事，虽然由于周市希望拥立魏国王族魏咎而没有实现，齐赵两国的合作关系却由此得到加强。

秦二世二年十一月，王离统领秦北部军主力东进攻击赵国，赵将李良叛变，偷袭攻占赵国首都邯郸，赵王武臣、丞相邵骚被杀，赵国政权在一夜之间崩溃。赵国是齐国的西方屏障，赵国灭亡，齐国将直接面临秦军的军事威胁。田儋紧急派遣部将田间统领齐军渡过黄河，支援赵国。齐军与由张耳、陈馀重新集结起来的赵军一道击败李良，抗击王离，拥立赵歇为王，在信都重建赵国政权。赵国重建以后，齐军田间部队始终留在赵国，与赵军共同抗击王离军。赵国的巨鹿郡，通过黄河渡口平原津连接齐国的济北郡，成为赵国的战略后方。巨鹿之战前，赵军在邯郸和信都方面失利，退入巨鹿城固守待援，正是依托齐国的后援。

张楚陈胜败亡以后，反秦各国中齐国最为强大，田儋以反秦各国盟主自居，积极干预各国军政。二世二年一月，楚国将军秦嘉拥立楚国旧贵族景驹为楚王。田儋曾经派遣使者前往景驹楚国的都城留县，指责秦嘉未经齐国同意、擅自立王的不是。秦嘉不买账，反过来派遣使者公孙庆前往齐国，指责田儋为王，未经楚国同意。田儋大怒，杀掉公孙庆，与景驹楚国的关系急遽恶化。项梁领军北上，击杀景驹和秦嘉，齐楚关系缓和，时在二世二年四月。就在这个时候，章邯军乘消灭张楚的军威余势，北上攻击魏国，将魏王魏咎围困在临济城中。临济危在旦夕，魏国向齐楚两国请求救兵。齐王田儋亲自统领齐军主力援救魏国，在临济被章邯军击破，军败被杀。齐军残部在丞相田荣的统领下向齐国撤退，被乘胜追击的章邯军围困在东阿县。田荣死守东阿，项梁统领楚军主力前来救援，大败章邯军，田荣齐军得救。章邯东阿兵败以后，向西南濮阳方面撤退，项梁尾随追击，将章邯军围困在濮阳。项梁派遣使者，请齐国和赵国出兵联合作战，意图一举消灭章邯。

然而，就在齐王田儋战死、齐相田荣被围困在东阿的时候，齐国国内发生了政变。留在齐国的大臣田角等人拥立了故齐王田建的弟弟田假为齐王，建立了新的齐国政权，田角出任田假齐国的丞相。田荣得到这个消息，大为愤怒，东阿之围解除后，他迅速领军返回齐国，攻击田假。田假军败，南下逃亡楚国，依附于刚刚建立的怀王政权，田角则东走逃往赵国，统领齐军救援赵国的齐将田间是他的弟弟，他落难前去投靠。田荣击败田假、田角以后，拥立田儋的儿子田市为齐王，自己出任丞相，弟弟田横出任大将，再次建立起新的齐国政权，军政大事则由自己一手掌握。

当项梁围章邯于濮阳、请求齐国出兵共击的使者到来时，田荣对齐楚赵三国联合作战开出了条件。楚国方面必须杀掉田假，赵国方面必须杀掉田角和田间，否则，齐国不发一兵一卒。田间是救赵的齐国将领，统领齐军长期在赵国与赵军联合作战，击败李良，拥立赵歇，抗击王离，是在秦军重压下的赵国须臾缺少不得的外援。以张耳、陈馀之明智和侠义，赵国拒绝田荣的要求是当然的事情。田荣的要求，也遭到了楚国方面的拒绝。怀王政权认为，楚国是反秦的盟主，齐王田假失国依附楚国，楚国杀田假是失义于天下，断然不可取。田荣是强横固执的人，从此以后，不再与楚国和赵国联合行动，开始孤立于反秦联合阵营之外。

高陵君显出使楚国，是在项梁兵败前夕，当在二世二年九月。当时，项梁和田荣之间为齐国出兵一事正在进行外交交涉。高陵君显是田荣的使者，他到定陶来见项梁。宋义是项梁的使者，他到临淄去见田荣。他们在途中相遇会谈，互相之间有了一定的了解。根据宋义对项梁军将败的预见，他们对于项梁以后的齐楚关系当然也会有所涉及。高陵君显接受宋义的劝告，暂缓去定陶项梁军驻地，得到项梁兵败的消息后，便改道南下，直接去彭城见亲政的怀王。怀王虽然没有接受田荣要求楚国杀田假的要求，却接受了高陵君显对宋义的推荐，任命宋义为楚国大将。

宋义出使齐国，在临淄见齐王田市、齐相田荣，由齐国使者推荐，再从齐国回到楚国出任大将，他与齐国君臣上下的关系，自然是牢固地建立起来了。战国时期各国之间，相互推荐人选就任他国大臣是结盟联合的重要方式。纵横捭阖于诸国间的客卿游士，也由此在国内国际间建立起错综复杂的人际关系。楚国接受齐国的推荐，任命宋义为大将，是对齐国表示友好，有利于齐楚关系的改善。宋义由齐国推荐出任楚军大将，齐国成为他的外援，他自然成为楚国政权内影响齐楚关系的亲齐派。他所亲近的齐国政治势力，就是齐国的当权人物田荣。

宋义出使齐国，是受项梁冷遇而被差遣，宋氏与项氏之间，当然不合。楚怀王任命宋义为大将，另有一层用意是节制项羽，抑制项氏一族在楚军中的强大影响。项梁在东阿救了田荣，事后，田荣不肯出兵攻击章邯，成为项梁兵败的外因之一，项羽由此怨恨田荣，成为楚国政权中的反齐派。未来项羽和田荣间的纠葛纷争，根子就在这里。项羽受到怀王的压抑，屈居宋义之下出任副将。楚国政权内怀王势力和项氏势力间的矛盾，集中在宋义和项羽之间，同时，因为田假滞留楚国而引起的齐国和楚国间的不和谐关系，也集中在宋义和项羽之间。

八　项羽杀宋义

宋义领军停留于安阳期间，是在二世三年十月到十一月之间。隆冬季节，安阳一带大雨连绵，天气寒冷，道路泥泞，楚军的后勤转运受到影响，防雨防寒的服装、粮食燃料都出现了供应不足。就在这个时候，宋义与齐国的关系有了重大进展，齐国接受宋义的推荐，延聘宋义的儿子到齐国出任国务大臣。[1]宋义大为高兴，

---

[1] 《史记·项羽本纪》曰："乃遣其子宋襄相齐。"其时，齐相为田荣，与宋义亲交，宋襄之齐，未必一定为相，故我用出任国务大臣泛言之。

离开安阳大军驻地，亲自把儿子送到楚国和齐国的边境无盐县，饮酒高会，隆重庆祝。

无盐县在楚国所领的薛郡北部，紧邻齐国的济北郡，故地在现在的山东省东平县东南。宋义大军的驻地在安阳，在无盐的西南。宋义无盐送子之行，引起了楚军内部的不满。他长期离军在外，掌握军队的权力旁落。无盐之行，对于宋义来说，是致命的错误行动；对于项羽来说，是千载难逢的机运。

就在宋义去无盐期间，项羽策划了政变。他召集军中的项氏及其心腹将领们说："赵国形势紧迫，亟待各国攻秦救援，我军反而停留不行。今年饥荒，百姓贫困，粮草被服，征集不易。眼下大雨天寒，后勤供应不畅，军中存粮见底，供食减半，士卒面临饥寒的威胁。在这种形势下，我军应当迅速渡过黄河，依凭赵国的粮草供应，与赵军合力攻秦，才是上策。宋义身为主帅，不体恤士卒的饥寒，送子无盐，饮酒高会，无视形势的紧急，等待观望，说什么承接秦赵相争之余敝。秦军强大乘胜，赵国新建被困，攻守的结果，赵国必然失败。赵国被消灭，秦军更加强大，有什么余敝可以承接？"

在分析形势、批判了宋义的行为和战略以后，项羽明确了取代宋义的意图："楚军刚刚遭受了重大挫折，大王坐不安席，如今征发楚国全境的兵力，委托于上将军，国家安危，在此一举。然而，上将军却不恤士卒而徇私情，不急救赵而滞留无盐，交通齐国，不是国家栋梁、社稷忠臣。宋义不除，楚国无望。"项羽的主张，得到了项氏及其部下的支持。利用宋义外出的空暇，他们做了充分的准备。

宋义送子归来，回到安阳楚军大营。第二天早上，项羽与诸位将领一起到上将军营帐中朝见宋义。项羽在营帐中拔剑斩杀宋义，出营帐，以副将的名义，假称怀王的命令说："宋义与齐国通谋反叛楚国，楚王密令我诛杀之。"

项羽以勇武刚暴闻名于世。会稽起兵，他持剑斩杀郡守殷通，镇服会稽郡府。如今的项羽，身为楚军副将，战功卓著，身后有强大的项氏宗族支持，他亲手斩杀上将军宋义，诸将慑服，没有人敢支吾多语。大家一致支持项羽说："楚王由将军家拥立，今将军为楚王诛灭叛逆，名正义顺。"于是共同拥立项羽为代理上将军，接管楚军的统率权。项羽掌握楚军后，马上派骑兵星夜追击宋义的儿子，一直进入到齐国境内，将其杀死。同时，项羽派遣将军桓楚前往彭城，将事情汇报给楚怀王。怀王鞭长莫及，只得接受既成事实，任命项羽为上将军，领兵救赵。

项羽诛杀宋义、出任楚军大将以后，马上部署进军救赵。楚军由安阳开拔，急速北上，准备走平原津（今山东平原）渡河。平原津在黄河下游，属于齐国济北郡，是齐国和赵国间的主要渡口。秦始皇三十七年，始皇帝最后一次巡游，就是由此渡河，抵达沙丘病死的。二世二年，赵将李良叛乱，田间统领齐军部队渡过黄河支援赵国，也是走的这里。项羽北上救赵时，济北郡由齐国将领田安和田都掌握。田安是故齐王田建的孙子，与巨鹿围城中的田间、田假兄弟一道，属于齐国田氏王族内部的田假派，是积极主张救赵的。田都是田荣的部下，本来领军在济北与田安对阵。由于田荣固执于田氏王族内部的恩怨，在大敌当前的形势下拒绝与楚国和赵国共同对秦作战，在政权内部引起了分裂。田都不满田荣不救赵国的政策，背叛田荣，与田安一起开道迎接项羽。

在田安和田都的积极配合下，项羽军顺利进入济北郡，抵达平原津，开始做渡河的准备。

九　巨鹿之战

王离包围巨鹿城，开始于二世二年后九月，到二世三年十一月，已经围城三个月。王离军在章邯军的后勤支援下，粮食充足，士气旺盛，攻势日益猛烈。巨鹿城中，存粮日渐减少，兵员伤亡，也得不到补充，形势紧迫，危在旦夕。

先前，当赵军受到秦军的攻击陷于不利，赵王赵歇、丞相张耳和齐将田间、田角等统领赵齐军联军主力向东撤退，退入巨鹿城固守时，赵国大将陈馀北上进入恒山郡，集结了恒山郡的赵国军队南下支援巨鹿，停驻在巨鹿城北部的围城秦军之外。围城中的赵王赵歇和丞相张耳，多次派人前往陈馀军营，催促陈馀攻击秦军，缓解巨鹿的危机。陈馀军约有数万人，面对王离章邯数十万秦军主力，兵力薄弱，无力进击。陈馀一方面命令军队深沟高垒，坚壁自守，同时，连续派遣使者到楚、齐、燕、魏各国催促请援，打算等待各国援军到来后一起向秦军发起进攻。

赵王歇和张耳在巨鹿城中望眼欲穿，始终不见陈馀军前来救援的动向，大为愤怒。张耳急不可耐，特别派遣将军张黡和陈泽突围出城，前往陈馀军大营传话，当面责问陈馀说："结识以来，我与你有刎颈之交，誓言虽然不能同生，但愿同死。眼下赵王与我张耳朝暮且死，危在旦夕，你陈馀拥兵数万，观望不肯前来相救，人臣大义姑且不论，齐生死、断颈无悔的誓言究竟在哪里！如果还有信义可言，为什么不进击秦军，赴难同死？进击秦军，固然险恶，较之观望，相互还有一线存活的希望。"陈馀说："以眼下的兵力进击，非但不能解救巨鹿之急，只是徒然丧军送死而已。我陈馀之所以不亡军自死，不过是为赵王，为他张耳保留一点报仇的希望。眼下局面，一定要我击秦赴死，宛若以生肉投击饿虎，有什么用处？"张黡和陈泽说："事情危急到如此地步，已经没有多虑计量的余地，陈将军必须以赴难同死的行动取信于赵王和张丞相。"

张黡和陈泽是与张耳、陈馀一道奉楚王陈胜之命，随同武臣、邵骚进入赵国的楚军老将士。李良叛乱时，张黡作为赵军主要将领，正领军在上党郡作战。武臣被杀，侥幸脱逃的张耳和陈馀收集残部重建赵国，张黡军成为赵军的主力，张黡成为拥立赵王赵歇的重臣。他与张耳、陈馀间，也是同生死共患难的兄弟战友情义，张耳派遣他和陈泽突围前往陈馀军营，表达了紧急和信赖的双重意味。张黡和陈泽的到来，陈馀当然感受到巨大的压力，他分析形势、据理辩解的话，未能使张黡和陈泽信服。进军是全军覆没，不进军是关系破裂。在张黡和陈泽的催逼之下，陈馀无奈同意进军，他以五千人为先锋，由张黡和陈泽统领尝试攻击秦军。结果，张黡和陈泽以及五千将士全军阵亡，无一生还。陈馀再也不敢轻举妄动，日夜盼望各国救兵的到来。

抵达平原津的项羽军，稍事准备后，迅速部署渡河。最先渡过黄河的楚军，是由勇将英布和蒲将军统领的两万楚军精锐。他们渡过黄河以后，马上对部署在棘原和巨鹿间的秦军后勤支援部队发起进攻。秦军攻击赵国，包围巨鹿城的是王离所统领的北部军，章邯军部署在巨鹿南部的河内郡和邯郸郡，负责后勤支援和防备黄河对岸的反秦诸国援军。章邯用兵，最重粮道。当时，秦军的粮食供应，主要依靠洛阳北部黄河岸边的敖仓进行战备存贮。章邯利用黄河漕运粮食，棘原为船运码头和仓储所在，是数十万大军的后勤基地。王离军的粮草供应，由棘原陆运到巨鹿。为了保证棘原到巨鹿间粮道的安全和畅通，章邯在黄河和漳水间大兴

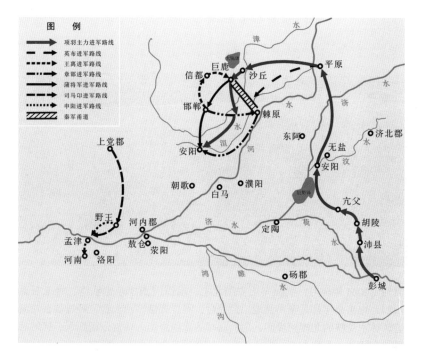

图例

项羽主力进军路线
英布进军路线
王离进军路线
章邯进军路线
蒲将军进军路线
司马卬进军路线
申阳进军路线
秦军甬道

地图 6 巨鹿之战形势图

工事，在粮道两侧修筑起防卫用的壁垒，驻军守卫，称为甬道，
防备敌军的攻击。

　　英布军和蒲将军军，像一把犀利的尖刀插入章邯军和王离军之
间，对守卫甬道的秦军展开猛烈进攻，将长蛇般的秦军甬道数处攻
破占据，切断了秦军通往巨鹿城的粮食供应线，也将章邯军和王离
军分割开来。得到前锋有利的消息，项羽统领楚军主力渡过黄河，
支援英布和蒲将军扩大战果，顶住秦军的反击，在漳河和黄河之间
站稳阵脚。英布军和蒲将军军面对章邯军布阵，筑壁垒坚守，项羽
军主力依靠英布军和蒲将军军的掩护，迅速抵达漳河，准备攻击对

漳河。2006 年 3 月，我驱车由安阳北上，沿漳河南岸东走临漳，堤下村落
田园，想来当年都是秦军驻地。到三台，漫步邺镇漳河大桥，经过数百米河
道，林木掩映的北岸河堤间，项羽联军的旗帜身影，仿佛依稀隐现。邺城故
址就在桥边，六朝古都的繁华往昔，如今只有金凤台遗址尚存。

漳河滨一景。项羽曾在渡过漳河后，做了"破釜沉舟"而青
史留名的决定。

岸的王离军。由于章邯军和王离军被切断，王离军的粮道断绝，供应发生匮乏，战局出现了有利于诸国联军的变化。

巨鹿城内，守军得到楚军到来的消息，备受鼓舞，益发坚守。巨鹿城外，数支援军也集结到来。陈馀军数万人，修筑壁垒驻守在巨鹿城北，这是最早前来的援军。张耳的儿子张敖，一直在代郡活动，接到巨鹿危急的消息，统领代郡兵前来救援，大约一万人，驻扎在陈馀军旁。燕王韩广，本是故赵王武臣的部下，张耳、陈馀的同僚，脱离赵国、独立建立燕国后，因为东南两个方向有赵国的屏障，一直没有受到秦军的直接攻击。燕国与赵国之间，尽管在领土等问题上有过种种纠纷，不过，燕赵之间，唇亡齿寒的道理，韩广是清楚明白的。巨鹿被围以后，韩广派遣部将臧荼统领燕国援军南下抵达巨鹿城外，也驻扎在陈馀军旁。由于秦军精锐强大，救赵的诸国军队没有人敢主动攻击秦军。有陈馀军五千将士的覆军之鉴，诸部援军深壁高垒，固守不出，一心等待楚军主力的到来。

项羽是勇猛无畏的军事天才，当陈馀再次请兵的使者到来时，他决定集中兵力，首先与王离军决战。王离军是秦军精锐的主力部队，长期屯守北疆，曾经在名将蒙恬的统领下击败匈奴。秦末乱起，一直在黄河以北与赵、燕、齐军作战，是围攻巨鹿的主力。但是，当楚军插入王离军和章邯军之间后，王离军的粮道被切断，一时陷于诸国联军反包围的不利形势当中。项羽抓住战机，他命令英布和蒲将军就地坚守，务必抗击章邯军的反扑，阻止章邯军打通与王离军联系的企图。自己则统领楚军主力，一举渡过漳河。渡过漳河以后，项羽作出了一项震动全军、青史留名的重大决定。他下令全军将士，人人备足三天的干粮，然后，将渡船全部凿沉河底，帐篷全部焚毁，釜甑等炊事用具也全部砸碎，自绝退路，宣示全军将士唯有速战快胜、断无败退生还的决心。

楚军破釜沉舟，除了三日以内战胜秦军外，没有生还的可能，人人誓死决战。楚军逼近巨鹿，迅速对王离军展开猛烈的攻击。一日之内，楚军与秦军连续交战九次，楚军连战连捷，破秦军甬道，拔秦军壁垒，秦军主帅王离被俘，副将苏角被杀，另一名秦军副将涉间被楚军包围不肯投降，自焚而死。当楚军攻击王离军时，各国援军不敢轻举妄动，都到军营的外壁上观看虚实动静。巨鹿城外的原野上，蓝天白云之下，楚军旗帜鲜明，金鼓严整。烟尘滚滚之中，楚军将士呼喊之声惊天动地，人人奋勇当先，怒号击杀秦军。秦军军阵，步步溃退，秦军军营，逐一起火，秦军将士，身首分断。日出两军开战，日中生死逼迫，日斜过午，楚军大捷，王离军败局已定。目瞪口呆观望于壁上的各国援军，这时方才省悟过来，纷纷开营出军，配合楚军攻击溃退的秦军。

战斗结束以后，项羽传令召见各国军将领，诸将战战兢兢，穿越尸骨堆积如山、鲜血汇流如河的战场，来到用作楚军统帅部的王离军大营。战尘弥漫之中，刀光闪动之下，进入军营辕门的诸将，无不低身膝行，诚惶诚恐。当他们来到项羽面前时，没有人敢抬头仰望。经过这次战斗，各国军将领对项羽归心畏服，一致公推项羽为诸国联军统帅。

十　悠悠漳水祭英灵

巨鹿之战前，为了援救赵国，楚国扫空国内，出动了所有能够调集的军队。在秦与六国死斗、六国内部的关系又错综复杂的形势下，楚军如何救赵，经由何等路线救赵，自然是一重大问题。

然而，司马迁只是简单叙述其事说，宋义领军由彭城出发，军行到安阳，停留四十六天不前，从而引发项羽杀宋义事件。项羽夺取楚军的指挥权后，领军渡河救赵，破釜沉舟到巨鹿城下，一举歼灭王离军。过于简单的记载，留下诸多不解的疑难。

宋义军由楚国首都彭城出发，在安阳驻军不前。安阳在何处，当是解明楚军救赵路线的关键。唐朝学者颜师古以为安阳在黄河西，大致在今天的河南省安阳市西南，也就是当时的河内郡安阳。同是唐朝人的司马贞则以为安阳在黄河东，地在今天的山东省曹县，也就是当时的东郡。历代的学者们或者依从颜师古说，或者依从司马贞的看法，莫衷一是。[1]

我整理历史到这里，仔细查阅文献，再三对照古今地图，对于颜师古和司马贞的说法疑虑重重。待我实地到了安阳、临漳、成安一带考察，当即排除了颜师古说。巨鹿之战时，河内安阳在黄河西，洹水和漳水南岸。安阳所在的河内郡，自秦末之乱以来，一直为秦军坚守，西面依托河东郡连接关中，南面背靠三川郡就食敖仓，是秦帝国在河北地区最稳固的战略基地。章邯定陶击杀项梁，是因为得到从河内渡河而来的援军。章邯攻破邯郸，迁徙邯郸民人到河内，也是仰仗河内的稳定。王离军围困巨鹿，章邯军的大本营就在河内安阳一带，二十万大军密集布阵，严密防范可能来援的诸侯国军。宋义统领楚军渡过黄河来到河内安阳，竟然能够停驻一个多月无战事，外出饮酒高会安闲从容，以地势形势推想，断然没有可能。

东郡安阳在黄河东，从这里渡黄河，最近的渡口是三百里外的白马津（今河南滑县），渡过白马津则进入河内郡，直接面对的

---

[1] 见《史记·项羽本纪》注及《汉书·项籍传》注。

是严阵以待的章邯军。要想北上救赵，首先需要同章邯军作战。如此行动，既不能解巨鹿之围，又自投于秦军的罗网之中，违背普通的军事常识，难以理解，也无法讲得通顺。我困扰疑惑，不知所从。

考察归来，读到辛德勇先生的新著《巨鹿之战地理新解》，有豁然开朗之感。辛氏是新锐的历史地理专家，他检讨诸说，推断安阳在今山东省东平一带，由此进而推论，项羽统领楚军渡黄河救赵，不是东去走东郡安阳渡白马津，而是北上走济北郡渡平原津。以当时复活的后战国七国而论，项羽军不是西经魏国，而是北过齐国救赵。安阳在山东东平一带，项羽北上齐国走平原津渡黄河的看法，得到新出土的陶文之支持，已成不刊之论。[1]

对于巨鹿之战的历史背景，历来没有人注意到齐国的影响和作用。我在文中已经分别叙述过，李良叛变、武臣赵国政权崩溃后，齐王田儋派遣田间领军迅速渡过黄河进入赵国支援，赵歇新政权的建立，多仰赖于此。田间军由齐国渡黄河进入赵国，应当就是走济北郡渡平原津。赵歇政权建立后，不在旧都邯郸而在北部的信都建都，进而，当秦大军压境，赵国君臣放弃信都而退守巨鹿，都与依托齐国的支援有关。信都邻近巨鹿，巨鹿通过平原津与齐国济北郡相连，信都、巨鹿、平原津、济北一线，成为赵国和齐国间的往来通道。项羽统领楚军进入齐国经过平原津渡黄河，当是合理的选择。

---

[1] 收于辛德勇《历史的空间与空间的历史》。我在本书旧版中写道："安阳地望之推断，或许尚待验证，项羽北上齐国走平原津渡黄河的看法，大概已成不刊之论。"辛氏读取了我的意见后，又发表《补证项羽北上救赵所经停之安阳》(《文史》2011 年第 4辑)，依据山东巨野县境内出土的秦代陶文"安阳市"，对项羽军北上走平原津的路线作了有力的补证。我据此论文，修订旧版的历史叙述。

项羽军渡河救赵，得到两支齐国军队的支援，一支是田安所统领的齐军，另一支是田都所统领的齐军。田安军是在攻占了济北郡部分地区以后加入项羽阵营随同渡河救赵的，田都军加入项羽阵营的地点，估计也在济北郡。由于田安和田都的合作，项羽军顺利进入齐国的济北郡，由平原津渡过黄河，也是天时地利人和。

项羽统领楚军由平原津渡过黄河以后，巨鹿城尚在三百余里以外，中间隔有洹水和漳水两条大河。特别是漳水，浩浩荡荡由太行山而来，在今河北省曲周县一带夺黄河故道，绕经巨鹿一路东北流去，成为渡过黄河以后项羽军西去巨鹿的又一道天堑。面对黄河和漳水两道天险，项羽军如何渡河救赵，又成为历史上一桩有名的故事和聚讼的公案。《史记·项羽本纪》叙述项羽渡河救赵说："项羽已杀卿子冠军（宋义），威震楚国，名闻诸侯。乃遣当阳君（英布）、蒲将军将卒二万渡河，救巨鹿。战少利，陈馀复请兵。项羽乃悉引兵渡河，皆沉船，破釜甑，烧庐舍，持三日粮，以示士卒必死，无一还心。"这就是成语典故"破釜沉舟"的由来。

项羽军破釜沉舟渡河救赵。项羽军所渡之河，究竟是哪一条河？由于《史记》在项羽军渡河处只用一个"河"表达，因而有人说是漳水，有人说是黄河，成为历史学上一桩聚讼千古的疑案。我读著名历史地理学家谭其骧先生的名著《西汉以前的黄河下游河道》，[1] 方才了解巨鹿之战时漳水、洹水、黄河之间的地理走向，据此解读《史记》，对巨鹿之战的军事形势，大致得到一种可以贯

---

[1] 谭其骧《长水集》下，人民出版社，1987年。古代中原地区，黄河的河道的变迁可以说是解读历史地理的关键，谭先生这篇名文，将千百年来不清楚的这个重大问题作了可信的梳理，奠定了绘制古代历史地图的基础。

通的复原。正如谭其骧先生所言，唐宋以前"河"是黄河的专用名词，不用来称呼其他水道。不过，黄河称河，黄河故道也可以称河。当时流经巨鹿的漳水河道，本是过去的黄河故道，自然沿用了"河"的旧称。据此体察当时形势，领兵前往巨鹿救赵的项羽军需要渡过两道"河"，第一道是流经平原津的黄河，第二道是流经巨鹿的漳水。[1]《史记》记载项羽杀宋义夺军后，首先派遣先锋英布和蒲将军"将卒二万渡河"，此处的"河"，当为黄河。《史记》接着叙述战事有利于楚军，陈馀再次遣使告急，于是"项羽乃悉引兵渡河，皆沉船，破釜甑，烧庐舍，持三日粮，以示士卒必死，无一还心"。此处所渡之河，当为漳水。[2]

项羽军渡过漳水以后，迅速在巨鹿城下与秦军展开决战。《史记》概述战况说：项羽"于是至则围王离，与秦军遇，九战，绝其甬道，大破之，杀苏角，虏王离。涉间不降楚，自烧杀"。寥寥数语，传达出秦军败战的惨烈。巨鹿之战，二十万秦军将士，除

---

[1] 我们知道，由于《史记》没有地理志，书中地名的混乱和错误，比比皆是，本书所及的秦楚汉间的每一场大战，地理路线都有问题。唐宋以来的注家，因为没有可用的历史地图，又缺少实地考察，用文献注文献，多不得要领，可以参考，不可以轻信。自谭其骧先生主编的《中国历史地图集》出版以来，我们方才有了可以按图查询的指南。时至今日，谈历史，特别是在谈论如同战争这类关系空间移动的历史时而回避地理，无异于天方夜谭，瞎猫逮死耗子。打开谭图，一目了然，项羽军由平原津前往巨鹿必须渡过黄河和漳河两条大河，几乎是没有疑问的。问题是项羽破釜沉舟所渡的是哪条河？

[2] 《史记·张耳陈馀列传》叙述"项羽悉引兵渡河"前的战况说："项羽兵数绝章邯甬道，王离军乏食。"此处文中的"项羽兵"，正是指先渡过黄河的英布和蒲将军所统领的先锋部队。章邯军的据点在棘原，他所筑之甬道，由棘原通往巨鹿。据辛德勇的考订，棘原在漳河之南，东临黄河，北近洹水，为黄河漕运的仓储基地。英布和蒲将军渡过黄河后，并未西去巨鹿，而是南下攻击章邯所筑甬道，既切断王离军的粮食供应，也将王离军与章邯军分割开来。英布和蒲将军渡黄河后所获得的有利战果，就是《项羽本纪》所言的"战少利"。英布和蒲将军在黄河西岸站住脚跟后，项羽军也迅速渡过黄河，驻扎在英布和蒲将军所统领的楚军先头部队后，黄河与漳河之间。于是，经过"陈馀复请兵"，"项羽乃悉引兵渡过流经巨鹿城东的漳河"，破釜沉舟，大破王离秦军。

少数战俘而外，几乎无一生还。巨鹿城外原野上，秦军尸骨遍野，血流如河，秦军将士的英魂，弥漫在夕阳烟尘凄风中。巨鹿之战这一天，秦帝国灭亡的命运已被决定。巨鹿之战这一天，是秦帝国哀伤痛哭的国殇之日。

我读屈原《国殇》，触情伤怀。"操吴戈兮被犀甲，车错毂兮短兵接。旗蔽日兮敌若云，矢交坠兮士争先。"两军将士，手持戈戟，身着犀甲，辚辚战车声中，轮轴交错断折，短兵相接击中，杀声震天动地。旌旗纷纭蔽日，强敌密集若云，流矢如雨飞坠，士卒争先恐后。何等激烈的交战，何等英勇的将士！

"凌余阵兮躐余行，左骖殪兮右刃伤。霾两轮兮絷四马，援玉枹兮击鸣鼓。天时坠兮威灵怒，严杀尽兮弃原壄。"我军失利，军阵被击破，队列被打乱，左骖马倒地身亡，右骖马被刃击伤。战车车轮陷入泥泞，引车驷马绊踏不行，将军前仆后继，传接玉槌敲击战鼓。无奈天时不利神灵怒号，我军将士尽被杀戮，弃尸血染苍茫原野。何等悲壮的抵抗，何等惨烈的战况！

"出不入兮往不反，平原忽兮路遥远。带长剑兮挟秦弓，首身异兮心不惩。诚既勇兮又以武，终刚强兮不可凌。身既死兮神以灵，魂魄毅兮为鬼雄。"有去无回，有死无生，虽说是平野辽阔，路途遥远，从军以来，何曾有过归还之念。楚剑锋利，秦弓劲远，身前死后，武器何曾放离手边，纵然是身首分离，也是无悔无怨。精神勇猛武艺高强，意志刚强可摧折而不可凌辱。战士殉国，身死化为神灵；精神永存，彰显成为鬼雄。冥冥高远的神界，死去的肉体得到精神的升华。

屈原《国殇》是祭歌，两千年前，为追悼殉国的楚军将士而作。两千年后，我读《国殇》，为追悼殉国的秦军将士而诵。自战国以来，秦楚两国争战不已，数百万将士的尸骨，草草掩埋遗弃乡野，数百万将士的亡魂，冥冥游离不得超度。秦灭楚，楚又灭秦，秦楚融合建成汉。放眼历史，事后想来，究竟当初为了哪桩？如果殉国的英灵们能够在天相会，当会携手同唱：

> 欢乐女神，圣洁美丽，灿烂光辉，普照大地。
> 我们心中充满热情，来到你的圣殿里。
> 你的力量，能使人们消除一切分歧。
> 在你的光辉照耀之下，一切人类成兄弟。[1]

---

[1] 我走笔到巨鹿之战为秦帝国哀伤痛哭的国殇之日时，情不能自已，深感已有的文字，无法表达对于伟大的秦帝国和数十万阵亡秦军的伤痛之情。因"国殇"之语，脑海中涌现出屈原的《国殇》之诗，琅琅唱读声中，仿佛回到漳水河畔的古战场。蓝天白云之下，响起《欢乐颂》的乐章，升华出一种普世的历史感。于是继《国殇》之后，又录下《欢乐颂》的唱词作结。《欢乐颂》为德国诗人席勒的诗歌，贝多芬为之谱曲，成为第九交响曲第四乐章的主要部分，呼唤普天之下人类的和谐，声动古今中外。

第七章

刘邦西进

一 李斯与章邯的配合

　　章邯的政治崛起和军事胜利，其背后的支柱是李斯。这时候的章邯和李斯，是将相两翼，内外一体。将相和，天下安，李斯与章邯间的信赖合作，是秦军顺利平定叛乱的政治基础和安定条件。

二 二世皇帝的苦恼

　　受到叛军兵临城下的重大刺激，生来没有政治才能、也无施政兴趣的胡亥完全丧失了对于权力和人生的安全感，及早享受人生，满足行乐的欲念，成了他至上的追求，如同察知死期濒近的绝望者，时限越是紧迫，行乐越须及时。

三 李斯重读《韩非子》

　　李斯懂得，政治的本质是权力，权力高于政见，与道德无缘。在权势利害和政治主张冲突的时候，权势利害优先；在权势利害与道德伦理不合的时候，抛弃道德伦理。

四 李斯的邪恶美文

　　明君独断，权不下臣，然后才能灭绝仁义之道，堵塞谏说之口，困阻烈士之行，绝听无视外界，专听独视内心，既不受仁义烈士之行的影响，也不被谏说争辩之辞所左右。如此才能茕然独立，畅行恣肆享乐之心而无人敢于违连。

五 赵高的胜利

　　二世皇帝自即位以来，兄弟姐妹尽被诛杀，亲情已经断绝了个干净，满朝都是先帝老臣，人人功高位重，威压如芒在背。举目人世间，亲切又爱护自己、唯一可以信任和依赖的人，就是老师赵高了。

六 李斯之死

　　李斯被捆绑出狱时，回头望着也被捆绑的儿子说道："吾欲与若复牵黄犬俱出上蔡东门逐狡兔，岂可得乎！"父子二人，相望痛哭。

七 刘邦的第一个大挫折

刘邦大难不死，病体不久得到康复，事业也重整旗鼓。经历此事以后，他不仅经受了挫折的磨炼、增添了韧性顽强，更体验到世上人事的反复多变，学会了忍耐和容忍。

八 邂逅张良

张良超凡出俗，长于智慧谋略，是第一流的参谋人才；刘邦大度自信，强干而长于用人，是帝王型的英雄。他们二人的结合，成为正确决策和强力推行的典范，引导了尔后的刘邦集团渡过重重难关，最终取得夺取天下的胜利。

九 刘邦项羽风雨同舟

这一段共同作战的经历，对他们二人未来的关系，乃至对于历史的发展，都不可不谓有所影响。鸿门宴项羽不忍杀刘邦；项羽死后，刘邦以鲁公仪礼厚葬，悲哀哭祭项羽。政治上的种种谋划争夺、死斗仇恨之外，同为战友的旧情或许尚存？

十 相遇彭越

彭越是下层社会出身的人，没有任何家世凭借，他只想依靠自己的力量，趋利避害，博得人生的富贵荣华。在秦末的战乱中，彭越始终是一支独立活动的武装力量，不固定从属于任何王国，只从属于能够给予自己最大利益的势力。

十一 收服郦氏兄弟

刘邦是志在天下的英雄，他入乡问俗，对于一文一武、称霸陈留的郦氏兄弟，早有收服共事之心。不过，刘邦用人有心计城府，对于桀骜狂妄之人，他的手法是先折后扬。

十二 南阳收编秦军

南阳受降，在刘邦集团建立汉帝国的过程中，具有特别的意义。由于南阳处置秦军投降得当，从此之后，秦之官吏军民，开始大规模地倒向刘邦。

十三 开封不尽有陈留

历史是文明的核心。开封、陈留以东的黄河下游文明，是一种不断地被冲刷淹没、又不断地被重建整修的文明，就在这种失而复得的过程中，隐藏着一种历史的顽强和坚忍。

一　李斯与章邯的配合

巨鹿之战结束，王离军被歼灭，章邯军震恐。章邯指挥部队步步为营，向河内郡方向收缩，在漳水南岸一带，深壁高垒，做固守待援的准备。

章邯是长于防守反攻的名将，形势不利，坚壁固守，集结待援，一旦时机成熟，突袭一举破敌。消灭周文军，他用的是这种战术；击溃项梁军，他也是用的这种战术。现在，他故技重演。不过，这一次，他所面临的内外局势要严峻得多。二世元年，周文军突然出现在咸阳郊外时，朝廷上下一致，调动一切能够出动的力量，全权委任章邯，终于将周文军击败。二世二年，章邯与项梁军拉锯苦战时，朝廷内部已经有重大的变化，但是，这种变化尚未波及于前线，章邯军得到王离军和河东、河内军的增援，一举将项梁军击溃。

巨鹿之战结束的二世三年十二月，王离军被歼，章邯孤军失援，面对的既不是如同周文军那样的临时纠合起来的乌合之众，也不是骄兵懈将的项梁军，而是血战大胜之后毫无松懈、步步紧逼过来的项羽统领下的各国联军。更为严重的是，由于秦王朝政局变化的结果，章邯在政府内部已经失去了依靠和后援，开始受到怀疑、猜忌和指责。

二世政权的建立，基于皇子胡亥、中车府令赵高和丞相李斯三人政治同盟的结成和夺权成功。政权建立以来，皇帝胡亥、丞相李斯和郎中令赵高是新政权的核心，一体同心牵引秦帝国的三驾马车，共同执政。执政之初，胡亥以幼子僭越即位，既缺少政治经验，又缺少政治资本，为了清除帝位的觊觎者，埋头于与兄长之间的骨肉之争。赵高以中车府令超升郎中令，外不能服公卿大臣，内不能服郎中宦者，如何有效控制宫殿内卫，协助二世掌握宫廷权力，是他专注的急务。丞相李斯是先帝老臣，德高望重的公卿首席，政绩卓著，富有执政经验，得胡亥信任，受赵高敬重，在三驾马车的二世新政权核心当中，唯有他能够沟通新宫廷和旧政府，协调二世皇帝和先帝旧臣间的政治关系。新建的秦王朝二世政权，施政治国的主角，无疑是李斯了。

章邯是李斯信赖的先帝旧臣。始皇帝陵园工程，名义上的总负责人是丞相李斯，举凡上奏汇报，由李斯领衔署名，真正负责具体工作、亲临现场监督工程的人，则是少府章邯。[1]少府是九卿之一，相当于内务大臣，负责帝室的财政和宫廷内务，是政府的主要阁僚。这时候的李斯和章邯，上下一体，同心协力。周文

---

[1] 李斯为骊山始皇陵工程之主持者，工程进度之报告，也由李斯上奏，事见《汉旧仪》（《通考·王礼考》所引，中华书局，1991年）："此（骊）山多黄金，其南多美玉，曰蓝田，故始皇贪而葬焉。使丞相李斯将天下刑人徒隶七十二万人作陵，凿以章程。三十七岁，锢水泉绝之，塞以文石，至以丹漆，深及不可入。奏之曰：丞相斯昧死言：臣所将隶徒七十二万人治陵山者，已深已极……"不过，秦丞相日理万机，领衔工程只是名义，具体工作，由下属政府部门之将作少府负责。秦汉之少府有三类，负责王室事务者称少府，负责太后事务者称长信少府，负责陵寝宫室工程者称将作少府，三者都可以笼统地称为少府。史书上记载章邯官职为少府，具体是哪种少府并不清楚，有研究者根据他建议释放骊山修陵的刑徒一事推测他或许是将作少府，说详安作璋、熊铁基《秦汉官制史稿》第二章第九节"将作大匠"，齐鲁书社，1984年。我结合上述两种史料，解析李斯和章邯在骊山工程上下合作，由此而生发后来之将相内外配合的关系，填补史书记载之缺。

军进入关中时，身在骊山的章邯建议赦免刑徒编入军队，协助京师军抗击敌军。他的建议因为李斯的支持而得以实行，章邯由此取得秦军的指挥权。击退周文军以后，章邯得到帝国战略后备部队的补充，组建帝国中部方面军出关作战，成为秦军的主力。出关以后的章邯，源源不断地得到帝国政府的后勤支援，军事进展顺利，战功卓著，被任命为负责镇压叛乱的帝国秦军的总帅，统一协调各部秦军的行动。大将章邯，手握重兵，一举一动，足以影响到帝国的存亡，成为继二世皇帝、郎中令赵高和丞相李斯之外的又一政治势力，秦王朝政权的外在支柱。

章邯的政治崛起和军事胜利，其背后的支柱是李斯。这时候的章邯和李斯，是将相两翼，内外一体。将相和，天下安，李斯与章邯间的信赖合作，是秦军顺利平定叛乱的政治基础和安定条件。然而，就在章邯军顺利进军关东、逐一平定各地叛乱的时候，二世政权内部出现了重大的政治裂痕，丞相李斯和郎中令赵高陷于权力斗争，二世皇帝最终站在了赵高一边。

二　二世皇帝的苦恼

周文军攻入关中威胁首都，是秦建国以来从来没有过的事情，对秦王朝君臣上下震动极大。首都地区的威胁解除以后，追究责任的言论动向，开始出现。

李斯是政府首班，施政的主要负责人，又是沟通皇帝和大臣的枢要，上上下下的各种指责非难，自然都集中到他的身上。李斯尽管年迈自保，毕竟执掌秦王朝国政多年，政治经验丰富，通过陈胜叛乱骤起、急遽扩大蔓延的事件，他认识到先帝晚年以来的急政是事件的原因。先帝统一天下以后，北逐匈奴，修筑长城，南征南越，屯戍五岭，通驰道连接各地，筑直道通达边境，骊山陵园尚未竣工，阿房宫又开始修建，所有这些工程，都征发百姓服役承担。徭役过重，贻误农耕，民生不能安定，逃亡犯法增多，帝国法制严密，有罪必罚，又引来避刑抗法的蔓延。陈胜、吴广之乱，就是役重法严之下、刁民铤而走险的结果。为了迅速平定叛乱，安定帝国，在坚决实施军事镇压之外，帝国的施政也应当作相应的调整，减轻徭役，缓弛刑法。

李斯的看法，代表了二世政权内以丞相为首的政府方面的意见，右丞相冯去疾、将军冯劫等先帝老臣都支持李斯。由于事关帝国安危，三人决意向二世皇帝呈情上书，上书由李斯起稿。李斯不仅是第一流的政治家，也是第一流的文章家，他在上书中分析形势，辨明利害，委婉地表达宽刑减徭、转换政策的必要。对于二世，他也从先帝顾命老臣们的立场，希望年轻的皇帝以古代圣王尧和禹为榜样，夙兴夜寐，励精图治，在危难之后，重振帝国万世江山。

完全出乎意料，李斯的上书，不但没有促成二世对于转换政策的认同，反而招来了二世的严厉非难。二世不仅不同意宽刑减徭的政策转变，而且就李斯以尧禹要求自己的提法极为反感，责以尖锐的质问。

二世下书李斯说：对于丞相所言，"我有自己的看法。韩非子说，尧统治天下的时候，殿堂只有三尺高，栎木的椽子不作雕饰，茅草的房顶不作修剪。即使是驿站客房，也不至于如此简陋。冬天披鹿皮，夏天穿麻衣，吃粗粮，喝菜汤，用土盆盛饭，用土碗装汤。即使是里监门房的饮食，也不至于如此粗糙。禹穿凿龙门，开通大山，疏浚九河，筑堤九曲，引涝水通于大海。然而，禹自己腿胫掉毛，手足生茧，面目黝黑，最终死于都外，葬身于会稽。

即使是俘虏奴隶，其劳作也不至于如此酷烈。这种行为举事，是愚戆不肖的人之勉强所为，不是聪明贤达的人之自然行事。贤人拥有天下，重在贵有；贵有之要，在于使拥有的天下适用于自己。所谓贤人，必定是能够安定天下治理万民的人，若是连自身都不能安逸得利，如何能够统治天下？出于这种考虑，我愿肆志广欲，长享有天下之利而不受天下之累，难道不可以吗？"

二世皇帝胡亥本来是没有政治抱负、也没有政治野心的帝室公子，他方才二十出头，敏感早熟而神经质。多年来，目睹父亲一生汲汲于政务，宛若尧王禹帝般劳苦，而当天下伟业大成时，却面临病痛的折磨，苦于生命的短暂，寻药求仙，苦苦期求得不到解脱，终于违愿逆情，撒手葬身于黯黑冷彻的地下。贴近父亲一生的真相，特别是亲临父亲垂死的阴冷，胡亥早早地生出生命苦短的强烈感受。

即位之初，胡亥曾经私下将他的这种心境向老师赵高透露过。他对赵高说："人生在世，宛若乘坐六马快车驰过缺隙，转瞬即逝。我既然已经君临天下，希望能够穷尽耳目之所喜好，享尽心志之所欲望，同时也安定宗庙国家，使百姓和乐，如此长有天下，享尽天寿，办得到吗？"

赵高是善揣人意的人，他顺应二世的心思，肯定二世的想法是唯有贤明的君主才能够实行的两利良方。赵高又是心机深刻的人，他诱导二世不安和享乐的心思去消灭政敌。在赵高的诱导下，二世将兄弟姊妹们几乎杀了个精光。二世骨肉相残，目的是消灭帝室中可能的竞争对手，求得在位的安心，为享乐创造条件。将兄弟姊妹们斩尽杀绝，孤身一人承继父业以后，在亲情的孤寂之外，似乎一时得到某种安心，可以循父亲的足迹，驱车外游，安享有天下之利。殊不知突然间晴天霹雳，天下大乱，叛军兵临城下，不仅个人生命，连带整个帝国基业毁于一旦的寂灭突然出现在眼前，受此重大刺激，生来没有政治才能、也无施政兴趣的胡亥完全丧失了对于权力和人生的安全感，及早享受人生，满足行乐的欲念，成了他至上的追求，如同察知死期濒近的绝望者，时限越是紧迫，行乐越须及时。

这时候的李斯，已经七十有余，相对于刚刚二十岁的胡亥，如同爷爷辈。李斯身处宫廷之外，军国政务缠身，无法与胡亥有朝夕的沟通，他从政近五十年，人生就是政治，政治就是施政的行动。对于他来说，当前政治的要务，就是危难之后重建帝国的安稳，至于胡亥明确表明的纵情逸乐的强烈愿望，他感到意外和惶然，二世的心境，宛若天外的弦音。

我整理历史到这里，戚戚然感到李斯与胡亥之间有难以逾越的代沟，这种代沟，不仅是二人之间年龄的差异所致，更是不同时代间精神的错乱所由。秦汉时代，是英雄的时代，经过诸子百家知识启蒙的汉民族，刚刚步入壮年，大丈夫轻生重义，精神外向于国家社会，开疆拓土，建功立业，实实在在地追求高位富贵，正是时代风气，也是人物时尚，李斯其人，正是如此英雄时代的模范。至于英雄迟暮，生命觉醒，个人在内向自省的反归中，感受到时间流逝，生命速朽的虚玄精神浪潮，还远在四百年以后的魏晋时代。[1] 然而，迟暮未来有前期先兆，往往出现在早熟而衣食不愁、养尊处优的王室侯门中，二世皇帝胡亥，当为其先知先觉。

如同胡亥的感悟，这种生命苦短的烦恼，如果绝世出家，流布有道，可能创立解脱的宗教，宛若佛祖释迦牟尼；如果宣泄于

---

[1] 参见王瑶《文人与药》、《文人与酒》，收于同氏著《中古文学史论集》，上海古籍出版社，1982年。

辞章文字，可能成为哲学家和诗人，宛若魏晋时代的狂放名士。然而，胡亥与时代错位，他生长在秦汉时代，从小接受法律教育，胡亥又与人生错位，他被错误地安置在与他的天性气质完全不相适合的位置上，被决定的人生是皇权高位，他没有宣泄内省感悟的渠道，他没有同鸣共感的友人，他的被压抑的心境，一步步转化成了及时行乐的欲望和行动，他的感悟和先觉，一步步走向了疯狂和破坏。

三　李斯重读《韩非子》

李斯不能理解二世的烦恼，无法作适宜的引领疏导。李斯是实干的政治家、长于权衡利害的政客，他在二世的下书中更多地读到的是实实在在的不安。二世皇帝在下书里有如下的质问："身居三公高位，何以致盗贼如此？"谴责的矛头，已经直接指向自己。李斯紧张了，他感到杀伐的危险。李斯再次仔细阅读二世皇帝的下书，开始体会和揣摩。

二世皇帝下书引用韩非子的话展开。《韩非子》一书，在秦王朝宛若政治教科书。始皇帝在世时，读《韩非子》爱不释手，向往赞誉之情，竟然到了无法控制的地步。始皇帝冷峻严厉，深藏不露，从不轻易流露内心，然而，他却曾经在朝议时引用韩非子，当着群臣的面动情感慨道："啊，寡人如果能够面见作者，亲身同他交游，愿遂事成，死也无所遗憾了。"[1]俗话说，楚王爱细腰，

---

[1] 《史记·老子韩非列传》："秦王见《孤愤》、《五蠹》之书，曰：'嗟乎，寡人得见此人与之游，死不恨矣。'"

天下多饿死。有先帝的推崇，王侯公子，将相大臣，人人诵读韩非子，舍韩非子不能议政，舍韩非子不能施政，庞大的秦帝国，宛若成了韩非子法家主张的实验场。

二世皇帝引用韩非的话，出于《韩非子》"五蠹"篇。为了体察二世的行文，李斯再次打开《韩非子》。韩非子说，古代和当今习俗不同，新政和旧政措施有异，如果想用宽大缓和的政策来治理急世乱民，等于不用缰绳和鞭子去驾驭烈马，实在是不明智的举动。上古时代，以道德高下较量胜负；中古时代，以智谋多寡较量胜负；当今时代，以实力强弱较量胜负。因此之故，仁义宽政用于古代而不能用于当今。当今时代，臣民慑服于威势而不心服于仁义，贤君明王必须严刑峻法，诛杀无赦方能治理。字字句句，都是李斯熟悉的话，重温之下，他不禁有寒冷僵硬之感。

李斯与韩非，关系非同寻常。两人同是荀子的学生，荀子在楚国时，两人一起在荀子门下学习，成为荀子最为赏识的两位高足。李斯出身下层平民，精明干练，能言善辩，有强烈的出人头地的愿望，施材从政，追求出世成功和荣华富贵，是他的人生目标。韩非子出身韩国王族，口吃不善言谈，孤僻内向，思想深刻，文辞犀利，是战国晚年第一流的政论家。自从荀子过世以后，对于韩非子的思想文章理解得最深刻的人，对于韩非子其人其事知道得最透彻的人，恐怕就是李斯了。

韩非子对于人性和权力的分析，冷峻而近于苛酷。在韩非子的眼里，至高无上的是国家权力，君王就是国家权力的绝对体现。君王的意志是公意，臣民的愿望是私欲，二者的逆反相悖，君王为了支配和统治臣民，必须掌握和使用法、术、势三件神器。法，就是治国治民的法律和章程，必须公开；术，就是支配臣下的权术，必须隐秘；势，就是强制臣民服从的政治强权，必须独擅。

韩非子说:"权术,深藏于胸中,外面应对物事,暗中驾驭群臣。"[1]施权术驾驭群臣时,可以"握明以问所暗","宣闻以通未见",就是利用已经掌握的情况去查问尚未显露的隐秘,宣布传闻的材料去追究尚未暴露的奸私。[2]询问臣下时,不妨预先设定隐藏的目的,叫做"挟智而问"。[3]"挟智而问"时,可以摆明臣下的过失,诱导臣下的暴露表白,叫做"举错以观奸动","明说以透避过"。[4]经如此权术考核,君王手握赏罚两大权柄,封赏功劳,诛伐罪过,至于大治。重温《韩非子》到这里,李斯不寒而栗,禁不住感到脖子上刀刃的冰凉。

"身居三公高位,何以致盗贼如此?"皇帝言辞激烈,指斥的对象,明明白白,无所掩饰地指向自己。举过明说的后面,必有急于查询的阴奸;预先设定的目的,隐藏着诱导的圈套。李斯已经了解到,章邯军消灭张楚政权后,二世皇帝的监察使者分部出巡,开始调查叛乱各地的地方长官,追究玩忽职守、导致叛乱急遽扩大的政治责任。出任三川郡守的长子李由,首当其冲。在御史的调查中,李由遭到严厉查询,受到严重的警告,呈报到朝廷的报告书中,指责的矛头和追究的线索,已经指向自己。

李斯紧张了,他感到事情后面有看不见的危险和恐怖。李斯在秦国政界沉浮多年,深明政治的底细。他懂得政治的本质是权力,权力高于政见,与道德无缘。在权势利害和政治主张冲突的

---

[1] 《韩非子·难三》曰:"故法莫若显,而术不欲见。"又曰:"术者,藏之于胸以偶众端,而浅御群臣也。"梁启雄《韩子浅解》(中华书局,1985年)注曰:"'偶'借为'遇',指应事接物。《广雅》:'端,业也。'谓君主藏术于胸中来对付各种事物,又用术来暗中管驭群臣。"

[2] 《韩非子·八经》。

[3] 《韩非子·内储说上七术》。

[4] 《韩非子·八经》。

时候，权势利害优先；在权势利害与道德伦理不合的时候，抛弃道德伦理。权势利害优先的原则，贯穿李斯的政治生涯。

当年，在门主吕不韦的教化恩遇和秦王政的权势之间，李斯选择了后者；在扶苏即位的正统和胡亥篡夺的利益之间，李斯也选择了后者。对待同学韩非子，他出于权势利害的计量，全面接受韩非子的政治主张，坚决阻止韩非子参与秦国政治，直接策划了迫使韩非子自杀的冤案。往事如烟，要在当前。如今的李斯，尽管明白当前安定国家之要在于宽政抚民，及时作政策的转换，然而，为了避祸解脱，他再一次算计求全，作了权势利害的选择。

四　李斯的邪恶美文

李斯彻夜不眠，费尽心思，再次修书呈送二世。李斯上呈的这篇奏书，被称为《奏请二世行督责书》。这篇文章，行文老道深峻，论理紧凑有序，极尽阿谀逢迎之能事，全文巧妙引经据典，高明顺意曲解，以铿锵的气势，将白说黑，将黑说白，有理有据地为最高统治者提出一套兼顾个人享乐和专制独裁的督责方案。这篇文章，以政治道德而论，几近邪恶；以文学成就而论，堪称先秦散文的名篇；以功效结果而论，二世政权之不可挽救，李斯自身之诛灭，皆可以由此查验。由于此文不仅关系历史动向，也堪为千古鉴戒，我不惜笔墨，将司马迁记载于《史记·李斯列传》的这篇邪恶美文，通俗转述如下：

贤明的君主，一定是道法周全而能行督责之术的人。君主督责臣下，臣下就不敢不竭尽全能以事君主，君主臣仆的名分可以由此确定，君上臣下的地位可以由此分明，天下无论贤达还是不肖，也就没有人敢不殚精竭虑地服从君主了。如此而来，君主独断制控天下而不受任何限制，穷尽享乐的境地至于无极。贤明的君主，对此不可不体察洞明。

申子说："拥有天下而不能放纵恣肆，可以说是以天下为桎梏。"之所以这样说，没有别的理由，由于不能行督责之术驱使臣下，只能以身替代，不得不为天下之民受苦受累，宛若尧和禹一样，自入于桎梏当中。如果不能修炼申子和韩非的权术，不能施行督责的道法，不能制控天下以适应自己，反而去劳累身体，苦痛精神，徇身百姓的话，只能说是黔首的仆役，而不是奴役天下的主人，毫无可贵之处可言。

使他人适从自己，自己尊贵而他人低贱；使自己适从他人，自己低贱而他人尊贵。所以说，适从他人者，低贱也；被他人所适从者，高贵也。古往今来，没有不是这样的。古来凡是被尊贤的人，是因为他高贵；古来凡是被鄙愚的人，是因为他低贱。尧和禹，是以自身适从天下，为天下所奴役的人，竟然被流俗尊贤为圣人，真是失去了尊贤之所以尊贤的根本真义，可以说是大谬大误。尧和禹的为人行事，是宛若桎梏般的为人行事，以自戴脚镣手铐比说，当是再贴切不过了。尧禹的自贱愚行，归结为一句话，都是不能施行督责之术的过错。

韩非子说，"慈母膝下有败家之子，严父之家无逆子悍奴"。之所以如此，是严惩必罚的结果。所以商君之法规定，扬弃土灰于道路者，处以黥鼻之刑。扬弃土灰是轻罪，黥鼻之刑是重罚，商君仰赖明主在上，所以能深行督责重罚轻罪。犯轻罪而有重罚，何况犯重罪，威慑之下，庶民哪里敢稍许有所触犯？

韩非子又说，丈余布帛，庸人不愿放手；千两黄金，盗跖不去攫取。之所以如此，不是庸人贪心重，盗跖欲望浅，也不是布帛利益大，黄金被轻贱，而是攫取黄金必有斩手之刑，入手布帛未必有处罚相随。城壁高五丈，勇士楼季不敢轻易冒犯；泰山高百仞，跛羊牧食践踏其上。之所以如此，难道是因为楼季困于五丈之城壁而犯难，跛羊反而以百仞泰山为平易吗？之所以如此，是因为五丈之城壁峭峻难以攀登，百仞泰山和缓可以援行，取决于艰险之势的不同。

同样的道理，明主圣王之所以能够久处尊位，长执大权，一人独擅天下之利，没有别的道理，只是因为能够独断专行，精审于督责之术而使用重罚之刑，使天下不敢有所冒犯。如果不致力于防止冒犯的紧要，而是纠缠于慈母之所以导致败家子的琐事，则是没有体察到圣人所论的精髓。若不能专断行圣人之术，反而舍身服侍于天下，当是何等悲哀。

俭节仁义的人立于朝廷，荒唐放肆的欢乐止息；谏说辩理的诤臣近在身旁，散漫疏懒的心志收敛；烈士死节的行为彰显于世，淫逸康乐的期待废失。唯有明主能够离弃这三种人，独操主上之术以御控顺从之臣，明法严察，所以能身位尊而权势重。大凡被称为贤主的人，必定是能够近世变俗、废其所恶、立其所欲的人，在世有尊重的权势，死后有贤明的谥号。由是之故，明君独断，权不下臣，然后才能灭绝仁义之道，堵塞谏说之口，困阻烈士之行，绝听无视外界，专听独视内心，既不受仁义烈士之行的影响，也不被谏说争辩之辞所左右。如此才能茕然独立，畅行恣肆享乐之心而无人敢于违迕，如此才可以说是修明了申子韩非的权术、商君的法令。法令修权术明而天下乱的事情，古往今来没有听说过。

所以说，王道简约而易于操作，唯有明主能够实行。督责专精则臣无邪心，臣无邪心则天下安定，天下安定则主上尊严，主上尊严则督责必成，督责必成则所求必得，所求必得则国家富强，国家富强则君主丰乐。所以说，督责之权术设定，则欲求无不可以求得。督责设定之下，群臣百姓救过不及，哪里还谈得上图谋不轨？帝王之道如此齐备，则可以说是君臣之术明了，纵然申子韩非复生，也不能超过于此。

二世皇帝读了李斯的这篇文章以后，大为高兴。老师赵高的理解，特别是丞相李斯引经据典、有理有据的肯定，消除了他对于自己追求恣肆享乐的疑虑和不安。二世是敢想敢干、行动鲁莽至于蛮干的人，他于是比照丞相提供的方案，肆无忌惮，有理论有纲领地实行督责之术，穷尽耳目之所欲。离宫别馆、阿房宫工程，益发抓紧进行，赋税不减，徭役加剧，兴作不已。对于臣下，厉行督责，对于官吏，严加训示，对于反抗叛乱，则一律诛杀无所宽免。如此施政的结果，转化政策以消除秦帝国过于紧张的内外关系之最后机会消失。

天数未尽，事在人为。满身疮痍，战事四起的秦帝国，如果中止高速奔驰，在缓行中作彻底的检修调整，并非没有复兴的机会。然而，在不安纵欲的皇帝胡亥、保身阿谀的丞相李斯、残忍嗜权的郎中令赵高三驾马车的牵引下，巨大的秦帝国继续狂奔疾驰，因为失去了刹车制驭，其车毁人亡已经难以避免。

五 赵高的胜利

上《奏请二世行督责书》以后，李斯与二世的关系，得到缓解；对于李由和李斯的追究，一时也平静下来；李斯家族的禄位，得以保全。事态的发展，似乎在李斯的算计掌握当中。不过，机关难以算尽，螳螂捕蝉，焉知黄雀在后。二世行督责之术享乐人生，从此深居宫中，再不出来会见群臣。从丞相李斯而下，大臣们见不到皇帝，一切大小政务通通由郎中令赵高居中内外转呈。事态的如此发展，则是出于李斯的算计之外。郎中令赵高，成为沟通皇帝和政府、左右帝国政务运行的枢纽。二世政权的权力一步步向赵高偏移。伴随于此，公卿大臣们对于二世皇帝和当前政治的不满，开始集中到赵高身上。

赵高是对政治动向极为敏感的人，大臣们的举动都在他的眼中。赵高专程来见李斯说："形势严峻，关东地区盗贼不止，眼下皇帝加紧征发徭役修建阿房宫，收敛聚集狗马珍玩等无用之物。臣下忧虑，希望有所劝谏，因为职卑言轻，皇上听不进去。丞相位高权重，当下国政错乱不安，正是奋身极谏的时候。丞相为何不面见皇帝，劝谏直言？"李斯说："道理何尝不是如此。劝谏皇上的愿望，一直挂在我的心上。眼下皇上深居宫中，不上朝，不见大臣，我是有话无处说，欲谏无门。"赵高说："如果丞相能够劝谏皇上，入宫面见的机会，由我来安排。"李斯同意了。

赵高有赵高的算计。赵高的算计，是李斯所预料不及的。赵高回到宫中以后，他选择二世饮酒作乐、与妇人调情燕乐的时候，派人告知李斯："皇帝无事休闲，可以前来奏事。"李斯匆匆赶到宫门，上谒求见二世，弄得二世尴尬扫兴。同样的事情，一而再、再而三地反复出现，二世大为恼火。他对李斯的败兴行动，愤然不满，抱怨说："我闲暇有空的时候多的是，丞相不来，我刚刚入情享乐，丞相就来奏事。丞相究竟是欺我年幼无知，还是有意想败我的兴，现我的丑？"

赵高见时机成熟，趁势说道："臣下也有危险不祥的预感。沙丘之谋，丞相参与其事有功，陛下即位后，丞相没有升迁益封，如今扰扰怏怏，意图或许在于裂地封王。陛下不问，臣下也不敢说。丞相是楚国人，长子李由是三川郡守，楚国盗贼陈胜等人都是丞相乡里邻近各县的人，他们在楚国故地公然横行，经过三川地界时，郡守放行而不出击，导致盗贼周文入函谷关逼近咸阳。臣下听说李由与楚国盗贼间有文书往来，因为尚未查明其详细，所以没有上闻于陛下。丞相在宫廷外主持政府，大权在握，威重于陛下，望陛下有所警觉。"二世皇帝将信将疑，同意由赵高追查李由与盗贼往来的事情。

李斯是各处有眼线的人，他知道了这件事。这时候，李斯才知道入了赵高的圈套，大为震怒，顾不得多虑，他通过内廷的关系，绕过赵高，直接上书二世，陈述赵高专权的危险，比之于宋国丞相子罕擅权弑君、齐国权臣田常擅权篡国，请求二世及早清除赵高。当时，二世皇帝正在咸阳郊外的甘泉宫游乐，观赏摔跤游戏。他读过李斯的上书后，非常不安，他不相信赵高有篡夺之意，也不愿看见内外支撑自己的两位大臣决裂。

二世希望李斯和赵高和解，他回信极力为赵高辩护说："擅权生变的危险从何谈起！赵高是仕宦于宫中多年的旧臣，心志不以安稳而松懈，不以危难而变易，行为廉洁，处事干练，凭借自身的努力，以忠诚上进升迁，以信义称职守位。朕甚为看重他，而丞相甚为怀疑他，究竟为何如此？朕年少痛失先父，人事上识知甚少，行事上不习治理，丞相年老来日不多，不知何日撒手天下，朕不属依赵君，还有谁人可以托靠？赵君为人，精廉强力，下知世事人情，上能尊君适朕，丞相不要多疑。"[1]

李斯收到二世的回信后，对赵高蒙蔽皇帝的疑虑加深。他再次上书二世皇帝，明确指出赵高出身低贱，不识义理而贪权求利，营筑权势而威胁国主，危殆之极而不得不除。同时，他开始行动，联合右丞相冯去疾、将军冯劫等政府大臣，策划对赵高采取非常手段。

二世皇帝自即位以来，兄弟姐妹尽被诛杀，亲情已经断绝了个干净，满朝都是先帝老臣，人人功高位重，威压如芒在背。举目人世间，亲切又爱护自己、唯一可以信任和依赖的人，就是老师赵高了。对于二世来说，赵高不仅是九卿阁僚，是负责宫廷内卫的郎中令，二人间有君臣的关系，同时，赵高也是老师和亲友，既指导自己的人生又可以对他倾诉内心的烦恼，二人间有私的师友关系。正如他在回李斯的信中所说，自己年幼失父，人事上没有基础，能力上又不习政事，登帝位不是本心，即位后更感到与天性不相容。经历了周文军兵临城下的危机后，他对于执政完全丧失了自信和兴趣，他由自卑到自暴自弃，他不愿上朝，他怕见群臣，他只想躲在深宫自在，他年纪轻轻却充满了对于岁月流逝、生命苦短的恐惧，他怕死，感到在死的面前人生毫无意义，他只求在眼前的享乐中忘怀。

二世的心境，只有老师赵高能够入微体察和妥善安排。赵高建议说："陛下富于春秋，对于政务未必尽通，身坐朝廷，举措若有不当，难免被大臣们看短，不是昭示圣明于天下的恰当行事。

---

[1] 李斯与赵高的这段对决及其上书，二世对李斯上书的回答，俱见《史记·李斯列传》。

如果陛下深居禁中，与臣以及侍中等熟悉法令者接受奏章、据文处理政务的话，大臣们就不敢以疑事上奏，天下都会称陛下为圣主了。"真真是与二世皇帝的心境丝丝入扣，投合到心坎儿尖上。

李斯请求罢免赵高，二世皇帝不能接受。他在给李斯的信中，一方面是极力为老师申辩，一方面已经是近于哀求了。当李斯联络诸位大臣联名请求清除赵高时，二世皇帝害怕了。他害怕大臣们杀掉赵高，便将李斯和大臣们的动向通知了赵高。赵高千恩万谢皇帝的恩情。他是为人积极行动的类型，遇事往往先发制人。赵高反守为攻，以李斯攻击自己的罪名反诬李斯。他对二世皇帝说："丞相权倾天下，已成田氏篡齐之势。之所以未发，是因为顾虑臣下尚在；一旦臣下死，丞相将为所欲为。"于是二世作了决定性的选择，他下书谴责李斯及诸位大臣，下令逮捕左丞相李斯、右丞相冯去疾、将军冯劫等主张清除赵高的大臣们，通通交付郎中令赵高处置，追究谋反的罪名。

六　李斯之死 [1]

秦汉时代，古来的贵族社会遗风尚存，将相大臣被谴责问罪时，往往选择引咎自杀，个人保持将相不辱的尊严，朝廷有刑不上大夫的声名。与李斯一同被问罪的右丞相冯去疾、将军冯劫都选择了自杀，唯有李斯选择了入狱受审。李斯之所以如此，是他贪恋人生，好死不如赖活着的贱民意识，支配了他的一生。李斯

---

[1]　本书初版时，因为前后安排失误，竟然将李斯之死漏掉了，后来经评论者提起，汗颜惭愧，特于改订本中补足。

选择入狱，还有一条重要的理由，他实在是咽不下这口冤枉气。

李斯被关押在狱中，悲愤交集，禁不住仰天长叹道："可叹啊，可悲啊！如此不道的君主，还能为他作怎样的计虑？从前夏桀王杀关龙逢，商纣王杀比干，吴王夫差杀伍子胥。这三位贤臣，忠诚无贰却不免于冤死，因为尽忠错了对象。如今我的智力不及三位贤臣，二世的无道远过于三位暴君，我尽忠而死不也是当然的吗？"

李斯是绝顶聪明的人，他在悲愤之余，也体察到无望，他在心中一一历数了二世的失政，眼前浮现出秦帝国灭亡的前景。他感叹道："二世的统治岂有不乱的道理！夷灭自己的兄弟自立为皇帝，诛杀忠臣任用卑贱邪恶之人，重启修建阿房宫的工程，徭役征发倾动天下。我不是没有劝谏，是他罔闻而不听从。大凡古代的圣人，饮食服饰有节度，车马器物有定数，宫室建筑有制度，颁布诏令，行事举动，只要是增加费用而无益于民的，就会加以禁止，所以能够长治久安。如今不惜毁亲作孽，残害兄弟，不计是非功过，侵杀忠臣，不吝民脂民膏，大修宫室。三大恶行如此推行，天下万民抗命不听。如今造反者已经攻占了半个天下，二世还糊涂尚未清醒，一心任用赵高。我的眼前，已经看得见盗贼进入咸阳，麋鹿游走于殿上的景象了！"

李斯认为，自己对秦王朝有大功而绝无丝毫反心，李斯相信，自己能文善辩精通文法，他之所以选择了下吏入狱，也是因为他想伺机上书二世，寄望二世回心转意赦免自己。

李斯从狱中上书二世说："臣下自入秦以来，历职至丞相高位，参政治民已经三十多年，几乎经历了秦国由偏处一隅到一统天下的全过程。先王的时候，秦国的国土不过千里，兵力不过数十万。臣下尽输薄才，谨奉法令，秘密派遣谋臣携带千金深入敌国游说，分断了山东诸侯，离间了各国君臣。又暗地在国内整军备战，修饬政教法令，奖励战士，尊宠功臣，重视爵禄，终于削平韩魏，攻破燕赵，夷灭齐楚，完成了兼并六国臣虏六王，一统天下立秦王为天子的伟业。如果臣下自认有罪，这是第一条罪行。"

李斯上书二世，经过深思熟虑，他是用自认罪行的形式，为自己评功摆好。秦统一天下的过程中，李斯位卑力小，参与不多，如今老臣们多不在人世，他大言不惭地摆起老资格，极力往自己脸上贴金。秦统一天下，特别是出任丞相后，李斯在政坛上风光十足，建树也多。李斯接着摆起这一段功绩来，话语连珠，一口气罗列了六条之多。

他说："如果臣下有罪的话，还有以下几条。秦帝国国土并非不辽阔，又向北扩张，驱逐匈奴，向南推进，平定百越，这是第二条。[1]尊宠大臣，盛重爵位，密切大臣与王室间的亲情，这是第三条。确立社稷祭祀，修明祖祭宗庙，用以彰显主上的贤明，这是第四条。划一车轨度量衡，统一文字法规，颁行天下，树立起秦的威名，这是第五条。整治驰道交通，修建离宫别馆，满足了主上得意于天下的心愿，这是第六条。宽缓刑罚，轻徭薄赋，达成主上得民心的意愿，致使万民拥戴主上，至死不忘，这是第七条。如同我李斯这样做臣下的人，犯下的上述的罪行早就当死无赦了。有幸能够尽其所能一直到今天，其中的是非功过，恳愿陛下明察！"

李斯不仅是第一流的政客，也是第一流的文人，他的一生有三次有名的上书，篇篇都是先秦文章的名篇，篇篇也都是他人生

---

[1] 李斯的狱中上书，见《史记·李斯列传》。已如本书第三章之六"沙丘密谋背后的阴谋"所述，李斯是反对进兵匈奴的，此时，他却将此事作为自己的功劳罗列。

转折的标签。秦王政十年，秦国政府下令驱逐在秦国的诸侯国人，李斯上了有名的"谏逐客书"，不仅促成秦王收回了命令，保全了自己，更由此而扬名发迹，在政坛上一帆风顺。二世二年，二世皇帝拒绝李斯轻徭薄赋的建议，下诏严厉谴责，扬言要追究李斯的儿子李由勾结盗贼的罪名，李斯上了有名的《奏请二世行督责书》，博得了二世的欢心，缓和了一时紧张的君臣关系，地位得以保全。如今，狱中的李斯又一次上书二世皇帝，他希望奇迹再次出现。

然而，李斯这一次是打错了算盘看走了眼，因为他的对手是赵高。赵高是宫廷阴谋政治的高手，精通法律，手段老辣，他并不去追究李斯联络大臣打击自己的事情，而是翻旧账打历史牌，重提陈胜军穿越三川郡攻入关中的旧事，追查当时的三川郡守、李斯的长子李由的责任，进而控告李斯父子串通楚国地区的盗贼大逆谋反，将李斯家族成员和宾客随从通通逮捕收监。赵高对李斯严刑拷打，年老体衰的李斯实在是忍受不了肉体的痛苦，不得不承认赵高所定的罪名。

对于李斯可能上书和翻供的行动，赵高早就作了预防。他严密控制了李斯与外界联系的一切通道，截获了李斯的上书，不露声色地扣留在自己手中，然后开始下一步行动。赵高秘密派遣自己的亲信，假冒御史、谒者和侍中前往狱中复审李斯。御史是副首相御史大夫的属吏，负责大臣官员的监察和重大案件的审理，谒者和侍中是皇帝的亲信近臣，常常作为皇帝的使者了解重大案件。李斯熟悉秦政府的整个运作，每次这些官员前来，他都怀着希望，如实地说明案情，依法予以申辩，结果是一次又一次地招来残酷的拷打，直到按照审问的要求服罪招供。

后来，当二世真的派遣身边的近臣为使者，前往狱中面见李斯了解案情时，李斯已经彻底绝望，他呆望着又一次前来的使者，本能地以口头的服罪来换取肉体痛楚的免除，如同从前一样服罪招供，不敢更改一言一语。使者将了解的情况和招供的证词上奏给二世，二世高兴地说道："如果没有赵君，几乎被丞相出卖了。"

二世二年七月，李斯以大逆谋反的罪名被判处夷灭三族，押解到咸阳市街腰斩处死。据说，李斯被捆绑出狱时，回头望着也被捆绑的儿子说道："吾欲与若复牵黄犬俱出上蔡东门逐狡兔，岂可得乎！"父子二人，相望痛哭。

上蔡是李斯的故乡，在今天的河南省上蔡县。三十年前，李斯是楚国的上蔡县小吏，混迹于里巷市井，牵黄狗出东门追逐野兔，是他公余生活的乐趣。三十年后，李斯是秦帝国的首相，位极人臣而大富大贵。到如今被押解刑场，回顾一生的起伏跌宕，功名如烟云过眼，富贵如黄粱一梦，"复牵黄犬俱出上蔡东门逐狡兔"的少年行迹，竟然成了死前不可得的欲望，岂不令人感叹悲伤。

我整理历史到这里，想对李斯的一生作盖棺论定的总结而又甚感艰难。历代史家论评李斯，称他为古今第一热衷富贵之人，为求富贵而取得成功，也为求富贵而苟折毁灭，可为名利场中人的千古明鉴。[1]不过，我最为感慨的是：李斯其人，毫无廉耻心道德感。他以为人生的目的在于利益，利益的所在，就是行动的所在，利益与道德无缘，利益与道义无关，当利益与道德不合的时候，抛弃道德，当利益与道义冲突时，割舍道义。在利益的驱动下，他可以卖友求荣。在利益的驱动下，他可以非难古今圣人。

---

[1]　历代史家对于李斯的评价，参见韩兆琦著《史记笺证》李斯列传所附《集评》，江西人民出版社，2004 年。

在利益的驱动下，他可以苟且变通。在利益的驱动下，他可以谎言狡辩。我隐隐感到，李斯其人，既是他所生存的时代之人物典范，也是现代社会经济人的前辈先驱，在他们所开创的巨大功业后面，继之而来的往往是彻底的毁灭。读史的后来者，不可不警惕深思！

二世二年七月，左丞相李斯、右丞相冯去疾、将军冯劫等一大批大臣被诛杀以后，二世任命赵高为丞相，全面托付军国大事，重新组建帝国政府。赵高出任丞相以后，首先对新政府的人事作了全面的变动和安排。新政府人事调整的基本原则就是打破论资排辈、看重功劳业绩的传统，越级提拔新人，使贫贱者富贵，拔下位者以高官，全面清除始皇帝以来秦政府的大臣阁僚，尽可能选用自己的亲信侧近。对于最关枢要的大臣职位，二世即位以来一直由自己担当的郎中令一职，他任命弟弟赵成接任，便于继续控制宫廷和皇帝，其他大臣阁僚，也都一一作了相应的安排。由内而外，由近而远，咸阳朝廷的政治变动，不可避免地开始影响到各地和前线。

章邯是先帝老臣，李斯的亲信，旧政府的阁僚。李斯被杀，以李斯为首的老臣政府被赵高新人政府取代，章邯在朝廷内部失去了依靠和后援。将在外，君命有所不受。赵高新政府建立之初，忙于中央政府的改组和政权的巩固，无暇顾及将兵在外的异己。叛乱尚未平息，只要军事进展顺利，新政府当一如既往地使用和支援章邯；然而，一旦前方军情不利，咸阳政变的后果，就在新相和老将之间显露出来。巨鹿之战，王离军被歼灭，身为平叛军总帅、统领中部军掩护王离围攻巨鹿的章邯，当然负有不可推卸的责任，受到朝廷方面的指责。巨鹿之战以后，在项羽所统领的诸侯联军的攻击下，章邯军又连连失利，步步后撤，朝廷方面的督促和责难，与日俱深。

不过，章邯毕竟是坚忍的宿将，他在内外不利的形势下完成撤退收缩，稳住阵脚，从二世三年一月到六月，一直坚守河内一带，迫使项羽所统领的诸侯国联军滞留漳河地区半年之久，与章邯军对峙而不能前进。就在这期间，楚军别部的刘邦部队，开始西向关中方面进军，开辟了攻秦的第二战场。

七　刘邦的第一个大挫折

史书称刘邦大度能容人，是他能够成功取得天下的要素之一。刘邦的大度，并非是天性宽厚仁慈，而是为了最终的目标，能够自我克制，容忍待人。他的这种克制容忍的肚量，既有天生的素质，也是苦难磨炼的结果。他起兵不久，就遭遇了部将雍齿和生地丰邑的反叛，大病几乎不起，堪称人生和事业上第一道苦痛失败的磨炼。

二世元年九月，刘邦由芒砀山回到沛县，起兵夺取沛县政权出任沛公以后，马上部署军事，对沛县周边地区展开攻势。

二世二年十月，刘邦领军北上，进攻薛郡的胡陵县（今江苏沛县和山东鱼台间）和方舆县（今山东鱼台）。就在这个时候，秦泗水监平带领一支军队往丰邑方面移动。刘邦军迅速南撤，退守丰邑，击退包围丰邑的秦军。故乡丰邑的威胁解除以后，刘邦加强了丰邑的守备，命令部下雍齿留守，自己带领主力部队向薛郡薛县（今山东滕县东南）方向进发。十一月，刘邦军抵达薛县，与秦泗水守壮亲自统领的秦军交战，秦军被击败，退向薛县和沛县之间的戚县（今山东枣庄市薛城东），被刘邦军追击，郡守壮被刘邦部将左司马曹无伤生擒斩杀。

戚县之战后，刘邦军声威大振，军锋折向东北，攻击薛郡亢父县（今山东济宁南）。然而，就在这个时候，反秦军的西北部战线不断有不利消息传来，关中方面，章邯军大举出关，击杀周文于曹阳，周文军被歼灭。章邯军进而东进解除荥阳之围，假王吴广被杀，大将田臧和李归战死，围困荥阳的张楚军几乎全部溃灭。北部战场方面，王离军渡黄河东进，入太原郡封锁井陉关，兵威震慑邯郸，赵将李良叛变，武臣赵国政权被颠覆，形势急转直下。受大局的不利影响，刘邦军开始往沛县方向撤退，当刘邦军抵达丰邑北部的方舆县时，得到消息，部下雍齿叛变，故乡丰邑已经改换旗帜，归属于魏国了。刘邦军大为震动。

沛县是泗水郡的北部边县，北邻薛郡，东邻砀郡，是三郡交会之处，古来是宋国的领土，地处魏国、齐国和楚国之间。公元前286年，齐国灭掉宋国以后，这一地区先后在齐国、魏国和楚国间多次争夺易手，最后归属于楚国。秦灭楚国后，沛县统辖于泗水郡。秦帝国各郡的区划，大体基于军事攻占时的状况设置，泗水郡和薛郡基于攻占的楚国领土设置，砀郡基于攻占的魏国领土设置。陈胜、吴广起兵反秦以后，战国六国政权纷纷复活，蜂起的各地也大体归属于战国旧国的旗号之下。不过，战国各国间的领土归属，本来就多纷争，各国相邻地区，更是因时因事而多有变动，始终是纷争不断。

陈胜建都陈县以后，陈胜部下周市受命进入魏国地区，攻城略地，以魏国旧都大梁北部的临济为都城，拥立魏国王族魏咎为王，复兴了魏国。秦的东郡和砀郡，本是魏国的国土，自然成了魏军攻略的对象。魏国复国以后，周市领军攻占魏国旧土，一直进军到沛县地方，包围了丰邑。周市派使者带信给丰邑守将雍齿说："丰邑，过去是魏国的领土，魏末国难时，魏人又曾经迁徙于此。魏国如今已经复国，故土旧城纷纷反正归属。丰邑如果回归于魏，魏国将视丰人为魏国臣民，一切从优，赐雍齿列侯爵位，继续受命驻守丰邑。如果丰邑抵抗不下，魏军将攻城，城破以后，施行屠城。"

雍齿是沛县人，地方的游侠类人物，在沛县地方豪杰的兄弟座次中，排名在刘邦之上。雍齿亲近王陵，与王陵一样，本来看不上刘邦，沛县起兵以后，怏怏屈居于刘邦之下，心中始终不服气。魏国大军围城，城中守兵单薄，雍齿在周市的威胁利诱之下，接受了周市的条件，撤销楚国的旗号，改换门庭，以魏将的名分，为魏国据守丰邑。

丰邑是刘邦的出生地，是沛县境内的第二大都邑。刘邦和丰邑出身的将士，其家室都在丰邑，失去丰邑，等于失去了根据地的一半。刘邦领军由方舆火速南下，与雍齿交涉未果，不得不武力进攻，攻城失利，只得带领军队回到沛县城。真是屋漏又遭连夜雨，船迟偏遇打头风。大局不利，后院起火，忧虑愤恨交心，刘邦竟然大病一场，身心两面，受到生来从未有过的打击。

他大难不死，病体不久得到康复，事业也重整旗鼓。经历此事以后，他不仅经受了挫折的磨炼、增添了韧性顽强，更体验到世上人事的反复多变，学会了忍耐和容忍。后来，丰邑又回归刘邦阵营，雍齿也再次回到刘邦麾下，成为刘邦军团一位有名的将领，战功累累。刘邦尽管对往事刻骨铭心，多次恨不得找借口杀了他，但是，为了维护丰沛故人核心集团的团结和稳固，显示对功高将士的恩德和怀柔，他始终自我克制。在取得全国政权、部下们对分配权益出现不满时，他接受张良的建议，用重赏厚封雍齿的方式消除了内部的不安，化消极为积极。

刘邦做了皇帝以后，选取沛县作为自己的个人领地，给予永远免除徭役和租税的恩惠。同样的恩惠，当初却没有给予丰邑。当沛县的乡亲们请求给予丰邑同样的待遇时，他才吐露了对于当年的怨恨："丰邑是我生长之地，何尝能够忘怀？我不免除其徭役和租税，为的只是丰邑当年为了雍齿的缘故背叛我而投靠魏国。"看来，耿耿难平的往事，他终身隐忍在心中。沛县父老再三请求，刘邦无奈，才比照沛县待遇，永远免除丰邑徭役和租税。

八　邂逅张良

刘邦沛县起兵，大义名分是响应张楚陈胜，复兴楚国，推翻暴秦。尽管刘邦没有见过陈胜，没有直接从陈胜的张楚政权得到过任命，也没有直接的统属关系，但是，刘邦起兵以来，自认为是楚国楚军的一部分，他和部下们也自认为是楚人，着楚衣，唱楚歌，归属于楚国文化的心情，是从来没有改变过的。丰邑反叛属魏，刘邦物心两面遭受重创，事业跌入了起兵以来的低谷。与此同时，全国各地的反秦运动也陷入低潮。这一切，都发生在二世二年十二月，刘邦沛县起兵后第四个月。

这个时候，秦军由防守转入全面进攻，章邯军收复颍川，攻入陈郡，陈胜兵败下落不明，张楚政权瓦解。进攻南阳的张楚军宋留部队，投降秦军，宋留被传送到咸阳处死。北部战场方面，王离军已经收复上党郡，军锋正向邯郸方向压迫过来。

二世二年正月，陈胜部将秦嘉等人得到陈胜死讯以后，拥立楚国旧贵族景驹为楚王，继续复楚反秦的大业，来到了沛县南面的邻县留县（今江苏沛县南）。陷入困境的刘邦，为了结束孤军作战的不利，从沛县前往留县面见楚王景驹，请求加入景驹阵营。在由沛县前往留县的途中，刘邦邂逅张良。

张良自博浪沙刺杀始皇帝不果以后，一直隐身于东海郡下邳县。下邳县是东海郡的西部边县，西南两面邻接泗水郡。下邳县的西边是泗水郡彭城县，南边是泗水郡下相县，彭城是楚国的旧都，下相是项氏一族东迁的聚居地，张良与项氏一族的交往，可以追溯到这里。下邳县是山高皇帝远的地方，隐居下邳的张良，依然是任侠使气，结交宾客游士，藏匿亡命不法之人。项羽的伯父项伯曾经在下相县杀人犯法，逃亡到下邳，就一直隐藏在张良家里，二人由此成了生死之交。

听说陈胜在大泽乡起兵，眼见关东大乱，张良也趁机在下邳聚集了百余人起兵响应。陈胜死后，各地的反秦武装重新组合，张良听说景驹被立为楚王，驻扎在留县，就带领部下前去投靠。在前往留县的路上，与刘邦相遇。张良和刘邦的这次邂逅，对于他们二人来说，甚至对于以后历史的演变，都有非同寻常的意义。张良超凡出俗，长于智慧谋略，是第一流的参谋人才；刘邦大度自信，强干而长于用人，是帝王型的英雄。他们二人的结合，成为正确决策和强力推行的典范，引导了尔后的刘邦集团渡过重重难关，最终取得夺取天下的胜利。张良有窥听天声神语的聪明，他自度一生中两大奇遇，一是沂水桥上遇见黄石公，得到《太公兵法》的启示；再就是留县遇刘邦，《太公兵法》得以运用实行。功成名就后的张良，自感不过是天意的工具，他选择的封地是回到留县，他选择的归宿是追随黄石公仙去。这些都是后话了，不管怎么说，留县的邂逅，开始了他们二人终身完美的天作之合。

刘邦与张良一起到留县见了景驹，正式成为楚王景驹的部下。

自从雍齿反叛以后，敌对的丰邑始终是刘邦的心腹大患，他投靠景驹后的第一件大事，是希望从景驹那里得到增援部队，攻下丰邑。不过，刘邦到了留县以后，形势紧迫直下，已经来不及马上考虑丰邑的事了。当时，章邯军主力继续在陈郡一带扫荡陈胜军，章邯部下的一支军队，在司马尼的统领下，由泗水郡南部北上，一路进攻过来。司马尼军进攻相县（今安徽濉溪市西），遭到相县军民的顽强抵抗，城破后，秦军实行了屠城。屠城后的司马尼军东至砀县，稍作休整，再东北方向开拔，准备经过萧县进攻留县。秦军压境，景驹迅速派遣将领东阳宁君和刘邦领兵南下萧县阻击。在萧县西部，秦楚两军展开了激战，楚军不利，退回留县。

二世二年二月，趁章邯军滞留陈郡，忙于应对张楚军别部吕臣军和英布军对陈县的反攻，刘邦领军南下进攻砀县，经过三天的围城进攻，攻破了砀县。攻下砀县后，刘邦在砀县进行了大规模的征兵整编，得到六千人的新军，与原有的三千沛县子弟兵会合，组成了一支九千人的部队。砀县整编的成功，对于刘邦军团的发展来说，具有重要的意义。

砀县是砀郡的东南边县，地处丰县的南面，夹在砀郡和泗水郡之间，过去是魏国的领土。刘邦早年任侠东游，在砀郡住过几个月，兄从家居外黄县的名士张耳。他与砀郡人士的交往，可以说从这里开始。砀县北部的芒砀山，是这一带少有的山丘地区，刘邦当年释放徭徒亡命落草，就藏身在这里，砀县本地的不轨少年，也有慕名投奔而来的。这可以说是刘邦与砀郡砀县的第二层关系。刘邦的妻子吕雉家是砀郡单父县的大户人家。刘邦起兵后，吕雉的两位兄弟吕泽和吕释之，纠集单父县的少年武装加入刘邦集团，成了刘邦与砀郡的第三层关系。刘邦在沛县起兵，得到沛县吏民的全力支持，征兵只得到三千人，砀县整编，征兵得到六千人，倍于沛县，他在砀县得到的支持，可以想象而知，当然地成为他与砀郡砀县的第四层关系。

这个时候的刘邦，正处于因为丰邑的背叛而沛县根据地动摇的不安当中。砀县征兵和整编的成功，使刘邦得到一个新的可靠根据地。从以后的发展来看，大概就从这个时候开始，刘邦开始把依托的重心从泗水郡和沛县方面往砀郡和砀县方面转移。楚怀王亲政以后，他被任命为砀郡长，成为砀郡地区名正言顺的最高支配者，其政治根基就是在这时候打下来的。砀郡出身的将士，与沛县出身的将士一道，成为刘邦军团的核心，未来汉帝国统治阶层的上层人物，大多由此而来。[1]

九　刘邦项羽风雨同舟

砀县整编成功后，刘邦军开始新的军事行动。二世二年三月，刘邦军北向攻克邻县下邑（今河南砀山）。由下邑继续北上，开始第二次围攻丰邑，没有成功。四月，留县方面发生了政治变动，刘邦所从属的楚王景驹被项梁军攻杀。项梁驻军薛县，景驹属下的楚军大多归属了项梁，军势壮大，有十万之众。刘邦于是前往薛县参见项梁，归附成为项梁楚军的一部。刘邦念念不忘丰邑故地，请求项梁增兵攻打丰邑，项梁以五大夫将十人、士卒五千人会同刘邦军第三次进攻丰邑。由于得到项梁楚军的援助，刘邦这次终于攻下了丰邑，雍齿逃往魏国。

---

[1] 参见拙著《汉帝国的建立与刘邦集团——军功受益阶层研究》第 5 章第一节之四"砀泗楚人集团"，三联书店，2000 年。

六月，项梁在薛县召集楚军各路将领会同议事，商讨军国大事，刘邦和张良都参加了这次会议。薛县会议，在项梁的主持下，接受了范增的建议，修正了陈胜起兵以来的平民王政路线，确立了王政复兴的方针，拥立楚怀王的孙子熊心为楚王，仍称楚怀王。在薛县会议上，项梁还接受了张良的建议，立韩国王族后裔韩成为韩王，复兴了韩国。在这次会议上，刘邦作为拥立怀王的楚军将领之一，第一次与楚怀王有所接触，为将来受怀王之命，西向攻取关中打下了基础。

几乎与薛县会议同时，长久包围魏国首都临济的章邯军，围城打援，击溃齐王田儋和楚将项它所统领的援军，降下临济，魏王魏咎自杀。项它统领楚军残部退还，齐军余部由田荣统领撤退，被章邯包围在东阿，齐国告急。

项梁统领楚军主力由薛县北上东阿救援田荣，刘邦领本部军随同。东阿之战，项梁大破章邯军。章邯军分两路撤退，主力退向濮阳方向，别部退入成阳县城。项梁也分兵两路，自己统领楚军主力往濮阳方面追击，命令刘邦和项羽统领本部楚军往成阳方向追击。项梁在濮阳再次大败章邯军，章邯撤入濮阳城内，引黄河水环城筑壕，坚守不出。刘邦、项羽联军围困成阳，强攻陷城以后，实行屠城。攻破成阳以后，刘邦、项羽联军南下攻击定陶。定陶防守坚固，未能攻破。

这个时候，各路秦军开始向濮阳方面移动，支援章邯军。三川郡守李由是丞相李斯的长子，曾经坚守荥阳，抵抗吴广军围城四个月之久，被章邯解救。三川郡与东郡为黄河南岸的邻郡，荥阳敖仓一带是秦帝国东方最大的军事基地。章邯军被围困在东郡濮阳，李由统领三川郡秦军迂回增援章邯，在砀郡雍丘县与刘邦、项羽联军遭遇。两军大战，刘邦、项羽联军大胜，斩杀李由，切断了由黄河南岸支援章邯军的通道。刘邦、项羽联军消灭李由军后，停留在陈留县和外黄县一带作战。

当时，天气恶劣，连绵大雨从七月一直下到九月。九月，从楚军大营传来消息，章邯军得到北部秦军的增援，突袭成功，楚军主力溃灭，项梁战死。楚军震恐，刘邦和项羽不敢停留，与另一位楚军将领吕臣一道，率领军队逐步东撤，往彭城方向收缩集结。

九月，楚怀王由盱台迁都彭城，亲政重建楚军和楚国政权。刘邦被封为武安侯，任命为砀郡长，统领本部兵马屯驻砀县；项羽被封为鲁公，屯驻彭城东。后九月，项羽被任命为上将军宋义的副将，北上救赵；刘邦以砀郡长之本职，受怀王之命，奉怀王之约西向攻取关中。

从二世元年八月开始，刘邦起兵于沛县，项羽随项梁起兵于会稽，二人同时开始反秦复楚的政治军事活动，登上了历史舞台。这个时候的刘邦与项羽，一在淮北，一在江东，尽管互不相识，却是同一阵线的友军。二世二年四月，刘邦归属项梁，与项羽同在楚军为将，他们因为共事而有了面识。二世二年七、八、九月，是刘邦与项羽一生中关系最为密切的时期。他们共同随项梁击章邯军于东阿，然后二人携手联军行动，破成阳，攻定陶，击杀秦将李由于雍丘，往来活动于外黄、陈留一带，继而在危难的形势之下，一同领军安全撤退回彭城楚都一带。在这期间，刘邦和项羽二人，可谓是风雨共舟的同事，同生死共患难的战友。

这一段共同作战的经历，对他们二人未来的关系，乃至对于历史的发展，都不可不谓有所影响。鸿门宴项羽不忍杀刘邦；项羽死后，刘邦以鲁公礼仪厚葬，悲哀哭祭项羽。政治上的种种谋划争夺、死斗仇恨之外，同为战友的旧情或许尚存？

十　相遇彭越

二世二年后九月，刘邦与项羽结为兄弟，就他们起兵以来同甘共苦的情义作了名分上的连接。随后，项羽随宋义北上救赵，刘邦奉怀王之约西向攻秦，各自奔赴不同战场。二人从此分道扬镳，成为政治上的对手。也许正应了那句有名的话，世上只有永恒的利益，而没有永恒的友谊。

刘邦军由砀县出发，首先向东郡的成阳方向移动。刘邦军的主要目的，是收集散失的陈胜军和项梁军的残部，扩大军队。就在上个月，项梁军在成阳北部的定陶被章邯击破，项梁战死，军队溃散。在扩军的途中，刘邦军在成阳一带攻击驻守的秦军营垒，击破两支地方秦军。十月，刘邦军南下往砀郡方向回移，在东郡和砀郡间的成武县与秦东郡郡尉所领的部队以及王离军留在河南的一支部队交战，将其击溃，回到砀郡进行整编休整。十二月，刘邦军在砀郡栗县（今河南夏邑），收编了楚军将领刚武侯的一支四千人的军队，然后与活动在这个地区的魏国将领皇欣、武蒲所领的魏国军队联合对秦军作战，取得胜利后，再次回到砀县休整。二月，刘邦军北上进攻昌邑县，没有攻打下来，回首向陈留方向进军，终于开始西向攻取关中的行动。

我整理历史到这里，对刘邦接受怀王之约后的行动颇有疑问。刘邦受怀王之命，奉怀王之约西进攻取关中，是在二世二年后九月，以后半年多时间里，刘邦军一直徘徊于砀县、栗县、成武、成阳一线作南北往来的军事行动，并未西向往关中方向进攻。在这期间，从后九月到翌年十一月间，宋义领楚军主力停留在薛郡无盐县（今山东东平）附近的安阳，一连停驻了四十六天，毫无渡河援救赵国的动向。对于如此行动，宋义向狐疑的部下们所作的解释是坐山观虎斗，等待秦军攻击赵国的结果。想来，宋义是怀王亲自选任的大将，他的解释，或许就是怀王宫廷的意图。刘邦也是怀王亲自选任的将领，他在同一时间滞留砀县一带逡巡徘徊，应当也是怀王宫廷方面相同意向的结果。怀王宫廷方面的意向，或许就是指示刘邦暂时不要远离砀郡一线，一方面侧翼观望北部战场，一方面防止东郡一带的秦军袭击楚国的首都徐州。

十一月，项羽杀宋义，夺取军权，迫使怀王追认既成事实，迅速统领楚军渡过黄河北上救赵。十二月，歼灭王离军于巨鹿城下，解除赵国之围，成为各国联军统帅。此时的刘邦军，仍然徘徊于砀县一带。一月、二月，项羽统领各国联军在巨鹿稍作休整以后，开始向筑营于漳河一带的章邯军进攻，迫使章邯军节节败退，退守河内郡安阳县一带固守待援。一直等到了这个时候，刘邦军西进攻取关中的行动仍然没有开始，其攻击的方向，仍然是在南北线上。

二月，刘邦军由根据地砀县出发，北上进攻昌邑县。这次军事行动的意义，同样属于半年多来刘邦军南北往来徘徊行动的一环。不过，刘邦的这次军事行动，却使他结识了另一位英雄人物——彭越，奠定了将来联合作战、共取共有天下的基础。

彭越是昌邑县人。昌邑在砀郡北部，本是魏国的地方。昌邑以北，东郡成阳（今山东菏泽北）以东，薛郡张县（今山东梁山）以南，是一大湖泊沼泽地，称为巨野泽。彭越本是渔民，在巨野泽中打鱼谋生。秦始皇末年，徭役繁重，法律苛酷，彭越聚集起一帮渔民弟兄，亡命于巨野泽中，与亡命于芒砀山的刘邦一样，成了不法的群盗，很得不轨少年们的拥戴。陈胜起兵于大泽乡，关东地区纷纷响应，众兄弟蠢蠢欲动，请求彭越效法起兵反秦。彭越的回答是：眼下秦楚两龙相斗，我们不妨等等再看。

天下大乱中，彭越在巨野泽中蛰伏观望了一年有余，不为外界所动。二世二年十二月，魏咎从陈胜处回到了魏国称王，魏国正式复苏，彭越没有去归附。半年后，二世二年六月，章邯战胜魏、齐、楚联军，魏咎在临济自杀，彭越也没有举动。直到二世三年十二月，项羽在巨鹿城下大败秦军，全歼王离军，章邯军退却，秦王朝的败局已经明显，彭越才从巨野泽中姗姗晚出，加入到群雄角逐的行列当中。

秦军大败于巨鹿的消息传来，巨野泽一带的年轻人再也按捺不住，有数百人集聚起来，来到彭越藏身的地方，一致请求彭越出山，承头带领众人打下一片自家的天地来。彭越觉得时机已经成熟，只是众人之心尚未畏服，先作推辞，在众人一再请求下，才接受下来。

彭越与众人约定，第二天早上日出时集合，共同起兵举事，晚到者以军法论处，斩首无赦。到了第二天约定时辰，晚到者有十余人，最晚的人，一直到中午才来。于是彭越沉下脸来对众人说："在下年长，诸君一定要我承头。起兵举事关系大家生死，非军纪严明不能存立。昨日有约在先，今日晚到者为数不少，违约犯令者不可全部处死，请将最后到者一人斩首。"众人都是乡里旧识，平日里称兄道弟，嬉笑拖拉惯了，以为彭越不过是吓唬人而已，纷纷笑着说："彭大哥何至于此，以后不敢就是了。"彭越面不改色，冷冷命令手下，当即将最后一名晚到者斩首。随即堆筑土坛，以其头置于坛上，祭祀军神，整列编制部下，起誓颁布号令。众人大惊失色，这才知道军中有约，违令者斩，从此畏服彭越。彭越整军以后，出巨野泽在附近郡县开始反秦武装活动，聚集了一千余人。

刘邦军抵达昌邑时，刘邦已经起兵一年半，是楚军中独当一面的著名将领，爵封武安侯，官任砀郡长，统领万人之众，亲奉怀王西进攻秦之使命。昌邑是砀郡的属县，名义上在刘邦的管辖之下。对于刘邦，彭越是早有所闻，刘邦军进攻昌邑县城时，彭越以当地军充任先军前导，积极协助刘邦军展开军事行动。进攻昌邑县城的军事行动，没有成功，刘邦军西向南下，往砀郡东部的陈留开封方向移动，彭越则继续留在昌邑一带，以巨野泽为基地，扩大军队，继续占山为王，无所统属。

以战国地域论，彭越是魏国人。秦末乱起，六国复国反秦，彭越既不愿意附楚，也不愿意助秦，在秦楚相争之间取观望的态度。魏国王政复兴，他对复兴后的旧王族政权，也持保留的态度。他的行动，不能用国别、地域或者氏族的理由来加以解释。彭越是下层社会出身的人，没有任何家世凭借，他只想依靠自己的力量，趋利避害，博得人生的富贵荣华。利益所在，就是行动所向，是彭越类功利主义者的行动准则。在秦末的战乱中，彭越始终是一支独立活动的武装力量，不固定从属于任何王国，只从属于能够给予自己最大利益的势力。

刘邦与彭越颇有相同之处，同是下层出身的群盗首领类人物，[1]奉行类似的功利主义。昌邑的这次合作，双方都留下了良好的印象。在家乡近处共同作战，增进了彼此的了解。刘邦和彭越在昌邑作战中结下的关系，宛若一粒种子埋下，等到刘邦与项羽

---

[1] 秦末蜂起的各个武装集团首领中，刘邦、彭越、英布最为类似，都是体制外的群盗集团的首领，对此的论述，参见拙著《汉帝国的建立与刘邦集团——军功受益阶层研究》第4章第一节之一"群盗集团期"。关于秦末各个叛乱集团的研究以及早期彭越集团的状况，可参见木村正雄《中国古代农民叛乱之研究》，东京大学出版会，1983年。

争夺天下、楚汉战争进行到紧要时刻，彭越的协力出兵，竟然成了决定胜负的关键之一。未来真是不可以预料。

十一　收服郦氏兄弟

二世三年二月，项羽军进军漳南，再破章邯军。秦帝国朝廷方面，左丞相李斯、右丞相冯去疾、将军冯劫等一批老臣已经被处死，赵高出任丞相当权执掌朝政。章邯外受项羽攻击，军事上连连失利，内失政治依靠，不断受到朝廷的谴责，得不到新的援军，陷入困境，无力对联军作有力的反击。秦帝国的命运，岌岌可危。

在大局渐趋明朗后，确认章邯军已经回天无力，秦军也不可能袭击楚国首都徐州以后，刘邦军正式开始西进攻取关中的行动。这一次行动，刘邦军的意图明确，沿三川东海道西去，重走两年前周文军的进军路线，由陈留、开封、荥阳、洛阳、渑池方向，攻取函谷关进入关中，力求尽快攻取咸阳。与彭越分手后，刘邦军由昌邑南下，往外黄、陈留方向开拔，在抵达陈留县（今河南开封南）郊外时，刘邦与郦食其、郦商兄弟有了戏剧性的相遇。

郦食其是陈留县高阳乡（今河南杞县）人，家境贫寒，好读书，机警有辩才，蛰居乡间，郁郁不得志。当时的乡里居住区，出入口有门，早晚开闭，有门监管理，门监由进出同一门的居民共同出钱雇用供养。郦食其不事耕耘，又不能经商置业，五十好几的人了，尚无正当职业，衣食没有着落，大家看他可怜，让他作了里门的门监，勉强混口饭吃。里门门监，相当于今天住宅小区的门卫，就此行当者，大抵是些不能正途出仕的落魄浪人，或者是流落他乡的游民。[1] 不过，虽说是职业卑贱，郦食其却狷介狂放，高冠儒服，长长瘦瘦一副穷酸名士相，对于县里乡中的大户人家、强人豪杰，毫无低身逢迎之气。特别是郦食其那张嘴，伶牙俐齿，尖酸刻薄，能把死人说活、活人说死，真真是三寸不烂之舌，活脱脱一把刀子。无人看好他，又都奈何不得，县里的人都称郦食其为狂生，视其为乡里秩序之外的格外人物。

秦末乱起，陈留地处山阳东海大道上，成了兵来将往的战场。经过高阳乡的军队，前后不下数十余部。郦食其多看多听多琢磨，对于各部的领军人物留意甚深，大多是些繁琐小气、固执自用的人，不能接受远见大度的进言，成就大事宏业。郦食其自度不能依托自鬻，依然深自隐藏在乡间僻里，等待观望。郦食其的弟弟叫郦商，与读书辩舌的哥哥不一样，勇武豪侠，爱纠结少年无赖生事。陈胜起兵后，郦商也带领一帮陈留少年奋起响应，攻略游击，发展到数千人之众，称霸一方，自成乡土英雄。郦食其、郦商兄弟一文一武，一隐一显，在动乱的陈留地方，实有非同寻常的影响。

刘邦其人，有一大特点，喜好结交天下英雄豪杰，长于使人共事。少年时代，游侠从张耳游；泗水亭长时代，沛县上上下下无不交往；起兵以来，军队所到之处，必定询问地方有何贤士豪杰、怪才奇人，网罗之意至为殷切。他领军驻扎陈留县境内，部下一名骑士正好是郦食其同乡同里的少年，受命回乡打前站，也为刘邦问询乡里人物事情，算是收集情报，打探消息。

该骑士回到里中，乡亲们免不了问候团聚，闲谈打听。郦食其对刘邦早有所闻，此时有了直接的消息，预感出头自鬻的时机

---

[1] 战国秦汉时代的里监门，身份低下，介于平民和奴隶之间，其详细内容，参见吴荣曾《监门考》，收入同氏著《先秦两汉史研究》，中华书局，1995年。

来临，他对同里骑士说："我听说沛公待人轻慢无礼，然而大略有度量，一直是我愿意交游的人物，只是苦于无人为我作介绍。小兄弟见了沛公，烦请代为传话：'臣下同里有郦生其人，年纪六十有余，身高八尺，被人称为狂生。本人却自言儒而非狂，愿意从沛公游。'"同里骑士有些为难，回答说："沛公不喜欢儒生，曾经有客人戴儒者的高帽来见沛公，沛公当即取下客人的帽子，在里面撒了泡尿。和人谈话，动辄日妈倒娘地破口大骂。先生切切不可以儒生的形象礼节见沛公。"郦生有数在心中，只是说："小兄弟，你就按我的话说，余下的事，我自会应对。"里中骑士答应下来，如实将郦食其的话传达给了刘邦。

刘邦军抵达高阳。刘邦下榻高阳乡的接待传所，记起部下骑士的话，有意见识见识这位毛遂自荐的高阳狂生，于是派人召郦食其到传所来。郦食其来到传所，入室谒见，刘邦坐在木凳上，正由两位年轻女子伺候着洗脚。古时候，下客见上主，下客当屈膝下跪行大礼，上主对下客，欠身拱手作揖则可。郦食其见了刘邦，拱手不拜，劈头就是一句当头棒喝，他高声质问刘邦："足下究竟是想助秦攻击诸侯各国，还是想率领诸侯各国消灭秦国？"

刘邦是志在天下的英雄，他入乡问俗，对于一文一武、称霸陈留的郦氏兄弟，早有收服共事之心。不过，刘邦用人有心计城府，对于桀骜狂妄之人，他的手法是先折后扬，首先无礼羞辱对方，折掉对方狂傲之气，然后他再低身卑辞，厚赏重用，在上下主从关系明确的基础上求人用人。对于郦食其的来访，刘邦也是施用故技，居高临下，制造难堪占据先手，想不到被郦食其劈头抢白，当即火起，破口骂道："臭儒生！天下不堪秦朝苛政，诸侯各国联合攻秦，敢说老子助秦进攻诸侯，放你妈的狗屁！"

刘邦火起，正中郦食其下怀，郦食其无视刘邦的火气，接着刘邦的话反问："足下要想聚集天下豪杰，兴义兵诛暴秦，岂能傲慢对待长者？以我眼前所见而言，足下看人止于皮相，智力不如我郦食其；足下无礼失态，勇气也未见得在我郦食其之上。如果足下真是有心夺取天下，岂能不礼遇如我郦食其这样的人。"

　　我们已经说过，刘邦表面上常常傲慢无礼，但内慧有肚量，哪怕在酪酊醉饮、狂言妄语中，对于有理切中的话几乎马上就能省悟，或者默然，或者陈谢请从，断然变成了另一个人。听了郦食其这句话，刘邦马上停止洗脚，起身穿上衣服，延请郦食其入客厅就坐上席，自己在下席相陪，施礼道歉，诚心请教军国大事。郦食其博览群书，明悉古今，是饶有战国游士风韵的人物。他先说七国的合纵连横，再说当今的战国复活，活用历史，比况古今，说得刘邦连连点头称是，高兴得吩咐备上酒菜来。酒席期间，刘邦就西进攻取关中一事请教方策，郦食其说："足下纠集乌合之众，收集散乱之卒，手下兵马不满万人，如此直接西进攻取关中，无异于虎口求食。陈留城地处天下交通要道，是四通八达的地方，城中粮食储备丰富。陈留县令是臣下的相识，请足下授命臣下入陈留城劝降县令，县令肯降，大好事；县令不肯降，足下举兵进攻，臣为内应，陈留可下。"刘邦大喜，当即接受郦食其的建策，派遣郦食其为使者进入陈留城，自己统领军队紧随其后，里应外合，一举攻克陈留县城。[1]

---

[1] 本段叙事，主要依据《史记·郦生陆贾列传》，也参考了该传后所附之郦生见刘邦下陈留的历史故事。这个故事，被认为是后人所附《楚汉春秋》郦生事迹的异文，情节略有不同而夸张。战国秦汉以来，世间长期流传诸多的历史故事，这些历史故事，不但是诸子百家写作时的材料库，也是司马迁著《史记》的史料来源之一。在写作《史记》的时候，司马迁按照自己的选取标准，对这些历史故事作了取舍改编。我在再叙历史的时候，力求与司马迁站在同一起跑线上，按照我的理解和选取标准，再次作了取舍补充。关于这个问题的分析和论述，参见拙文《焚书坑儒的真伪虚实——半桩伪造的历史》（《史学集刊》2010 年第 6 期）和《解构〈史记·秦始皇本纪〉——兼论3+N 的历史学知识构成》（《史学集刊》2012 年第 4 期）。

刘邦因郦食其有功，号其为广野君。郦食其又跟刘邦说起他的弟弟郦商。刘邦便命郦商为将，将陈留兵交给他带领，跟从自己作战。此后，郦食其常常作为刘邦的说客，出使各路诸侯，纵横捭阖其间。

十二　南阳收编秦军

三月，占领陈留的刘邦军西向进攻击开封（今河南开封西南）。由于秦军顽强抵抗，未能得手。刘邦军避开开封，北上进入东郡，在白马津与秦将杨熊交战，追击至曲遇（今河南中牟）大败杨熊军，杨熊退守荥阳，被秦政府问罪处死。

四月，因荥阳坚固难以攻克，刘邦军南下进入颍川郡，与在当地活动的张良和韩王韩成会师。颍川会师，开始了刘邦与张良的第二次合作。二世二年一月，二人在留县初次相会，开始第一次合作。同年六月共同参加项梁主持的薛县会议，张良说动项梁立故韩国公子韩成为韩王，张良出任韩国申徒，与韩成一道领兵到韩国旧地颍川一带活动，刘邦则随同项梁一道北上东阿攻击章邯秦军，二人分了手。张良与韩成在颍川一带致力于恢复韩国故地。然而，他们的活动并不顺利，围绕城池争夺，与秦军的战事屡有反复，始终没有打开局面。韩成、张良与刘邦军会师以后，军威大振，一举攻下颍川郡治阳翟（今河南禹州），对顽强抵抗的秦军，实行了屠城报复。

当时，赵国将领司马卬带领一支赵军由上党郡方向南下，进入到平阴县（今河南孟津）的黄河北岸，有从孟津渡河进入三川郡、走三川东海道西取函谷关进入关中的动向。刘邦察觉到了司马印的意图，领军由颍川北上，攻克平阴县，封锁了黄河渡口，迫使司马印放弃了渡河入关的打算。然后，刘邦领军南下攻击三川郡治洛阳，在洛阳东与秦军交战失利，被迫放弃了由洛阳直接西去，经新安、渑池一线，夺取函谷关进入关中的想法，迂回南下。于是，刘邦军由洛阳经轩辕道（今河南偃师东）退回颍川郡。再次进入颍川以后，刘邦让韩王成留守阳翟，自己与张良一道领兵往南阳郡方向移动，准备夺取南阳西部的武关，走商洛道攻入关中。

秦二世三年六月，刘邦军南下攻击南阳。在颍川和南阳交界的犨县（今河南平顶山西南），刘邦军击败秦南阳郡守齮统领的秦军，乘胜追击，包围了南阳郡治宛城（今河南南阳）。南阳郡守齮据宛城坚守，刘邦急于西进入关，无意停留攻坚，于是绕过宛城，打算一气向武关方向突进。张良觉得不妥，劝告刘邦说："足下急急，希望尽早进入关中，然而，秦军兵力尚众，前后据险而守。如果不攻占宛城西去，前遇强敌阻击，宛城秦军再从后面追击，腹背受敌，非常危险。不如突然返回偷袭宛城。"刘邦接受了张良的建议，领军连夜改道折回，偃旗息鼓，清晨突然出现在宛城城下，里外三重将宛城团团围困，即将大举攻城。

突然遭遇不测，宛城军民慌乱，南阳守齮以为战也是死，不战也是死，决意自杀。常在左右的亲近部下、舍人陈恢劝谏说："事情尚没有完全绝望，请府君容许我出城面见刘邦，劝说他接受我军有条件的投降。如果不成，到时再死也为时不晚。"陈恢出城面见刘邦说："臣下听说将军身受怀王之约，先入咸阳者王关中作秦王。而今，将军停留止步，围攻宛城。宛城及南阳诸县，共有数十城池攻守联防，南阳军民以为战也死，降也死，人人乘城坚守死战。将军若连日攻城，伤亡必多，战事必久；将军如果绕道西去，宛城守军必定紧跟尾随。将军前有城池守军，后有追击骚扰，必不能顺利西进，最终落得空负怀王之约的结果。为将军计量，不如宽待南阳军民，盟誓约降，封赏南阳郡守，让他继续驻守南阳，然后整编宛城秦军，统领他们一道西向攻取关中。如此一来，南阳境内诸县军民，将闻声争开城门迎接将军，将军进入关中之路，必将畅通无阻。"

刘邦接受了陈恢的提议。宛城开城投降，刘邦入城，接受政权，收编军队。他如约封南阳郡守齮为殷侯，命他继续担任南阳郡守，封陈恢食邑千户，然后统领楚军旧部和新编的秦军一道西进。

南阳受降，在刘邦集团建立汉帝国的过程中，具有特别的意义。在此之前，刘邦军与六国反秦军一样，与秦军激烈交战，双方皆用严峻的手段对待对方。宋留投降章邯，被送到咸阳处以极刑。刘邦、项羽联军攻下咸阳，屠城报复。秦与六国之间，仇恨愈深。至南阳受降为止，刘邦军是楚军的一支，先是沛县县军，以沛县人为主体，后是砀郡郡军，以砀郡人为多数。在转战各地的过程中，虽然不断有兵员的补充，大体上仍然以泗水郡和砀郡地区出身的人，也就是楚国和魏国军民为主。秦军成建制地编入刘邦军，是从南阳开始的。

由于南阳处置秦军投降得当，从此之后，秦之官吏军民，开始大规模地倒向刘邦。南阳受降以后，事态的进展完全如同陈恢所言，南阳境内诸县，纷纷开城投降。刘邦军西进至丹水县（今河南淅川），秦军将领高武侯鳃、襄侯王陵投降。继而进攻郦县（河南南阳西北）和析县（今河南西峡县），也都不战而降。在顺利进军的形势下，刘邦命令部队所过一律不得掳掠施暴，明令禁止报复秦人、残破秦土的做法，于是秦国人民欢喜，民心开始瓦解。

大梁城。我读过开封地层图，清代的开封城，在地下四米土中；垂直而下，七米处是明城；而北宋的都城汴京，连带前后建都于此的金和后周、后汉、后晋、后梁的所谓六朝都会，都埋在地下十一二米深处。至于魏都大梁，已经远去地下十四五米，如何可以寻觅得了？

十三　开封不尽有陈留

　　我整理历史，到刘邦取陈留、战开封、大败秦将杨熊于曲遇时，遥想当年开封、陈留一带，可谓是人杰地灵，英雄际会。

　　公元前 361 年，魏惠王迁都大梁，开封迎来了历史上的第一次辉煌。孟子以仁义说惠王于宫廷，邹衍、淳于髡受礼遇于梁都。张仪相魏亲秦，苏代之梁，有"以地事秦，譬犹抱薪救火，薪不尽，火不灭"的劝诫。[1]地处东西南北交会之地的大梁，成为辩

---

[1]　参见《史记·魏世家》，亦详见杨宽《战国史料编年辑证》，上海人民出版社，2001 年。

士的乐土、游侠的天堂。最难忘的是信陵君无忌，他在大梁建府邸，备车马，敞胸开怀，集聚三千门客，开游侠养士的时代风气。千千万万的新潮青年，视信陵君为偶像，视大梁为时尚的圣地。张耳有幸在大梁入于信陵君门下，刘邦又追随张耳习染先人遗风，代代相传，又是何等一种景象。

公元前 225 年，秦军围困大梁，秦将王贲掘黄河引水灌城。三个月后，大梁城坏，魏王魏假投降，魏国灭亡，大梁成为废墟，往日繁华，一时荡然无存。秦末乱起，魏国复兴，首都定在大梁东北的临济。章邯包围临济，围城打援，击杀齐王田儋，败走楚将项它，绝望的魏王魏咎自焚殉国，又是一场可歌可泣的史剧。

时至二世三年，刘邦西进关中，抵达陈留。由于大梁的荒废，陈留成了豫东地区南来北往的交通枢纽。陈留郊外，刘邦与郦食其、郦商兄弟有了戏剧性的相会，得到郦氏兄弟的协助，夺取陈留，取得了粮食兵源，力量大为增强。

刘邦是楚怀王任命的砀郡长，为砀郡最高长官。抵达陈留以前，刘邦军先以沛县、后来以砀县为中心展开活动，虽然名义上是砀郡长，实际上只控制了砀郡的东部地区，砀郡西部的陈留、开封一带，一直在秦军手中。刘邦占领陈留，郦商部下数千陈留兵加入，使他对于砀郡的控制，有了相当的进展，砀郡成为他名副其实的根据地，砀郡出身的将士成了继沛县人之后刘邦集团的又一层核心力量。我整理历史念及于此，切切深感开封、陈留一带，不去不得了然。

2006 年 8 月，我由荥阳经郑州去开封。未动身以前，开封的朋友说：开封屡经黄河淹没，古城遗址已经深埋在地下，地上几乎是荡然无存，比不得豫西地区地势高敞，遗址多存。朋友是挚爱乡土的开封人，或许是怕我去现场而生失望，先作预防性的告

陈留故城址。2006 年 8 月，我从开封匆匆去陈留，昔日"天下之冲，四通五达"的名城，如今已是衰败残破的小乡镇，倘若郦生再世，大概不会再劝告刘邦用兵于此，陈留已经无财可取、无人可用。遍访陈留，已经无人知道故城所在，已经无人知晓往日的荣光。终于找到一位怀旧的当地耆老，带领我们寻找城墙遗址……

诚。他调侃自谦之余，某种黯然神伤之情，丝丝缕缕难以抹去。[1]

我读过开封地层图，清代的开封城在地下 4 米土中，垂直而下，7 米处是明城；而北宋的都城汴京，连带前后建都于此的金和后周、

---

[1] 河南大学历史系教授龚留柱，是引领我前往开封陈留的友人。我与常年的走友，日本爱媛大学的藤田胜久教授同行，在留柱兄的引领下，访前辈学者朱绍侯、同辈学友李振宏，接杯酒之欢，叙往事故旧，见识开封古风，温习师生人情，相得甚欢，聊以补慰陈留衰败之余哀。回郑州之夜，遭遇大雨断路，下车徒步跋涉水中，次日方抵达住处，仿佛经历一番战乱逃亡，又是一种人生和历史的体验。这次重版本书，得留柱兄首肯，得以披露姓名，感亲切之余，再次对龚留柱教授表示感谢。

陈留蔡邕墓

后汉、后晋、后梁的所谓六朝都会，都埋在地下十一二米深处。至于魏都大梁，已经远去地下十四五米，如何可以寻觅得了？

车行东出郑州，入中牟县，过官渡古战场，进入开封市境内。先去大相国寺，是始建于北齐天宝六年（555）的佛寺，据说是信陵君旧宅所在地。我流连于现存的清代建筑中，想见当年信陵君大宴宾客，延请夷门隐士侯生就座上席的光彩。

寻夷门故址，经过包公祠、开封府、龙亭，穿越河南大学到铁塔公园。铁塔原名开宝寺塔，建于北宋皇祐元年（1049），历经近千年，至今屹立于开封城下。铁塔在开封城东北，其地古来为夷山所在。夷门是魏都大梁的东门，以邻近夷山得名。夷山顶上建有开宝寺塔，千百年岁月沧桑，洪水反复淤积，夷山成为平地，山顶的铁塔也就齐同于地面了。环绕开封的城墙保存完好，经友人指点，我上夷山，攀城堞，荒草萋萋，林木掩映之中，远远有车马铃声，仿佛是魏公子无忌亲自驾车来迎接侯生、朱亥。

午后匆匆去陈留，昔日的"天下之冲、四通五达"之名城，如今已是衰败残破的小乡镇，倘若郦生再世，大概不会再劝告刘邦用兵于此，陈留已经无财可取、无人可用。遍访陈留，已经无人知道故城所在，已经无人知晓往日的荣光。终于找到一位怀旧的当地耆老，带领我们寻找城墙遗址，在乡间玉米田中，又寻得东汉文人蔡邕墓，有民国十二年（1923）所立石碑，据说原有坟丘，毁于"文革"云云。

开封、陈留一带豫东地区，在黄泛区中，由于黄河变故，屡屡被河水淹没。千百年来这一带地区的地上建筑，不断地被冲毁，被淤积埋没，又不断地被重建，被整修新筑。冲毁，重建，再冲毁，再重建……如此周而复始的循环，几乎成了黄河下游文明的宿命。思量至此，我终于理解了开封友人眼中的那种黯然神伤的悲哀。

辞别豫东，回到故乡成都，我去金沙，我去少城，我去寻访我少年时代的踪影。往日的田园风光，菜花黄，豌豆绿，捞鱼的金沙小河旁，如今都是小区餐饮楼房。少城里，祠堂街，将军衙门上，如今都是大道银行商场。黯然神伤之余，在旧址故地处，寻到新立的街牌和石碑。街名依旧，东门街。石碑由市政府所立，指明这一带地方是明清以来的少城旧址，诸多遗物故迹云云。睹物思人，我好生感慨，由于岁月变迁，三十年前故迹，已经需要立石以标示，千百年前的遗址，被泥沙埋没，又何必过多地伤感？创建，破坏，再创建，再破坏，再创建……这种创建和破坏的交替循环，也许就是人类文明的命运。然而，国破山河在，山崩河移，历史犹存。只要历史的记忆不曾消失，被破坏的文明定将得到重建；只要历史的记忆还在，文化和传统就可以复兴。只要走到这片土地，只要一块小小的石碑，只要一段短短的文字，历史就可以复活在你的心中。

历史是文明的核心。开封、陈留以东的黄河下游文明，是一种不断地被冲刷淹没、又不断地被重建整修的文明，就在这种失而复得的过程中，隐藏着一种历史的顽强和坚忍。

当我继续整理历史，由开封、陈留南下西去以前，聊以这段文字寄语开封的友人，或许可以轻减他心头的沉重，他那黯然神伤的眉头，或许能够稍稍舒展否？

第八章

秦帝国的灭亡

一　章邯投降

项羽与章邯约降于洹水南岸的殷墟。章邯面见项羽痛哭流涕，既有往日对战厮杀的恩怨，也有当今赵高逼迫的无奈，更有愧对先帝故国的羞辱。

二　情系殷墟梦邯郸

历史学使用倒向的时间，重现往日的画面。建筑于地下的殷墟博物馆，用标志历代王朝的地下通道，将现在到过去的时间，转换为由地表到地中的空间；又用无数神秘的出土遗物，带你进入历史的梦境。

三　赵高与刘邦的密谋

刘邦与赵高密约：赵高杀二世开武关共同灭秦，刘邦军入关以后，分割旧秦领土为两国，由赵高与刘邦分别称王统治。

四　秦帝国的落幕

刘邦领军进入咸阳，再次惊叹秦都宫室的富丽繁华，回忆起当初做徭夫来咸阳，外观宫室路遇始皇帝的往事，感慨兴奋，大有筋骨酥松、身心舒畅之感，准备就在咸阳宫中留住下来，好好轻松享受一番。

五　项羽坑杀降卒

新安坑杀秦军降卒，使项羽失去了秦国，断绝了项羽入关以后在关中立足的可能。这一决策，是项羽一生中最大的政治失误，是项羽由盛而衰的转折、失败的起点。

六　项伯救了刘邦

项羽年轻，只有二十七岁，他一方面是天生无敌的将军和勇猛的战士，另一方面却是一位受感情左右的人。新安坑杀秦军降卒，他不能控制内心深处对秦国的仇恨，铸成失去秦国人心的大错。听项伯为刘邦辩解，同是楚军将士、曾经同生共死的战友之情又左右了他的心胸，使他不能根据政治利益的需要决定行动。

七　有惊无险鸿门宴

鸿门宴上，项羽派遣陈平去找离席的刘邦。以陈平之明察，刘邦的处境去向，他当然是一清二楚。然而，以陈平之智谋，他绝不会紧追急究。张良和陈平能够默契遮掩，东找西寻，为刘邦的脱逃赢得了时间，也为将来陈平投奔刘邦埋下了伏线。

八　项羽废怀王之约

项羽清楚地知道，如今的自己，功高不仅震主，早已震动天下，挟如此无赏之功，举世已经没有可以行赏之主了。

九　不做秦皇做霸王

项羽无意做秦始皇重建统一帝国，也不愿意回到楚怀王手下去做将军。他折中古今，调和现实，在中国历史上首次实行了霸王主持下的封王建国。

十　秦亡的历史教训

我整理秦末的这一段历史时，深感那是唯利无耻的英雄时代。在那个时代，人人唯利是图，个个急功近利，周围都是生死搏斗，到处遍布尔虞我诈，成者为王败者寇，建功立业的英雄豪杰们，何曾有暇于道德伦理。

一　章邯投降

巨鹿之战惨败，章邯军退守漳河一带，以河内郡为基地，西以河东郡为依托，南以三川郡为靠背，利用黄河漕运，就食敖仓，顽强抗击诸侯国联军的进攻。从二世三年一月到七月，一直与联军反复拉锯作战，战事异常艰苦。

项羽歼灭王离军，在巨鹿稍作休整以后，统领诸侯国联军，开始向漳河一带步步进逼过来。自章邯夷平邯郸城后，漳河以北已无据点可守，章邯军一部沿河内一线漳河南岸设防，利用漳河天险，做坚守河内的准备。章邯认为，只要保住河内，战局就有逆转的希望。

漳河与黄河之间的棘原一带（今河北大名），章邯军曾经筑有甬道为王离军输送粮食，后来被楚军英布和蒲将军部队切断。王离军被歼灭以后，章邯军停止对英布军和蒲将军军的反扑，转入收缩防御，以棘原为中心，在漳河和黄河之间高壁深垒，构筑起坚固的防御工事，集结兵力，阻止联军部队由东北方向迂回包抄河内。胜利后的项羽军在棘原以北渡过漳河，仍然以英布军和蒲将军军为前锋，布阵寻求章邯军主力决战。章邯军坚守不应，项羽军开始向章邯军的壁垒发起进攻，攻坚作战。项羽军攻势猛烈，章邯军不利，步步为营，有序地向河内郡安阳县方向收缩。

安阳县在河内郡北部,就在今天的河南省安阳市。古往今来,南北贯通华北平原的交通大道多经过这里。秦帝国时代,河内广阳道由河内经安阳到邯郸,走巨鹿到广阳,一直通达右北平,大体上沿着今天的京广铁路,是燕赵地区最主要的交通要道。河内郡曾经是魏国的领土,地在黄河以北,上党郡和邯郸郡以南,东接河东郡,南隔黄河与三川郡相望,为连接河北地区和河南地区的枢纽要地,也是秦帝国进出关东地区的生命线洛阳—成皋—荥阳—敖仓一线的北部屏障。秦末之乱以来,河内一直为秦军坚守,未曾失过手,成为尔后秦军反攻的基地。章邯东阿战败,退守濮阳,依靠河内方向的支援,得以先守后攻,最终击败项梁。章邯渡河北上,攻克邯郸,迁徙邯郸民人到河内,置于河内郡府的监控使用之下。王离围攻巨鹿,章邯以河内为后方,屯重兵筑粮道供应王离军。王离军被歼灭,章邯收缩于河内郡;所有这一切行动,依恃的正是河内局势的稳固,背靠三川郡、就食敖仓粮的有利地势。

然而,自从左丞相李斯、右丞相冯去疾、将军冯劫等先帝老臣被诛杀,赵高出任丞相当政以后,章邯在朝廷上已经失去了内援。巨鹿战败,王离军被歼灭,身为秦军总帅、统领中部军掩护王离围攻巨鹿的章邯,已经受到朝廷方面严厉的责问,感受到巨大的压力;尔后连连退守,朝廷方面责让促战的使者,接二连三抵达军中,更使章邯陷于内外交困的苦境。

四月,赵国将领司马卬统领一支赵国军队由上党郡南下,突入河内郡西部抵达黄河孟津北岸,大有渡过黄河、进入三川郡的动向。司马卬军进入孟津北,切断了河内郡与河东郡的联系,如果司马卬军渡孟津攻占三川郡,河内的章邯军将被彻底包围,粮道也将被断绝。然而,也就在这个时候,已经进入颍川郡的刘邦军突然进入三川郡攻占孟津，迫使司马卬军放弃了南渡的意图。尔后，刘邦军由孟津攻击洛阳失利，被迫又退回颍川，三川郡再次回到秦军的控制当中。

刘邦军攻占孟津，是不愿意看到攻取关中的功业被司马卬夺去，使自己失去奉怀王之约做秦王的机会。刘邦军和司马卬军的龃龉失算，使章邯军一时转危为安，免于被彻底包围的命运。不过，司马卬军的这次行动使章邯深感后方不稳，前后失据。他决定派遣长史司马欣专程前往咸阳，向朝廷说明情况，请求增援。

司马欣抵达咸阳以后，径直前往咸阳宫求见二世皇帝，求见的请谒递进去以后，他天天到宫廷外门即司马门外等候召见。第一天没有消息，第二天还没有消息，到了第三天，还没有召见的消息。司马欣害怕了，军情不利，皇帝不见，是不祥的预兆。[1]当今朝政，由丞相赵高当政，宫殿内廷由赵高的弟弟赵成掌控，等待三日而无回音，必定是丞相有意阻断章将军和皇帝的联系。狐疑失望之余，恐惧有变，司马欣决定返回军中。返程时留了个心眼，不敢走来时的大路。果然，赵高得到司马欣返回的消息后，紧急派人追捕，司马欣已经绕小道返回章邯军大营。

司马欣是内史栎阳人，始皇帝时曾经做过栎阳县（今西安市阎良区东北）的狱掾，相当于今天的县司法局长，在县令之下负责司法刑狱。项梁曾经在关中犯法，被逮捕关押在栎阳县狱中。后来，通过关系，由泗水郡蕲县（今安徽宿州）狱掾曹咎修书一封，带到栎阳交与司马欣。古往今来，人情世故常在。司马欣与曹咎交往不薄，领情买账，了结官司释放了项梁，从此与项氏家族有了交情。

---

[1]《史记·秦始皇本纪》《史记·项羽本纪》均言赵高不见司马欣，有不信之心。

司马欣后来从军，征集关中军支援章邯，做了章邯的长史，也就是秘书长，负责将军幕府的日常事务，深得信任，成为章邯的心腹。有意思的是，司马欣的旧友曹咎也从军，跟随了项梁，如今是楚军的主要将领之一，深得项羽信任。司马欣受章邯重托，一方面到咸阳求见请援；另一方面也是为了观察京中政情。当司马欣被拒于司马门外、不得已返回军中时，对于秦帝国政府失望已深；赵高派人追捕，更促使他心生投降项羽之意。司马欣回到章邯军大营，回报章邯说："朝廷中赵高专权用事，如今已经没有可以担当国政的人。如今战若能胜利，赵高必定妒忌将军的功劳；战若不能取胜，将军更逃脱不了一死。何去何从，愿将军深思而后定。"

　　也就在这个时候，章邯收到了陈馀派人送来的书信，信中举事说理，分析形势，劝说章邯叛秦与诸侯各国联手。陈馀在信中说道："白起为秦将，南征楚国，攻克楚都鄢郢地区，北伐赵国，坑灭赵括四十万大军，此外攻城略地，不可胜数，结果被赐剑自裁。蒙恬为秦将，北逐匈奴，开辟榆中数千里疆土，结果被杀阳周。二人为什么会有这样的结果？是因为功高而秦不能尽封，只有设法诛灭。如今将军统帅秦军已有三年，亡失的将士以十万计算，而战事每况愈下，对战的诸侯国军风起云涌，军势愈盛，这是外部的不利。

　　"就内部而言，赵高擅国已久，当政以来，形势愈发恶化，害怕二世诛杀自己，正打算网罗罪名，设法诛杀将军以转嫁责任，委派新人取代将军以脱逃祸患。将军久在关外作战，朝廷内多有变动，关系疏远而生嫌隙，如今有功也诛，无功也诛，可谓进退两难。当今形势之下，上天亡秦之意，人无愚智皆清楚明白，将军内不能尽忠劝谏皇上，外只能违天意做亡国之将，内外孤立而独特求存，岂不哀哉！将军何不考虑与诸侯合纵联盟，共同攻秦，分秦地而王之，据南面而称孤；以此比况身陷囹圄受刑戮，妻子儿女被株连，岂可同日而语？"

李斯等被诛杀以来，作为李斯信赖的老臣章邯，内失后援，痛感孤立。如今战况不利，朝廷谴责日甚，皇帝不见使者，赵高追捕长史，希望得到新政府信任和支援的愿望落空，真是举步维艰。心腹司马欣的劝谏，是秦军内部的动摇；陈馀的来信，是诸侯各国的诱导。章邯开始犹豫，开始疑虑，因不安而动摇。他试探着作合纵联盟的尝试，派遣心腹部下军侯始成秘密前往项羽军中谈判。

章邯是坚韧不拔的人，身为秦国老臣，受先帝旧恩多年，对秦国的山河人民，执著甚深。对于联手诸侯的事，他始终狐疑不定。自出任秦军统帅以来，亡失的秦军将士虽说以十万数，诛杀的反秦军将士更是以数十万计，楚王陈胜、齐王田儋、魏王魏咎，都是自己的刀下鬼，楚国大将，项羽的叔父项梁，也死在自己的手下，背秦降楚，纵使项羽及诸侯能容，上苍岂能无言，英烈岂能止泣？章邯大营和项羽大营之间，使者续续又断断，中止又复来。

打打谈谈，谈谈打打。拉锯苦战、和战交错之间，项羽出奇兵，派遣勇将蒲将军领军西向迂回，由漳水上游的三户津（今河北磁县西南）强行渡过漳水，突破秦军的防线，在漳水南岸抢滩建立壁垒，迫使秦军出战争夺。争夺战中，蒲将军击败秦军，在漳南稳住阵地，扎下营寨来。得到蒲将军得利的消息，项羽统领大军迅速向西运动，在漳水支流的汙水一带（今河北临漳西）大破秦军。秦军被迫放弃漳河防线，退守洹水，安阳岌岌可危。

就在这个时候，与司马卬一同进入河内郡西部的赵国将军瑕丘人申阳，统领赵军别部由孟津强行渡过黄河进入三川郡，攻占了洛阳和新安之间的河南县，切断了章邯军往来黄河走山阳东海道连接关中的唯一通道，完成了对于章邯军的战略包围。

申阳军攻克河南，具有极为重要的战略意义。河南县失守，秦帝国宛如被一把尖刀切断了主动脉，关中与关东的交通大道断绝，部署在河内的章邯军主力以及固守洛阳、荥阳一带的秦军支援部队陷入诸侯国联军的包围。当时形势下，章邯军的北部正面是项羽所统领的诸侯国联军，数十万大军由邯郸郡南下，渡过漳河，逼近洹水展开，包围安阳。上党郡已经被赵国占领，赵军司马卬部队由上党进入河内郡西部，切断了河内郡与河东郡的联系。洛阳、荥阳东南是韩王成所统领的韩军出没的颍川，西南是刘邦军正在攻击的南阳，东部的砀郡和东郡分别是楚国和魏国的地盘，魏王魏豹所统领的魏军在这一带活动。

形势急转直下，章邯已经没有犹豫回旋的余地，他再次派遣使者到项羽军大营，正式表示谈和约降的诚意。项羽召集各路将领集会，议论是否接受秦军有条件投降。会议上项羽表示，我军粮草日渐短缺，准备接受章邯的请求，约盟受降。项羽一语定乾坤，诸将皆表示听从上将军决断。

二世三年七月，二十万秦军放下武器，停止抵抗。项羽率领楚军及诸侯国联军将领，与章邯率领的秦军各部将领相会于洹水南岸的殷墟，筑坛结盟，歃血起誓，签订约降协定。章邯面见项羽痛哭流涕，既有往日对战厮杀的恩怨，也有当今赵高逼迫的无奈，更有愧对先帝故国的耻辱。项羽许诺破关中后以章邯为雍王治秦，将章邯安置于楚军大营随同行动，任命司马欣为上将军，统领秦军。

秦末之乱以来，秦军主力共有三支，其一在北疆，为王离所统领的北部军；其一在南疆，为任嚣和赵陀所统领的南部军；其一为章邯统领的中部军。[1]南部军独立建国，长江以南，反秦后尽归楚国；北部军被项羽歼灭，黄河以北，都是赵燕旗帜；章邯约降，中部军归属项羽，江河之间，都是楚齐魏韩。此时的秦帝国，除蜀汉关中本土以外，已经没有国土可以依托守卫，没有军队可以调动使用。此时的秦帝国，宛若梁柱毁坏殆尽的大厦，摇摇欲坠，只待最后一击的摧折。

二　情系殷墟梦邯郸

战争的胜负，左右国家的兴亡。秦帝国的命运，决定于巨鹿之战。

我整理巨鹿之战前后的历史，书中纸上，模糊不清的事情比比皆是。既有古代史家记叙的晦涩缺漏，也有历代传布注释的歧异误失。最感不安的，还是欠缺现场情景的实感，无法交汇古今，不能神通往事，始终有隔靴搔痒之感。

2006 年 3 月，我循项羽统帅联军与章邯、王离两军鏖战的故迹，由北京南下，经邯郸、磁县到安阳，又走临漳，过成安，再回邯郸返京。来去之间，两渡漳河，吊殷墟，望邺城，登金凤台，信步于赵王城，世上方三日，历史已千年。

公元前 386 年，赵敬侯带领赵人西出太行，建都邯郸，经八代国君，历 158 年，在赵武灵王时，最为灿烂辉煌。公元前 228 年，王离的祖父王翦统领秦军攻破邯郸，邯郸城经历了第一次劫难。在邯郸城的这次劫难中，秦始皇亲自前来推波助澜。秦始皇

---

[1]　关于这三支秦军之来龙去脉的综述，参见《楚亡：从项羽到韩信》第六章之二"最后的秦军"。

邯郸故城遗址。2006 年 3 月，我到邯郸，先登丛台远眺，想见当年赵武灵王胡服骑射、整军备战的盛况；再到赵王城遗址寻觅，荒草土台尘埃中，仿佛有秦军毁城的身影，有赵人离乡的哭泣。

出生于邯郸，母亲是赵国的舞女，他的童年时代，是与母亲一同在邯郸度过的，受尽了赵人的白眼苦头。破邯郸城后，秦始皇专程由咸阳赶往邯郸，一一清点当年的仇家，杀了个干净痛快，算是一段无情报复的插曲。[1] 邯郸城的彻底毁灭，是在巨鹿之战前。二世二年后九月，击杀了项梁的章邯渡过黄河，大破赵齐联军，乘胜攻陷了邯郸。破城后，章邯下令拆毁邯郸城墙建筑，将当地

---

[1] 这一段往事，见《史记·秦始皇本纪》："秦王之邯郸，诸尝与王生赵时母家有仇怨，皆阬之。"秦国王室与赵国王室同祖，秦始皇出生于邯郸，母亲是赵国人，他的幼子胡亥也可能出自赵系夫人。秦赵两国间的复杂关系，秦始皇一家与赵国的恩怨纠葛，至今仍然不太清楚，留下诸多历史之谜。我到邯郸访问时，实地仍能感受到秦赵两国冤仇不散的阴影。

的住民强行迁移到河内郡，杜绝他们再次据城反抗的可能。

我到邯郸，先登丛台远眺，想见当年赵武灵王胡服骑射、整军备战的盛况；再到赵王城遗址寻觅，荒草土台尘埃中，仿佛有秦军毁城的身影，有赵人离乡的哭泣。邯郸在河北，古来属赵国；安阳在河南，古来属魏国。由邯郸到安阳，距离不过百十来里，（北）京深（圳）国道两旁，都是一望无边的平原，无天险可以凭守，无地貌可以标界。唯有漳河，西出太行山浩浩荡荡而来，分断赵魏，阻隔冀豫，成为邯郸和安阳之间的天堑屏障。赵魏之间，沿漳河筑有城壁设防。秦之邯郸郡，在漳河北，西傍太行山，南面和东面为漳河所环绕，巨鹿城东邻漳水，在邯郸城东，相距也不过百里。项羽由平原津渡过黄河进入巨鹿，先渡洹水，再渡漳河，演出了破釜沉舟的壮举。

巨鹿大战，王离军被歼灭，部署在安阳—邯郸一带支援王离的二十万秦军，在章邯的统领下向河内郡方向收缩退却。河内郡大致在今河南省北部的安阳、鹤壁、新乡、济源一带，西面太行山，北界漳水，南临黄河，地处晋东、冀南、豫北、鲁西之间的咽喉地带，古来为交通要道，军事重地。殷商时代，河内一带是商王朝的京畿地区，魏晋南北朝时期，曹魏、后赵、冉魏、前燕、东魏、北齐先后建都于这里，河内地区再次成为北部中国的政治中心。

项羽歼灭王离军，解除巨鹿之围，是在二世三年十二月。章邯统领秦军投降项羽，是在同年七月，其间将近八个月的时间，两军在河内邯郸间拉锯作战。从巨鹿到邯郸不过百里，从邯郸到安阳也不过百里，强于攻击、乘胜南进的项羽联军，八个月竟然不能前进二百里地，可以想见战事之艰苦，秦军抵抗之顽强。章邯拆毁邯郸城，邯郸不能防守，秦军步步为营南撤。唯一能够据守的天险，就是漳水；漳水南岸的安阳，成为秦军的大本营。由邯郸南下磁县过漳河大桥，从车窗望去，河道西来东去，辽阔宽广，秦楚两军夹河对阵的情景，已经可以想象。

又驱车由安阳北上，沿漳河南岸东走临漳，堤下村落田园，想来当年都是秦军驻地。到三台，漫步邺镇漳河大桥，经过数百米河道，林木掩映的北岸河堤间，项羽联军的旗帜身影，仿佛依稀隐现。邺城故址就在桥边，六朝古都的繁华往昔，如今只有金凤台遗址尚存。登高望远，诵王粲名章，"朝发邺都桥，暮济白马津。逍遥河堤上，左右望我军。连舫逾万艘，带甲千万人。率彼东南路，将定一举勋。……"王粲是建安七子之一，《从军诗》咏叹的是曹魏东征。国破山河在，人去江海流，触景生情，借题发挥，我依然想见项羽和章邯。

漳河西出太行山东流，至安阳和临漳一带，河道宽广，水势浩荡，项羽军漳北，章邯军漳南，就是在这一线。漳河过临漳以后往东北流去，在成安、广平、魏县、大名、馆陶一带的漳河、洹水和黄河之间，章邯军以棘原为中心，筑有坚固的防御壁垒，连接安阳临漳防线，阻止项羽军由东北方向对安阳的迂回包抄。这条防线以北，项羽军已经控制漳河两岸。

这个时候，二十万秦军，背靠黄河，由水运就食荥阳敖仓，南有三川郡可以依托，通过三川东海道连接关中，西有太行山道连接河东，三郡联成一完整的战区，只要守住漳河，保全河内，秦王朝尚有半壁江山可以延续。然而，就在两军对峙期间，赵国将领司马卬由上党郡南下抵达黄河边，将河内与河东的联系切断。受司马卬顺利进军的鼓舞和启示，项羽派遣猛将蒲将军隐秘夜行到漳河上游，实行西线迂回包抄，在磁县西南的三户津渡过漳水，一举突破秦军的防线。于是项羽引大军运动到临漳西部，在临漳和磁县之间的汙水大败秦军，将章邯军压缩到洹水南岸。逼迫章邯投降的最后一击，乃是赵国将军申阳渡过黄河，占领河南县，三川—东海道被切断，联军对河内郡的战略包围形成，章邯军已成瓮中之鳖。

自司马迁以来，历代关注巨鹿之战的史家，都没有特别注意到司马卬和申阳在迫使章邯投降中的巨大作用。我们知道，司马卬和申阳，后来都被项羽封王。司马卬被封为殷王，封地为河内郡；申阳被封为河南王，封地为三川郡。项羽封王建国，严格依照军功原则，司马卬和申阳之所以在联军无数将领中脱颖而出被授予王位，正是为了酬谢他们首先突入河内、进入三川，完成了对于章邯军的包围，最终迫使章邯投降的卓越军功。

洹水绕安阳城北流过，殷墟跨洹水两岸，是殷王朝都城的遗址。自殷王盘庚迁都于此，直到纣王为周所灭，273 年间十二世王，代代营筑宗庙宫室于此，其繁华富丽，堪称古代第一。[1] 殷亡以后，国都残破，殷人迁徙流离，殷都渐渐成为废墟，遂有殷墟之名，湮没于历史长河之中销声匿迹。二世三年七月，陷于联军包围的二十万秦军投降，项羽引领各国将领与章邯盟誓约降于洹水南岸。殷墟八百年后重登历史舞台，宣告秦帝国大势已去，灭亡已是不可避免。章邯在洹上放声痛哭，哀泣人生，哀泣国运，哀泣亡魂。曾几何时，亡国之废墟，又成国亡之判决地。秦人原本在东方，辗转迁徙到西陲，与殷人共有玄鸟图腾的先祖。[2] 此时此刻，冥冥之中的亡灵，又共集于洹水否？

常言道，时间不可倒流，历史不可重演。历史学有悖常理，

---

[1] 《史记·殷本纪》《正义》引《竹书纪年》："自盘庚徙殷至纣之灭二百七十三年，更不徙都。"盘庚以来殷之宫室王陵遗址，皆在殷墟。

[2] 关于秦人的起源，有"东来说"和"西来说"，"东来说"认为秦人来自于山东半岛，是目前学界占主流的意见。关于"东来说"和"西来说"的综合整理，可以参见史党社《日出西山——秦人历史新探》第二章"东来说"与"西来说"，陕西人民出版社，2013 年。

使用倒向的时间，重现往日的画面。[1]邯郸河内，安阳临漳，数千年来，漳河易流，黄河改道，古昔旧迹，都已经深埋于黄土之下。新近落成的殷墟博物馆建筑在地下，由地面筑通道盘桓下行，通道两旁路牌，都以历代王朝之名标识，半米处先去民国、清朝，深入再去明、元、赵宋，两米三米走下去，跨入五代、唐、隋，尔后是南北朝、晋、魏三国，东汉、西汉、秦，五米以下，走进战国、春秋，再由西周下去，抵达地下八米的殷商。你所经过的地下通道，将现在到过去的时间，转换为由地表到地中的空间。进入辉煌的展厅，青铜器、甲骨文、妇好三联甗、司母戊大方鼎……无数神秘的出土遗物，带你进入历史的梦境。

司马迁说，项羽与章邯盟于洹水南殷墟上。《安阳县志》说："会盟亭在府城北洹水之上，楚项羽与章邯会盟于此，后人置亭表其处。"据当地人说，实地在今安阳市西北的柴库村一带。我有意前往，却被告知，车道不通，地上已无任何遗留。来来去去匆匆，真真假假都是邯郸一梦，于是断念留待将来。

三 赵高与刘邦的密谋

就在项羽与章邯约降于殷墟的二世三年七月，一位使者进入武关，行色匆匆往秦都咸阳而去。使者是刘邦的密使，魏国人，

---

[1] 时间是先验的观念。历史学中涉及多种时间观，最基本的一种，就是从现在到过去的逆向时间观，历史学的基本特点，大体由此规定。这种时间观在空间上的表现，就是考古学中的地层，从地表到地中，沿着从现在到过去的方向，从今到古步步深入。关于历史学的时间方向和时空转换问题，笔者正在摸索适当的形式作公开的表达，眼下还只能以随笔的形式穿插在相关的论述中。

名叫宁昌。他肩负重要的使命，是到咸阳面见秦丞相赵高。

刘邦军抵达关中的南大门武关之外、章邯军投降的消息传来，秦王朝瓦解之势已定，项羽许诺封章邯为雍王，以秦军为先导入关的意图也很明白。尽早进入关中，占领咸阳实现怀王之约做秦王，是刘邦念念不忘的政治目的。为了抢时间，刘邦与张良等谋士协商，决定派宁昌火速到咸阳面见赵高，说服赵高背秦降楚。比照项羽与章邯约降、许诺封章邯为王的事例，刘邦开出的约降条件是：赵高杀二世开武关共同灭秦，刘邦军入关以后，分割旧秦领土为两国，由赵高与刘邦分别称王统治。

章邯军投降，刘邦兵临武关，秦王朝大势已去的形势，除了深居宫中行督责求享乐的二世皇帝外，咸阳城内，朝廷上下，人人心知肚明。赵高与宁昌接触以后，决定开始行动。当时，丞相赵高权重，一手掌握政府，弟弟赵成为郎中令，严密控制宫廷。为了万全起见，赵高设计试探皇帝左右近侍，检测人心顺逆与否。

八月的一天，赵高指使人到宫中献鹿于二世皇帝，自己故意指鹿说是马，二世笑话赵高说："丞相怕弄错了，怎么把鹿说成是马？"赵高继续持论，于是二世问左右近侍。左右近侍们知道赵高别有算计，或者沉默不语，或者顺从赵高说是马，也有个别不识相的，说是鹿。二世皇帝大为吃惊，以为自己中邪失神，当晚噩梦不断，梦见车驾出行遇白虎袭击，左骖马被咬死。

连续的怪事，让二世心中久久不怿，召来太卜解梦算卦。太卜算卦说，陛下奉宗庙鬼神，斋戒不明，今泾水之神作祟，所以有此不祥预兆。赵高趁机劝谏二世说："鬼神不享，天且降殃，应当远离咸阳宫以禳息灾难。"于是二世皇帝离开咸阳宫，移居到咸阳北郊的望夷宫，就近泾水，沉四匹白马祭祀泾水之神。

秦都咸阳，在渭水之北。咸阳内外，关中八百里，三百离宫别馆相望属。咸阳宫是秦王朝的正宫，在咸阳北原上（今咸阳窑店牛羊村一带），是皇帝的日常居所，国政朝议的所在。望夷宫是咸阳北郊的离宫（今陕西泾阳东南蒋家乡与咸阳东北寒家乡交界的咸阳原边），临泾水修建，可以遥望北方夷翟，所以得名望夷宫。

赵高诱使二世到望夷宫，使二世离开首都，离开朝廷，离开政治和权力的中心，将二世孤立和封闭起来。指鹿为马，是赵高以算计测试人心、以权势强制舆论的手法。事后，赵高用法，将敢于称鹿者清洗下狱，对于沉默者示以颜色，逆我者亡，顺我者昌，进一步收紧了二世周围的消息通道，彻底地掌控了朝政和大臣。

二世移居望夷宫，一方面远离都城朝廷，被孤立封闭起来；另一方面，他也终于离开了赵老师的直接监护，得到了解脱和自由。大概就在这个时候，有人将前方不利、赵高与楚军使者有往来的消息，传送到了二世耳中。二世不安，派遣使者到咸阳询问赵高。赵高知道事情紧急，箭已在弦上，不得不发，决定立即发动政变，诛杀二世。

赵高迅速召集弟弟赵成、女婿阎乐密谋大事说："皇帝不听劝谏，如今形势紧急，有意归咎于我赵氏宗族。我准备易置皇上，更立公子嬴婴。公子嬴婴仁爱俭朴，他的话百姓皆会听从。"

赵成是郎中令，掌管皇帝的侍从内卫，赵高安排赵成作为内应，在望夷宫内稳住部下的郎官们待命。然而，望夷宫的宫城进出警卫，由卫尉掌管，赵高不能控制。赵高的女婿阎乐是咸阳县令，掌握咸阳县兵，望夷宫正在咸阳县所辖境内。赵高命令阎乐诈称咸阳境内有盗贼，征发本部所辖咸阳县兵开赴望夷宫，强行攻入宫中与赵成会合，一举占领望夷宫，诛杀二世。为了万全起见，他将自己的亲家、女婿阎乐的母亲，移居到丞相府内暂住，既取安全的名目，也得人质的实在。

秦二世皇帝墓

长安令阎乐以盗贼入境的名义，征调咸阳县兵千余人，急急来到望夷宫门前，利用门卫正副长官卫士令和卫士仆射前来交涉的时机，突然下令将二人逮捕捆绑。阎乐诈称指责说："有盗贼进入望夷宫内，为什么不制止？"卫士令丈二和尚摸不到头脑，厉声反问："皇宫周围，卫士营帐环绕，宫门警卫森严，盗贼怎么可能侵入？"阎乐不由分说，下令斩杀卫士令，带领部队强行攻入宫中。事出突然，郎官宦者大为吃惊，或者奔走，或者抵抗，抵抗者皆被杀死，死者有数十人之多。

阎乐与赵成会合，用弓箭攻击二世的居所。二世大怒，召集左右抵抗，左右皆惶恐困扰不愿抵抗。二世逃入禁中内室，身旁始终有一宦者跟随不敢离去，二世无奈说："你为何不早将真情告诉我，以至于事态剧变至此？"宦者回答说："臣下不敢说话，因而得以保全。假若臣下有所进言，已经早早被诛杀，等不到今天了。"阎乐带领士兵来到二世面前，数落二世说："足下骄奢淫逸，放纵恣肆，诛杀无辜，暴虐无道，今天下同起反叛足下，足下自己决定去向。"二世说："能否见丞相一面？"阎乐回答说："不可以。"
二世说："希望得到一郡之地为王。"阎乐回答不可。二世又说："请
求得到一万户的封地为侯。"又被拒绝。二世尚存一线希望："愿
意与妻子一道作庶人百姓，待遇比况诸位公子。"阎乐无意再听下
去，说道："臣下接受丞相的命令，为天下诛除足下。无论足下如
何多说，臣下也不敢答应。"阎乐持剑逼近二世，迫使二世自杀。

　　二世皇帝胡亥二十岁即位，从始皇三十七年八月主政到二世
三年八月自杀，刚好整整三年，享年二十三岁。二世死后，以庶
人之葬仪，草草掩埋于杜县南部的宜春苑中，至今坟丘尚在，在
西安市雁塔区曲江乡江池村。

四　秦帝国的落幕

　　二世皇帝自杀以后，阎乐回到咸阳向赵高禀报。赵高曾经有
意自佩玺印称王，试探的结果，难以得到大臣和卫士们的支持。[1]
赵高于是在咸阳宫召见大臣百官、王族宗室，通报之所以诛杀二
世皇帝的缘由，宣告秦放弃皇帝称号，承认六国复国，立公子嬴
婴为秦王，自己仍然为丞相辅佐国政。

---

[1] 赵高发动望夷宫政变逼迫二世自杀事之始末，《史记·秦始皇本纪》和《李斯列传》
之记载不同。本书以可信度较高的《秦始皇本纪》的记载为基础写成。《李斯列传》
所记，近于故事传闻：说二世移居望夷宫后"留三日，赵高诈招卫士，令士皆素服持
兵内乡。入告二世曰：'山东群盗兵大至！'二世上观而见之，恐惧，高既因劫令自
杀。引玺而佩之，左右百官莫从；上殿，殿欲坏者三。高自知天弗与，群臣弗许，乃
招始皇帝弟（子婴），授之玺。"对于这段历史故事，笔者读取其中可以反映历史的内
情，将其概括为"赵高曾经有意自佩玺印称王，试探的结果，难以得到大臣和卫士们
的支持"。

嬴婴是二世的从兄，始皇帝的弟弟长安君成蛟的儿子，当时已经三十多岁，是宗室中的年长贤者。二世即位诛杀兄弟姐妹，嬴婴是非嫡系的旁支，没有受到牵连。二世受赵高怂恿准备诛杀蒙恬、蒙毅兄弟及其家族，嬴婴曾经挺身劝谏，虽然没有能够保全蒙氏，但在大臣和宗室里，得到相当的尊重和声望。刘邦的使者宁昌到咸阳见赵高，以诛杀二世割裂关中分别称王为条件引诱赵高。赵高发动望夷宫政变逼迫二世自杀，秦放弃帝国回归王国，是应了约降的条件。不过，赵高得不到大臣和将士们的支持，不敢贸然称王。他没有其他的选择，只有先立嬴婴为秦王以应急，稳定局势。

　　赵高依照王位继承的礼仪，让嬴婴在家斋戒五日，然后前往宗庙告祖祭祀，接受秦王的玺印，正式宣告即位。嬴婴是明白人，他不信任赵高。他与两个儿子及亲信侍从韩谈密谋说："丞相赵高杀二世于望夷宫，害怕群臣诛杀他，假意以宗室近亲名分立我为王。我已经听说赵高与楚国有密约，灭秦宗室分王关中。如今让我斋戒后前往宗庙，无非是想在庙中杀我。我称病不去宗庙，丞相一定会亲自前来询问，来则杀之。"五天以后，嬴婴在斋宫称病不出，赵高数次派人前去催问，嬴婴都称病不应。赵高无法，只好亲自到斋宫面请嬴婴，说："宗庙大事，王上为什么不来？"话刚问完，被早有准备的韩谈刺死。

　　二世三年八月，嬴婴诛灭赵高宗族，即位为秦王。嬴婴即位以后，清除赵高党羽，重新组建政府，晓谕各地安定民情，急令前线坚守拒敌，力图挽救秦国濒于毁灭的命运。然而，一切为时已晚。

　　赵高逼迫二世自杀以后，迅速与武关外的刘邦交涉。刘邦拒绝如约与赵高分王关中，趁乱强行攻破武关，进入商洛道，沿丹水直趋蓝田。赵高被杀，秦王婴得到刘邦军进入武关的消息，紧急命令成卫京师的中尉军前往峣关和蓝田一带设防,[1]阻止刘邦军进入关中。刘邦军用张良的计谋,用重金实利引诱秦军将领言和,趁其松懈,突然展开攻击,将峣关攻克,又在蓝田再破秦军,沿灞河而下,直奔咸阳而来。

十月,刘邦军抵达咸阳东南郊外的灞上地区,秦王婴已经无兵可用,无险可守,被迫开城无条件投降。嬴婴乘白马牵引的丧车,颈系天子绶带,手奉封存的皇帝玺印符节,带领百官出城到灞河西岸的轵道亭出降,迎接刘邦军入城,秦帝国灭亡。秦国自襄公八年开国以来,延续了571年的历史,至此结束。末代秦王嬴婴,在位不到两个月。[2]

受降以后,部下有人建议诛杀秦王婴,刘邦拒绝了。刘邦说:"当初怀王派遣我奉约入关,是因为我能宽容待人。敌人已经降服而加以杀害,乃是不祥之事。"刘邦不杀嬴婴,也有别的考虑。依照怀王之约,刘邦当领有秦国做秦王,秦国将成为刘邦未来的国土,秦人将成为刘邦未来的臣民。从嬴婴开城投降起,刘邦已经自视为秦王,开始考虑统治秦国的战后政策和建国方略。嬴婴开城投降,代表了秦国官民的归附。对嬴婴的处置,也将表示新政权对秦国官民的态度。刘邦是关东楚国人,在秦国毫无根基,嬴婴是旁系新主,既无逼人之势,又得秦国官民的同情好感。

---

[1] 关于中尉军的职责和驻地,参见本书第五章之三"戏水之战的秘密"和之四"复活的军团"。

[2] 《史记·秦始皇本纪》曰:"子婴为秦王四十六日。"王子今先生以为,古书中多次出现的"四十六日",应当是一种文化寓言而不是实指具体日数,甚是(《〈史记〉的时间寓言:秦史中的三个"四十六日"》,刊于《人文杂志》2008年第2期)。史书中的时间,从本质上讲都是在"现在—过去时间"方向的历史认识中,重新制作的"过去—现在方向"的再排列,在这种再排列中,掺入了制作者的种种意图。不仅"四十六日"如此,秦王婴开城投降的十月也当是出于附会岁首的意图。关于历史学中的时间,笔者将会以某种形式作集中的论述。

对于刘邦来说，善待嬴婴，不仅有利于眼下安定秦国军心民心，而且今后统治秦国时，嬴婴也是大可以利用的人选。刘邦于是将嬴婴交与部下好生看管，对秦国的宗室大臣一律宽赦不诛，下令各级官吏各司旧职维持现状，听从刘邦军的统一指挥。

刘邦领军进入咸阳，再次惊叹秦都宫室的富丽繁华，回忆起当初做徭夫来咸阳，外观宫室路遇始皇帝的往事，感慨兴奋，大有筋骨酥松、身心舒畅之感，准备就在咸阳宫中留住下来，好好轻松享受一番。从关东跟随而来的部下们，多是乡下人，人人大开眼界，兴奋难抑之情，远远胜过刘邦。他们纷纷进入秦宫和仓库，掠取珠宝财物，寻找美女妇人。张良是清心寡欲的人，混乱当中，他清醒不乱。他说通刘邦的姻亲、心直口快的炮筒子樊哙，二人迅速来到秦宫中面见刘邦，晓以利害，坚决劝阻，终于说服刘邦打消了入居秦宫的念头，下令查封所有的府库财物，全军退出咸阳，还军灞上。混乱当中，还有一位清醒不乱的人是萧何，他在刘邦军中做郡丞，负责文牍后勤。萧何有经邦治国的远见，独自领人进入秦丞相府和御史寺，将秦政府的律令文书、档案图录等文件全部取出，带回军中，早早地掌握了秦帝国据以统治天下的基本信息和数据。

还军灞上以后，刘邦迅速着手实施对于秦国的统治。在萧何的主持下，刘邦宣布暂时废止秦帝国繁杂苛刻的法律，以简洁的三章法约束军民，维持战后秩序：杀人者处死，伤人者受刑，盗窃者罚金。刘邦又亲自召集关中咸阳近处的父老豪杰，晓谕以除暴秦入关安民的旨意。他明确表示自己与诸侯各国有约定，先入关中者王关中，自己当做未来的秦王。他说，秦国法制严酷，秦中父老也久受其苦，"我之所以来到关中，是为父老兄弟们除害，绝不会报复侵害，希望大家不要害怕。我之所以还军灞上，是为了等诸侯各国军到来后，共同确认怀王之约。"对于关中及蜀汉地区各郡县，刘邦派部下与秦的主管官吏一同前往，布告安民，一切维持原状不动。

秦灭六国，秦人与六国人结怨甚深。如今破国失王，最怕诸侯国军入关以后挟仇报复，得到刘邦的抚慰宽待，举国安定，人人喜乐，纷纷主动牵牛羊，赍酒食前来灞上慰问刘邦军。刘邦推辞不受说："仓库粮食多，军队不缺粮，不希望父老乡亲破费。"秦国人益发喜悦，人人唯恐刘邦不做秦王。

五 项羽坑杀降卒

项羽在殷墟接受了章邯军的投降，解除章邯的军队指挥权，将其安置于楚军大营中随项羽行动；秦军的指挥，则任命章邯幕府的长史司马欣为上将军负责。司马欣曾经救过项梁，也是劝谏章邯降楚的主要人物，又是楚将曹咎的旧交，项羽对他放心。

联军在河内稍作停留整编后，渡过黄河进入三川郡，与已经占据河南县一带的赵军申阳部队、活动于东郡一带的魏军、活动于颍川郡一带的韩军会合，浩浩荡荡，沿三川东海大道西进，往关中方向开拔过来。

西进的联军，除去项羽直接统领的主力楚军外，下有赵国丞相张耳，赵将司马卬、申阳所统领的三支赵军，齐将田间、田角兄弟，齐王建孙子田安以及另一名齐将田都所统领的三支齐军，燕国将军臧荼所统领的燕军，魏王魏豹所统领的魏军，加上新降的二十万秦军，一共约有六十万人，由七国军队组成。

六十万七国联军中，秦军新降，与诸侯各国军间关系未能协调，纠纷不断。这种纠纷，由来久远。秦帝国时代，西北边境常年屯驻重兵，戍卒征发，粮草转运，远及关东地区，关中大兴土木，修建宫室陵墓，更是年年征发关东地区的徭夫到关中做工。当时，关中为秦国本土，关中秦人为胜利的征服者，关东六国人为亡国的被征服者，来到关中做苦工的徭夫，经过关中到边境服役的戍卒运夫，常常受到秦国官吏士卒的差别对待、侮辱欺负而不得不忍气吞声。如今天地翻转，秦军成了国破军败的降者，低人一等，诸侯国兵士报复秦军士卒的事情不断发生，引起秦军将士极大的不满。当联军接近关中，抵达新安县时（今河南渑池东）秦军士兵当中抱怨章邯等将领投降，担心父母妻子被诛杀的情绪蔓延开来，军心出现了动摇和不稳。

投降后的秦军之动向，被反映到联军统帅部，诸将请求项羽决断。秦军被联军包围，又当朝廷昏乱，在内外交困的形势下，长史司马欣和都尉董翳说动章邯，全军投降。秦军之降，由上而下，是所谓将降而士卒未服。诸侯国军与新降秦军间的关系尚未融合的情况下，驱使秦军为先导进攻自己的故乡关中，以未服之心攻击爱恋之地，难免不发生哗变和意外。

面临如何处置新降秦军的问题，项羽找来两位部下协商，一位是英布，一位是蒲将军，就是巨鹿之战时作为先锋渡河抢占滩头的两位猛将。三人商议的结果是："秦军吏卒数量大，心不服，到了关中如果不听从命令，事情就危险了。不如击杀消灭，只带章邯、司马欣与董翳等主要将领入关。"于是，由英布和蒲将军主持，楚军秘密行动，夜晚突然袭击秦军营帐，将二十万秦军降卒击杀，坑埋于新安县城的南部。

项羽坑杀二十万秦军降卒的事，由汉朝的史官司马迁写入《史记》。对于此事的真伪，史学家们多有所质疑：历史上究竟是实有其事，还是出于刘邦集团为了争取秦国人心的后来伪造？往事迷茫，已知的古史宛若无尽的黑暗中闪亮的点点烛光，微亮所及，隐约可以窥望疑似的痕迹踪影。由于现有的史料仅有如此一条记载，信由它，不信也由它，没有多余的选择。[1]我想，如果没有新的考古史料的出现，我们只有姑且从之，存疑而已。

项羽是伟大的军人、无敌的将军和勇猛的战士。他治军、用兵、作战的才能，天下无双，论及政治才能，却是无谋鲁莽而缺乏判断能力的三流人才。对于秦军作战，他运用自己的军事才能，取得了决定性的胜利。对于降服秦军的处置，需要的是政治智慧，他却将其作为军事问题处理，谋于猛将而不议于谋臣；[2]不考虑争取秦人之军心民心，为战后的未来做妥善的政治准备，而是只图眼前行动进军的单纯利落，以报复顽抗之敌的手段残杀降服之敌。

新安坑杀降卒，使项羽失去了秦国，断绝了项羽入关以后在关中立足的可能。新安坑杀降卒，埋下秦国人民仇恨项羽的种子，使秦国军民从此敌对于项羽。二十万秦军被活埋于新安地下，数

---

[1] 项羽坑杀二十万秦军降卒，详细的记事见于《史记·项羽本纪》，本节的叙事基于此写成。此外，在《史记·高祖本纪》中，刘邦与项羽在荥阳对峙期间，刘邦曾经隔广武涧历数项羽十大罪状，其中第六罪为"诈坑秦子弟新安二十万，王其将"。

[2] 当时，范增是楚军亚将，项羽的军师，以常情而言，如此重大的决策，首先应当听取意见者就是范增。奇怪的是，史书上没有关于范增在坑杀秦军降卒事件中的任何记载，留下了不可解的历史空白，加重了对于事件真伪的怀疑。明代的著名文人王世贞著《短长说》，假借范增死前与卜师的对话，推论范增在该事件中的立场和看法，相当有见地，引用如下："卜师曰：善，君王之坑秦降卒二十万新安也，而胡弗止也？（范增）曰：吾固止之，而君王方有恐也，其秦卒怨且有谋。夫六国之吏民，剚项刲腹断肢屠胃于秦人之手者十世矣，而今幸得复。且以秦人之一谢赵人之二，而犹未足也。盖君王一言之而众刃猬发，谁能已也？以诸侯僇秦二十万而不可，以秦僇诸侯十世而百倍之可，吾未之敢信也。"他以为范增曾经劝阻过项羽，项羽没有接受，他借范增之口所叙述的六国对于秦人秦军的仇恨，特别是赵人赵军不可遏止的积怨爆发促成事件不可控制的看法，相当合理而逼近历史。关于此，我在本书第二部《楚亡：从项羽到韩信》第四章之五"范增之死"中有系统的表述，请参见。

百万敌对军民被制造于秦中。在尔后的楚汉战争中，秦国军民死心塌地跟随刘邦与项羽血战死斗，关中成为刘邦稳固的根据地，秦人秦军成为汉军的主力部队，归附刘邦的秦军将士们最后追击项羽至乌江岸边，将项羽分尸斩首，种种曲折历史的事由根源，都可以追溯到这里。[1] 可以说，新安坑杀秦军降卒，是项羽一生中最大的政治失误，是项羽由盛而衰的转折、失败的起点。

章邯领秦军投降项羽是在二世三年（前207）八月，项羽统领联军渡过黄河抵达河南县一带是在汉元年（前206）十月，新安坑杀秦军降卒，时在十一月（秦历以十月为岁首，详见本书附录"秦末七国大事月表"）。整整四个月时间，项羽军没有急速西进，而是在河内三川一带徘徊停留，使人非常难以理解。或许秦军在三川一带的抵抗仍然非常激烈，或许是数十万大军的粮草后勤难以解决，或许就是新降秦军的问题使项羽无法顺利进军？往事越千年，已无法索解。就在项羽军停留徘徊期间，刘邦军于八月攻破武关，九月攻克峣关及蓝田，十月进入咸阳，实现了先入关中灭秦的战略目标。

十二月，项羽统率四十万诸国联军，挟坑埋秦军之杀气，浩浩荡荡，由新安经渑池、陕县一路抵达函谷关下。函谷关关门紧闭，守军奉刘邦命令，拒绝项羽军入关。项羽得知刘邦军已经占领关中，接受了秦王婴的投降，正在收编秦军扩大兵力，安抚秦人巩固地盘，所有进入关中的通道，都已经被封闭。项羽大怒，下令攻关。范增部署军队在函谷关前集结柴薪，扬言火攻破关。在项羽军

---

[1] 相关的详细叙事，我已经写入本书第二部《楚亡：从项羽到韩信》第六章"倒影回声中的楚和秦"，请参见。相关的学术论述，参见拙著《汉帝国的建立与刘邦集团——军功受益阶层研究》第5章第二节之四"秦人集团"，拙文《兵马俑与项羽之死——秦京师军去向探微》，刊于《秦文化论丛》第十二辑，2005年。

的威胁和压力之下，函谷关守将被迫开关接纳联军进入。[1]

项羽军入关以后，沿渭水南岸由函谷关到咸阳的大道西进，至戏水西岸的鸿门一带停驻下来。项羽下令大军北临渭水、南靠骊山安营扎寨，军锋直指灞河方向。刘邦军十万人，北倚渭水、东面灞河布营，扼守在由鸿门通向咸阳的大道上，两军对峙，剑拔弩张，战事一触即发。

六　项伯救了刘邦

灞上与鸿门间，相距不过数十里，冬日晴天，两军旌旗相望。鸿门坂上项羽军中，来了一位秘密使者，使者受刘邦部下司马曹无伤的派遣，前来通报刘邦军的情况。使者见到项羽以后，将刘邦闭关自守的实情，计划占据关中称王，以秦降王嬴婴为丞相，尽取秦王朝的宫室珍宝，独有秦国的土地臣民之种种行动和安排，一五一十地作了通报。项羽在函谷关被阻，强行入关后，对刘邦已经满是敌意。得到曹无伤的通报，更如火上加油。项羽当即下

---

[1]《史记·项羽本纪》记项羽军入关事曰："函谷关有兵守关，不得入。又闻沛公已破咸阳，项羽大怒，使当阳君等击关。项羽遂入，至于戏西。"本书初版据此写成"项羽大怒，迅速部署军事，命令勇将英布强行急攻，一举攻下函谷关"。书出版后，家父运元先生提示《艺文类聚》六引《楚汉春秋》史料一条："沛公西入武关，居灞上，遣将军闭函谷关，无内项王。项王大将亚父至关，不得入，怒曰：'沛公欲反邪？'即令家发薪一束，欲烧关门，关门乃开。"并据此教诲说，如果项羽军强行攻破函谷关，则两军之武力冲突已经开始。以项羽之火暴性情以及绝对的军事优势，趋势继续进攻刘邦是当然的事情，不用等到曹无伤告密后才作出决定。同时，鸿门宴前，刘邦对于项羽军即将进攻一事毫无戒备，完全不像两军已经发生军事冲突后的状况。所以说，以《史记》之记载和《楚汉春秋》之轶文两相比较，后者似更合理。家父的指教，甚为有理。本次借再版之机，据《楚汉春秋》文改定重新叙述。

令军中，明日一早大飨士卒，大军出动，消灭刘邦军。

范增是项羽军的副将，足智多谋，长于战略策划，他在楚军中的地位和作用，相当于参谋总长。范增七十有余，先前辅佐项梁，项梁战死后，又辅佐项羽，甚得项羽和军中的尊重，因为年纪大，被项羽视为长辈，尊称为亚父，即仅次于父亲的人。范增对刘邦的能力志向，一直有所警惕。刘邦闭关，他敏锐地察觉到刘邦独霸关中的意图。大军停驻鸿门，他早早派遣细作对刘邦军的情况作了探察。他为项羽分析刘邦说："刘邦在关东的时候，贪财好色。入关以后，听说他对于珍宝财物无所取，对于丽人美女无所幸，他是忍小求大，志在天下啊！我已经使人私下观望刘邦的风水气势，五色缤纷，交错成龙虎，是天子的气象。对于刘邦，务必马上攻击消灭，绝不可失掉时机。"

项伯是项羽的伯父。项梁和项羽起兵会稽，项伯在下相项氏老家聚集项氏一族，响应项梁。项梁军渡江北上，到下相会集项氏一族后，项伯就一直在项梁军中协助项梁，官任楚国的国相令尹。项梁战死后，项伯成为项氏一族的长者，是项羽最为尊重信赖的至亲。楚国时代，项氏一族的封地，先在相县，后迁下相。始皇帝统一天下，下相属于泗水郡，北与东海郡下邳县相邻，是泗水郡的东部边县。自楚国灭亡后，项氏一族，一直居住在下相县。项伯与项梁一样，也不是安分的人，好游侠，结交豪杰，常犯法不轨动武。项梁杀人，南走会稽吴县避祸；项伯也杀人，北去东海下邳躲藏。我们前面已经谈到过，张良在沙丘刺杀始皇帝失败，被秦政府通缉，亡命在下邳潜伏。项伯和张良之间，或许早就有所钦慕往来，邻近以后，自然是亲密无间。项伯亡命下邳，投奔的就是张良，依靠张良的掩护帮助，项伯活命逃脱法网，二人遂成生死之交。项伯是重义气的人，他知道张良在刘邦军中，不忍张良与刘邦一道送死，只带贴身亲信侍从，急急驱马来到灞上刘邦军中。

项伯私下见到张良，将项羽明早将攻击刘邦军的事情告诉张良，要张良马上与自己一道离开灞上到鸿门避难，不要与刘邦一道白白送死。张良是临事不乱、深沉有度的人，他谢过项伯的好意，心中已经拿定主意。他对项伯说："张良是韩国臣下，受韩王之命，辅送沛公入关，应当在使命完成后回报韩王。眼下沛公危难事急，我张良不辞而别，保身一人亡去，作为臣下是不义的行为，作为朋友是失信的举动。项伯兄的厚意，张良是心领了。何去何从，实在是不得不言明沛公再作决定。"项伯同意了。张良匆匆入内面见刘邦，将事情如实相告。刘邦大惊失色。

刘邦首先进入关中，降下咸阳，依据"怀王之约"，将出任未来的秦国之王。因此之故，刘邦视秦国为自己未来的国土，秦人为自己未来的子民，秦国的宫室珍宝为自己未来的财富。他安定关中，希望诸侯国联军到来以后，正式确定自己的秦王名分。刘邦之所以全面封锁进入关中的各路关口，本来是出于担心，为了自保。依照"怀王之约"的规定，灭秦以后的天下政局是七国复国，王政复兴。当时，六国都已经复国，各国王政都已经建立，只有秦王的空位，是留给首先攻入关中的反秦军将领，也就是刘邦了。然而，巨鹿大战，全歼王离军，安阳盟约，招降章邯军，消灭和瓦解秦军主力，真正迫使秦王朝崩溃的首功和实力最强大者是项羽。项羽的盖世之功，将如何酬劳？

"怀王之约"订立之时，项羽要求进攻关中，表明了自己灭秦称王的意图。怀王不许项羽，将进攻关中的任务交给了刘邦，促成刘邦如约先入关中，项羽则饮恨未能先入关中，如今功盖天下，大权在握，诸国各路将领人人折服听从，会如约允许刘邦独王关中，自己依然到怀王朝廷做将军？又听说项羽与章邯订安阳之盟，约许章邯为雍王，章邯将统治关中……。凡此种种变局，都不能不让占据关中的刘邦感到不安和担心，害怕自己已经到手的关中，被强夺瓜分。

刘邦封锁函谷关，无非是造成已经统治关中的既成事实，占据有利条件，迫使项羽及其诸侯各国在关外开始交涉，并无与项羽及诸侯国联军对决开战的打算。完全出于意料，项羽根本不作任何交涉，凭借强大的军事力量，一举降下函谷关进入关中，屯军鸿门之下。刘邦失策理亏，陷入被动不利处境。不过，即使到这个时候，刘邦似乎仍然没有估计到项羽会如此狠急地全面火并，时间就在明日一早。

刘邦问张良道："事情如此急迫，还有什么办法？"

闭关拒守的事情，张良大概是不甚知情，他问刘邦："闭关拒守，是谁为沛公出的主意？"

刘邦答道："解生那小子。"[1]

张良说："请沛公衡量一下，沛公部下的军队，能够抵挡项羽军的进攻否？"

沛公沉默，回答："当然不能。怎么办呢？"

张良说："请允许臣下面见项伯，转呈沛公不敢违背项将军的诚意。"

刘邦有些狐疑，问张良说："张君和项伯，究竟有何等故旧关系？"

---

[1] 建议刘邦闭关拒项羽的人，《史记·项羽本纪》记为"鲰生"。《史记·留侯世家》《索隐》引臣瓒曰："按《楚汉春秋》：'鲰生，本姓解。'"又《史记·高祖本纪》《索隐》云："按《楚汉春秋》云'解先生云：遣守函谷，无内项王。'"据此，建议刘邦闭关的人当姓解，可称"解生"。"鲰生"，本义为杂小鱼，用为轻蔑的称谓，同于小人、小生，说详王叔岷《史记斠证》和韩兆琦《史记笺证》之项羽本纪同条注。据此，文中我写作"解生那小子"。

张良不紧不慢，将自己与项伯的生死交往，简洁明了，一一交代与刘邦。

刘邦用心听完张良的话，再问张良说："张君与项伯，谁年长？"

张良答道："项伯年长于臣下。"

此时的刘邦，已经从无所适从的震惊中镇定下来，他语气肯定地吩咐张良说："烦请张君为我请项伯兄进来，我将视项伯为大哥，执弟从之礼相见。"

刘邦青少年时代，任侠使气，结交豪杰，也算是绿林中的人物。他曾经到大梁，在名士张耳门下游走，回沛县在县豪王陵手下混事，从上使下，对于当时民间社会的规矩、江湖上的礼节、豪侠间的心情，是行家里手，他自信能够说动项伯。

当项伯进入刘邦军帐中来时，酒席已经准备停当。刘邦执弟从之礼，虚上座迎出门来。刘邦盛情延项伯入座上席，亲自为项伯斟酒请寿。当时，刘邦四十九岁，张良四十七岁，项伯较张良年长，在五十岁左右。刘邦与项伯，或许没有一起领兵共同作过战，从项梁时代起，彼此都是楚军将领，交往和话题不会没有。同是张良的朋友，由张良居中穿针引线，相谈甚欢。

酒席间，刘邦尊项伯为兄，与项伯结为兄弟，约为儿女亲家，他见机请求项伯说："小弟入关以后，对于秦的宫室财产、人员设施，秋毫不敢有所侵犯，登记吏民户口，封存府库财物，一切等待上将军前来处理。之所以派人守卫关口，是防备盗贼出入，警惕不意事件的发生。小弟日夜盼望上将军早日到来，哪里敢有逆反上将军的意思！小弟丰邑危难时，受项梁将军救援，至今恩德未报，岂敢背德离反，成阳雍丘，与上将军联合作战，同生死共患难，岂敢逆情有贰心。小弟的真情实意，乞望项伯兄在上将军面前呈明化解。"

项伯其人，豪侠而重感情，短见而贪小利，最是看重个人间的恩怨情义，他被刘邦打动说服，同意劝说项羽。他与刘邦约定，刘邦明日一早到鸿门军中，亲自见项羽陈情说明。

项伯回到鸿门军中，马上面见项羽，将刘邦的委屈心情——面呈，极力说服项羽与刘邦和解。项羽生于贵族名家，从小失去父母，由伯父项梁抚养长大，秦时避难，起兵渡江，定陶军败，每到关键难处，依靠的都是项氏宗族的和衷共济。项梁战死后，项伯是项氏宗族之长，项伯的话，他是不能不侧耳倾听的。项伯说："沛公不首先攻破关中，我们今天岂能抵达这里？眼下人有大功而我攻击之，不义于天下，不如善待，适当处置的好。"

项羽年轻，只有二十七岁。他是天生无敌的将军和勇猛的战士，却是一位受感情左右的人。新安坑杀秦军降卒，他不能控制内心深处对秦国的仇恨，铸成失去秦国人心的大错。听项伯为刘邦辩解，同是楚军将士，曾经同生共死的战友之情又左右了他的心胸，使他不能根据政治利益的需要决定行动。他想起就在一年多以前，随同项梁军到东阿援魏救齐、击破章邯军后，与刘邦联军共同作战，先战成阳，攻破秦军屠城，再战雍丘，斩杀秦三川太守李由，项梁军败，又一同安全撤回，也是同生死共患难一场。项羽犹豫动摇了，他答应项伯，同意刘邦前来陈情说明，下令撤销攻击令。

七　有惊无险鸿门宴

第二天一早，刘邦由五名亲信近臣、百余名骑兵陪同，乘车来见项羽。陪同刘邦前往的五位近臣是张良、樊哙、夏侯婴、纪信和靳强。

张良是这次应对交涉的主角。他是韩国的司徒，也是刘邦的参谋，曾经是刺杀始皇帝的谋主，又是项伯的挚友，和议能否成功，刘邦及其军队的生死存亡，在相当程度上系于张良的缓解撮合。

樊哙是刘邦的同乡，本是沛县街上的狗屠。刘邦落草芒砀山，樊哙最早跟从，算是老同志。樊哙又是刘邦的姻亲，他的夫人吕媭是刘邦夫人吕雉的妹妹。刘邦的部下当中，怕是没有人比樊哙更亲近刘邦的了。樊哙体魄强健，勇猛无畏，虽说是鲁莽一点，却也是粗中有细，对大哥刘邦赤胆忠心，敢上刀山，敢下火海。这次同车骖乘，充当贴身卫士。

夏侯婴也是刘邦的同乡，本是沛县政府的车夫，与泗水亭长任上的刘邦结为至交，曾经为刘邦误伤自己的事情入狱，忍受鞭刑数百不肯招认，终于脱刘邦于刑法，算是生死之交。沛县起兵以后，夏侯婴一直做刘邦的车夫。刘邦凡有车马出行，是离不得夏侯婴的。纪信和靳强，也都是刘邦的老部下，铁骨铮铮、忠诚不贰的肝胆人物。他们的事情，我们将来还要说到。赴鸿门宴时，二人是刘邦的警卫队长，随行的百余名骑士都是他们的部下。

一行人由灞上出发，沿渭南大道东去，奔鸿门项羽军营而来。鸿门赴宴，是虎口求生。刘邦等人纵然是久经沙场的战士，也不能不受生死未卜之悬念的压迫。戏西鸿门一带，北临渭水，南依骊山，四十万联军营帐连绵，旗帜鲜明，号令严密。项羽的上将军大营设在骊山北麓的鸿门坂上，居高临下，俯视渭河平原。

经过重重警戒线，刘邦等人来到上将军军营辕门外，辕门守卫传上将军令，楚砀郡守刘邦、韩申徒张良进，营内车马不得驱使，随从不得进入。刘邦下得车马，将樊哙、夏侯婴、纪信、靳强以及百余骑士留在辕门外，只与张良徒步进入上将军军营。

项羽军帐，守卫森严。军帐中席位已经排定：项羽与项伯就上席，背西面东向坐；范增就次席，背北面南向坐；刘邦被引入次次席，背南面北向坐，与范增相对；张良就座末席，背东面西，面向项羽和项伯，背对帐门。

秦汉时代，方向以西方为贵，宾客宴会，席次排列的上下尊卑，依照西北南东的方位设定。鸿门宴的坐席，按照官职地位排定，项羽是楚上将军，项伯是楚国国相左令尹，中央的文武两大员，地位最高。范增是亚将，楚军的副司令兼参谋总长，地位次之。刘邦的职位是楚国的砀郡长，一方太守，别军首长，地位又次之。至于张良，是小国韩国的司徒、刘邦的辅佐，自然陪在末座。

会谈坐定以后，刘邦首先施礼陈谢，表明景仰服从的心迹，他小心试探，化解嫌隙说："臣下与将军协力攻秦，将军转战河北，臣下转战河南。战场风云突变，臣下能够首先攻入关中，破灭暴秦，实在是预料之外的事情。如今有小人编造臣下的谣言，在将军和臣下之间制造嫌隙，赖将军明鉴，使臣下能够在这里与将军再次相见，也是三生有幸。"

项羽允诺项伯接受刘邦的陈谢和解，撤销攻击令，已经放弃杀刘邦的念头。刘邦亲自前来赔不是，他的怒气消失，心中的戒备化解。项羽毕竟年轻，不能深沉自持，听了刘邦这一番忆旧套近的话，竟然顺口将告发者的名字和盘托出："这件事，是沛公左司马曹无伤所言。不然，我项籍不至于如此。"项羽的回答，使在座诸公，人人大吃一惊，最感不安者，是范增。范增足智多谋，事情看得深远，长于鉴别人物。灭秦以后，他对未来的天下政局已经有所预测酝酿，对于各国英雄豪杰，也都放在未来的格局中有所掂量。掂量的结果，他断定刘邦隐忍大度，志在天下，将是未来与项羽争夺天下的最大对手，必须防患于未然，及早翦除。

范增了解项羽，为人受情感的左右而不能冷静地依据政治利益判断行事，又刚愎自用，认定了事是不肯回头的。项羽突然撤销攻击令后，范增无奈，于是退一步建议项羽在酒席宴上杀掉刘邦，项羽未置可否，只表示根据会见的情况决定。如今酒席宴上，刘邦的机警应酬，项羽的幼稚轻信，更加坚定了范增必除刘邦的念头。他数次以眼神暗示项羽，三次拿起自己所佩戴的玉玦提醒项羽，项羽默然不作反应。

范增起身走出帐外，招呼项羽的堂弟项庄说："项将军为人，心肠太软。你现在进去敬酒，敬酒以后，请准使剑起舞助兴，趁机击杀刘邦。如果不杀刘邦，你我将来都是他的俘虏。"

项庄进入军帐，为各位敬酒祝寿。敬酒完毕，项庄请求项羽说："上将军与沛公饮酒，军中简陋，缺少乐舞，请准许在下舞剑助兴。"

项羽同意了。于是项庄拔剑起舞，暗藏杀意逼近沛公坐席。项伯察觉，也起身拔剑起舞，左右遮挡项庄的剑锋，暗中保护刘邦。

张良知道事情不妙，起身退出，来到军门外见诸位随从。

樊哙抢先问张良道："今天的事情如何？"

张良说："危险之极。眼下项庄舞剑，意在沛公。"

樊哙急了，嚷道："那不得了，老子进去，与沛公同生死。"

樊哙身佩长剑，手持盾牌，直往军门闯去。军门卫士以长戟交错封门，阻止樊哙进入。樊哙力大，用盾牌左推右挡，两位卫士站立不住，应声倒地。樊哙来到军帐前，掀开帷门正对项羽站立，瞋目怒视，头发竖立，鼓睁的眼球像是要爆裂出来。

席地正座于案前的项羽，本能地抬身按剑，问道："来客是何许人？"

张良赶紧跟进，前行回答道："是沛公的车卫，骖乘樊哙。"

项羽说："壮士。大杯赐酒。"

来人用斗桶盛酒送与樊哙，樊哙拥盾半跪，施礼谢过项羽后，起身一饮而尽。

项羽说："拿猪腿来。"

来人送上一条生猪腿。樊哙放下盾牌，将生猪腿放在盾牌上，拔剑切割，将一条生猪腿啖食个干净。

项羽再向樊哙问道："壮士，还能饮否？"

樊哙答道："臣下赴死尚且不避，岂有辞酒不饮之理？"

乘着酒兴，樊哙接着话头顺势讲开了去："秦王残暴，有虎狼之心，杀人不可计量，刑人不可胜数，招来天下反叛而被诛灭。怀王与诸将有约，先破秦入咸阳者王关中。如今沛公首先攻破秦国进入咸阳，秋毫不敢有所进犯，封闭宫室，还军灞上，等待上将军的到来。之所以遣将守关，无非是为了防止盗贼出入、备非常事件而已。对如此劳苦功高者，非但没有割地封侯的奖赏，反而听信谗言，有诛杀之心。这种做法，是承接亡秦的余绪，臣下窃为上将军所不取。"

项羽没有回答樊哙的责问，说道："就座。"

樊哙在张良身边坐了下来。因樊哙的闯入而中断舞剑的项伯和项庄，也分别入座，紧张气氛缓和下来。

刘邦稍微心定，起身上厕所出军帐外，张良和樊哙也跟了出来。张良劝刘邦马上离去，刘邦有些犹豫说："不辞而别，怕是有所不妥吧？"

樊哙嚷嚷道："行大事顾不得琐碎，具大礼不在乎小节。如今人家是刀俎，我们是鱼肉，生死任人宰割，哪里还顾得上什么礼节！"

刘邦于是决定离去，他让张良留下来辞谢完礼。

张良问道："沛公有什么礼物带来？"

刘邦说："带来白璧一双，准备献给上将军，玉斗两只，准备送与亚父，一直是杀意紧迫，怒气弥漫，没有敢拿出来。只有烦你代我献上去了。"

张良允诺说："就这样办。"

项羽军在戏水鸿门一带，刘邦军在灞河塬上一带，两地相距四十里。北临渭河，南依骊山，有大小两条道路相通。大道是咸阳—函谷关道，沿渭河南岸，走现在的西（安）潼（关）公路一线，是通行车马的交通干道，刘邦一行人来鸿门时走的就是这条道。小道是芷阳道，蜿蜒于骊山北麓连接渭河平原的塬上，大致走现在的韩峪、洪庆一线，芷阳道狭窄，不通车马，却只有二十里。刘邦不辞而别，害怕追击不敢再走大道，决定抄近路走芷阳道。

刘邦将车驾和百余名骑兵卫士全部留下，自己骑马，只带樊哙、夏侯婴、靳强、纪信四人同行。四人手持长剑盾牌，徒步跟随刘邦，悄悄蹓进山边，匆匆往灞上军营溜去。

按照与刘邦走时的约定，张良一直在军门外徘徊消磨时间，打算等刘邦远去，接近灞上军中时再回到项羽军帐中去。就在张良为刘邦消磨时间的空当中，历史上的又一位有名人物登场。

根据《史记》的记载，刘邦外出久不归来，项羽曾经派陈平去找刘邦。陈平后来与张良齐名，成为刘邦的著名军师参谋，楚汉战争中刘邦方面的谋略很多出于他的策划。当时，陈平是项羽部下的都尉，得项羽信任，在身边任事。鸿门宴，陈平是当事者之一，刘邦大度坚忍、能得人用人的气度，大概是给他留下了很深的印象。他出来找刘邦见了张良，同是智慧明达之士，自然少不了共同的话语。以我的事后推测而论，以陈平之明察，刘邦的处境去向，他当然是一清二楚。然而，以陈平之智谋，他绝不会紧追急究。张良和陈平能够默契遮掩，东找西寻，为刘邦的脱逃赢得了时间，也为将来陈平投奔刘邦埋下了伏线。

估计刘邦已经远去，张良方才回到项羽军帐中，向项羽陈谢说："沛公不胜酒力，已经酒醉失神，不能亲自辞谢。吩咐臣下奉上白璧一双，再拜献上将军足下；玉斗一对，再拜献亚将军足下。"

项羽问道："沛公何在？"

张良回答道："听说上将军有督察过失的意思，惶恐不安，脱身离去，已经回到灞上军营中去了。"

项羽收下白璧，放在坐席上。范增将玉斗放在地上，拔剑将玉斗击破，俫指项庄，发怒道："唉，小子不足与谋事。夺上将军天下者，必定是沛公其人。我辈人等的将来，难逃做奴隶当俘虏的命运。"

刘邦回到军中，立即诛杀曹无伤。

八　项羽废怀王之约

我读《史记》鸿门宴之篇章，常常有不可思议之感。如此精彩奇绝的文字，究竟是历史还是文学？是司马迁神来之笔的虚构，还是太史公写实的千古绝笔？依稀记得，少年时初读鸿门宴，印象最深的是樊哙。他持剑拥盾闯入会场，瞋目怒视与项羽对峙，大桶喝酒，大块吃肉，高声怒斥项羽，特别是他在盾牌上切割生猪肩"啖而食之"的奇特场面，至今不可解。不过，在不可解的诸多懵懂中，始终有一清晰的直感：鸿门宴的真正英雄，不是项羽，不是刘邦，也不是张良、范增、项庄和项伯，而是樊哙。

樊哙是鸿门宴的当事人，鸿门宴救驾是他一生中最光辉的事迹，是他拜爵封侯的主要功勋，也是樊家世代相传的口碑家训。樊他广是樊哙的孙子，他将鸿门宴的故事讲给司马迁听，司马迁据此写进《史记·项羽本纪》。正因为是当事人活生生的口述，所以写的如此栩栩如生，音容状貌，宛若眼前，真切地使人难以置信。[1]

不过，太史公也是文学家，他浪漫而好奇，专注于鸿门宴的精彩细节，忽略了鸿门宴的和解背景。鸿门开宴以前，项羽和刘邦已经谈判讲和，讲和的条件相当苛刻：刘邦将咸阳及关中移交项羽，投降刘邦的秦王婴、秦朝的官吏和军队，全部交由项羽处理，刘邦只领本部人马，暂驻灞上，随同联军各部一样，统一听从项羽的指挥。鸿门宴上，项羽之所以不杀刘邦，除了种种人际和情绪上的因素而外，最根本的原因是刘邦完全接受了项羽提出的讲和条件，作了最大限度的隐忍屈服。项羽和平解决刘邦问题，掌握了所有军队的指挥权以后，由戏水鸿门进入秦都咸阳。

项羽进入咸阳以后，首先杀掉秦王婴，诛灭嬴姓宗族，断绝了远古以来秦王室的血脉。他实施报复，比照当年秦军攻占诸侯国后的做法，掠取秦朝宫室的财宝妇女，焚毁咸阳宫城殿堂，对未完工的阿房宫和始皇陵的庞大建筑，也彻底加以破坏。史书称，大火伴随项羽毁灭秦都的行动，延续三个月之久。

谋士韩生曾经劝说项羽定都关中。[2] 他以为关中阻山带河，土地肥沃，人口众多，四面有险关可守，最具战略地理位置。然而，新安坑杀秦军降卒以后，项羽已经失去了在关中立足的民意。入咸阳以来，毁坏秦朝宫室陵园，无意在关中滞留的意向，已经明确。

---

[1]《史记》中最精彩的三篇名文，"荆轲刺秦王"、"鸿门宴"和"项羽之死"，都是根据当事人的口述传承写成，是纪实文学而不是虚构创作。荆轲刺秦王的口述来源是秦始皇的御医夏无且，鸿门宴的口述来源是樊哙，项羽之死的口述来源是杨喜，他是斩杀项羽封侯的五位旧秦军将士之一。其详细的学术论述，参见拙文《论〈史记〉叙事中的口述传承——司马迁与樊他广和杨敞》，刊于《周秦汉唐文化研究》第4辑，2006年。关于项羽之死的历史叙事及其来源，我已经写进《楚亡：从项羽到韩信》第六章之四"秦将杨喜的故事"，可参见。

[2] 据《汉书·项籍传》。《集解》曰："《楚汉春秋》、扬子《法言》云说者是'蔡生'。"

最后一位秦王嬴婴的陵墓所在地，今为西安临潼刘家村

项羽是楚国贵族，怀土恋乡，功成名就之后，一门心思希望早早归还故乡，荣归故里，告祭先祖，成了他抹不开、消不去的情结。他竟然以"富贵不归故乡，宛若锦衣夜行，无人晓得"为理由，将韩生的重大战略建议，草草打发回绝。韩生退出来后，感慨万端，忍不住冒出一句话来："人说楚国人暴躁，宛若猴儿戴帽，人模人样持不得久，果不其然。"此话传到项羽耳里，项羽当即下令将韩生扔在锅里活活煮死。他始终无法控制自己的情绪冲动。

施行了对于秦都的破坏，报复了秦灭祖国的深仇大恨之后，项羽开始着手处理战后问题。战后的首要问题，就是对于秦国的处置。按照怀王之约，先入关中者王秦，刘邦应当做秦王。定约之初，怀王拒绝项羽的主动请缨，偏袒派遣刘邦入关，将唯一称王的可能交付给刘邦，项羽由此对怀王和刘邦两者皆有不满。刘邦闭关拒守，引来项羽的愤怒和猜忌。鸿门宴和解，虽然没有杀刘邦，但对刘邦的猜疑和防范是未曾消除的。不让刘邦王关中，已经是项羽的既定方针。项羽派人到彭城向怀王报告灭秦大功告成，请求根据殷墟盟誓的约定，分割关中分王秦国的三位降将，对于刘邦等其他将领，考虑另作封赏云云。项羽请示怀王的真意，表面上是请求废弃怀王之约，便宜处理秦国问题，其更深的意图，是试探怀王朝廷对于新形势的认识和反应，特别是对于自己的态度。

怀王从来不信任项羽。他拒绝项羽入关攻秦的请求，事先断绝项羽成功称王的路，是出于主动的防范。项羽杀宋义夺军，怀王被迫承认既成事实，任命项羽为上将军，是出于无可奈何。项羽降下秦军，约许章邯为雍王，对抗怀王之约，怀王沉默无语，无可奈何是无可奈何，已经有了消极的抵抗。如今，项羽正式请求毁弃怀王之约，怀王虽然还是无可奈何，却明确地表达了自己的意见，"按照先入关中者王秦的约定执行"，回答非常坚决，大概已经感到无路可退了。

我们已经交代过，怀王之约，是怀王即位以后制定的天下公约和战略规划，也是以楚国为盟主的反秦阵营的未来行动纲领和计划蓝本。怀王之约规定：一，反秦战争的基本目标，是复兴六国，诛灭暴秦。六国复国，就是复兴被秦国所灭的楚、齐、燕、韩、赵、魏六国；诛灭暴秦，就是六国联合、以楚国为盟主联合作战。二，六国政权的建立，正统在于王政复兴，恢复被暴秦所中断的各国旧王族的政治权力。三，暴秦政权必须被摧毁，秦国将予以保留，新的秦国王政，由首先进入关中，摧毁暴秦政权的功臣出任。怀王之约，一方面是对当时已经形成的六国复国、各国王政复兴的天下政局之肯定和确认，通过扶持和肯定六国的王政复兴，杜绝各种实力人物擅自称王的野心。另一方面，对于群雄并起中，最有野心和实力的人物，怀王之约用秦国王位虚位以待，作了正面而富有诱惑的引导，不分贵贱，不论国别，首先攻入关中灭亡秦国者为秦王。

对于项羽来说，承认怀王之约，就是承认七国复国、王政复兴的既有天下秩序。在这个天下秩序下，楚怀王熊心、赵王赵歇、齐王田市、魏王魏豹、韩王韩成、燕王韩广，再加上新的秦王刘邦，几乎将天下的权益收揽干净。如果顺从这个秩序，自己和各国将领都将回到各自的王廷之下去做将军，讨封求赏，任人宰割，这是根本不可能容忍的事情。项羽清楚地知道，如今的自己，功高不仅震主，早已震动天下，挟如此无赏之功，举世已经没有可以行赏之主了。至于怀王，从来不信任自己，自己也从来没有将怀王放在眼里，互相警惕戒备。当怀王的回答传达到项羽军中时，项羽决定，废弃怀王之约，否认既定的天下秩序，由自己主宰，按照论功行赏的原则，重新分割天下，建立新的统治秩序。

项羽召集各国各路将领说："怀王是我项氏所立，没有功劳勋阀，岂能专断主持天下公约！天下纷乱之初，暂时拥立六国后人为王以诛伐暴秦。然而，亲身被坚执锐野战，风餐露宿三年，终于灭秦定天下，靠的是诸位将领和我项籍的力量。"诸位将领跟随项羽征战，与项羽同利，都表示愿意听从项羽的安排。

九　不做秦皇做霸王

时势造英雄。当时形势下，项羽被时势推到了决定历史方向的天下主宰的地位上；英雄造时势，居于天下主宰地位上的项羽，将根据自己的选择决定历史的方向。不过，英雄的选择，是既定形势下的有限选择。就当时的项羽而言，他的选择范围，不外有

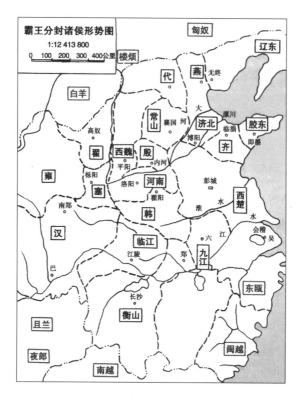

地图7　霸王分封诸侯形势图

三种：一，回到战国，二，继承秦帝国，三，重起炉灶，建立新
的秩序和制度。

　　回到战国，就是实行怀王之约，承认王政复兴的正统，这已
经被项羽否认了。继承秦帝国的体制和秩序，就是重建统一帝国，
由自己来做皇帝。秦末乱起以来，各国各地军民殊死战斗，其最
基本的目的，就是要消灭秦帝国及其体制，否定统一帝国，恢复
列国并立，这是秦末起义的大义名分，是难以违逆的。况且，秦
帝国和秦王国只是收缩和扩大之别，继承秦帝国首先必须继承秦

348

王国的领土和臣民，项羽坑杀秦军降卒，破坏秦都咸阳，已经表明了彻底摧毁秦帝国，绝不让其死灰复燃的决心，他无意做秦始皇。项羽选择了第三条路，他折中古今，调和现实，在中国历史上首次实行了霸王主持下的封王建国。

项羽首先将楚怀王升格架空，尊称为义帝，迁徙到南楚地区的郴县（今湖南郴州），使之远离新的天下秩序。他将已经复国的战国七国，即楚、秦、赵、魏、韩、燕、齐的领土，以秦帝国的郡为单位，重新分割为十九王国。[1]

分割楚国为西楚、九江、衡山、临江四国。项羽自立为西楚霸王，以彭城（今江苏徐州）为首都，统治今天的安徽、江苏、浙江的大部分地区，以及山东和河南的部分地区，领有原属于楚国和魏国的九个郡（大致包括秦的东郡、砀郡、泗水、薛郡、东海、会稽、陈郡、南阳等郡）。[2]封楚国将军英布为九江王，以六县（今安徽六安）为首都，统治楚国南部的九江郡。封楚国将领吴芮为衡山王，以邾县（今湖北黄冈北）为首都，大致领有楚国南部的衡山郡地区。封楚国将领共敖为临江王，以江陵（今湖北荆州）为首都，大致统治楚国南部的南郡等地。

分割秦国为雍、塞、翟、汉四国。封章邯为雍王，以废丘（今陕西兴平东南）为首都，统治咸阳以西的地区，大致包括秦的内史西部、陇西郡和北地郡。封司马欣为塞王，以栎阳（今西安

---

[1] 由于秦郡的设置划分因时有变化而比较复杂，本节的叙述只能就文献大体而言，关于秦郡设置的最新研究，请参见辛德勇《秦始皇的三十六郡新考》，收于同氏著《秦汉政区与边界地理研究》，中华书局，2009年。也请参见后晓荣《秦代政区地理》，社会科学文献出版社，2009年。

[2] 西楚九郡，目前可以确认者为上述八郡，余下一郡难以确定，项羽杀韩王韩成，目的在于想吞并韩国之颍川郡，难以确认的第九郡，或许与此有关?

市阎良区东北）为首都，统治咸阳以东的地区，大致拥有秦的内史东部。封董翳为翟王，以高奴（现陕西延安北）为首都，领有秦的上郡。封刘邦为汉王，以南郑（今陕西汉中）为首都，统治汉中地区和四川盆地，领有秦的汉中、巴和蜀三郡。

分割魏国为西魏和殷两国。秦的东郡、砀郡和河东郡，本来是魏国的领土。由于东郡和砀郡归了西楚，作为补偿，项羽将原属赵国的太原郡和上党郡连同河东郡封与魏豹，将魏国迁徙到河东一带，以平阳（今山西临汾）为首都，王号国号不变。封赵国将领司马卬为殷王，以朝歌（今河南淇县）为首都，领有黄河北部的河内郡（原属魏国）。

分割韩国为韩和河南两国。韩王成的领土和王号不变，仍旧以阳翟（今河南禹县）为首都，领有颍川郡。封赵国将领申阳为河南王，以洛阳为首都，领有三川郡。

分割赵国为代和常山两国。将赵王赵歇徙封为代王，以代县（今河北蔚县北）为首都，统治赵国的北部地区（代郡、雁门郡、云中郡）。封赵国丞相张耳为常山王，将赵国旧都信都改名为襄国（今河北邢台），作为常山国的首都，统治赵国的东部地区（邯郸、巨鹿、恒山）。

分割燕国为燕和辽东两国。徙封原燕王韩广为辽东王，以无终（今天津蓟县）为首都，统治原燕国的东部地区（右北平、辽西、辽东）。封燕国将军臧荼为燕王，以蓟县（今北京）为首都，统治原燕国的西部地区（渔阳、上谷、广阳）。

分割齐国为胶东、齐、济北三国。徙封原齐王田市为胶东王，以即墨（今山东平度东）为首都，统治齐国的东部地区（胶东郡）。封齐国将领田都为齐王，以临淄（今山东淄博东北）为首都，统治齐国的中部地区（临淄郡和琅邪郡）。封另一名齐国将军田安为济北王，以博阳（今山东泰安东南）为首都，统治原齐国的北部地区（济北郡）。

在以上王国分封之外，对于各级有功将领，也分别作了不同的赏赐，故赵国大将陈馀，封赏南皮三县（今河北南皮一带），吴芮的部下梅涓，封赏十万户等等不一。

项羽分封诸王建立列国，首先是对秦始皇暴力消灭六国、建立统一的秦帝国之否认。在当时，这是历史的趋势，反秦起义的目标，军心民心的所向，没有人能够拂逆。项羽分封诸王建立列国，也是对怀王被拥立以来，六国复活、王政复兴的政治秩序的修正。项羽杀秦王婴，对其他的六国旧王，皆作了不同程度的迁徙贬抑。他将怀王迁徙到南楚郴县，使他空有义帝之号而远离政治。他将赵王赵歇迁徙到赵国北部，贬抑为代王；将齐王田市迁徙到齐国东部，贬抑为胶东王；将燕王韩广迁徙到辽东，贬抑为辽东王；魏王魏豹保留了魏王之号，却被迁徙到河东郡；韩王韩成也保留了韩王之号，却不让他回国，强行带到彭城，后来加以杀害。

项羽分封诸王建立列国，其基本原则是论军功行赏，自己军功最高，分得天下的最大部分，其余分得好土好地的新封诸王，都是跟随项羽在反秦战争中立有特殊军功的将领们。项羽分封诸王建立列国的理念，和周初的大分封仿佛有相通之处。他所追求的以霸主名义号令天下的政治秩序，似乎又接近于春秋五霸的霸业政治，不过，仔细考察项羽分封诸王建立列国，在中国历史上是从来未曾有过的新制度和新秩序。受封的诸国，其国内行政，皆是郡县制，领土大体为一郡或者数郡。各国自己制定历法制度，任命官员，拥有军队，治土治民，是完全独立的王国。各王由西楚霸王封授，对西楚有朝觐听命、领军随同出征作战等义务。

项羽所开创的这种封王建国制度，在多国共主的天下形式上是承继了西周、春秋、战国，在郡、县、乡、里的基层社会组织上已经脱不开秦制。这种融汇古今、对应现状的结果，成为秦王朝走向汉王朝，郡县制走向郡国制，中央集权走向地方分权，绝对皇权走向相对皇权之间的过渡。历史行进到这里，启动了某种先行实验，在不稳定的状态中，展现出由统一帝国到联合帝国的嬗变趋势。[1]

公元前 206 年的中国大地，依然是风云不定的变局。

十　秦亡的历史教训

中国有句古话，叫做盖棺论定，讲的是一个人的功过是非，要到死后方才能作出结论。不仅个人如此，历史事件、王朝国家、政权组织也是如此，客观而中肯的评价，都需要在完结之后。时间宛若流水，涤荡人事的浮尘；历史宛若碑铭，写定古今的是非。

在本书中，我从刘邦的出生开始整理历史，鸟瞰俯视到始皇帝去世，大体只是一片粗疏掠影。从二世胡亥登台以来到秦帝国的灭亡，则是步步追寻，细细道来。叙述到项羽一把大火将秦都咸阳烧了个干干净净时，禁不住伤痛感怀，思绪万千。

自公元前 350 年秦徙都咸阳以来，经过秦孝公、惠文王、武

---

[1] 关于项羽大分封，参见拙著《汉帝国的建立与刘邦集团——军功受益阶层研究》第 3 章第二节之三 "项羽之众建列国与军功王政"。关于汉王朝之皇权为相对皇权，汉帝国之体制为联合帝国之论述，参见同书结语第二节之 "有限皇权" 和 "联合帝国"。

秦咸阳宫遗址

王、昭王、孝文王、庄襄王六代秦王近一百五十年间的经营建设，咸阳的规模气势，已经是虎视天下的雄都大城。始皇帝统一天下，咸阳大规模扩建成为帝国的首都，旧宫咸阳在北，新宫阿房在南，渭水灌都比况天汉银河，横桥南渡比况天帝出行，又在咸阳北坂塬上仿造六国宫室，收罗燕齐楚珍宝，安置韩赵魏美人，房檐俯首，殿堂低头，宛若各国囚房之王。当时当地，秦帝国是天下世界，始皇帝是万王之王，帝都咸阳，是何等雄伟繁华的景象！

秦灭以后，秦宫化为灰烬，咸阳废为丘墟，百年繁华帝都，一时灰飞烟灭。时过两千年，当我追循历史来到咸阳帝都故址时，荒野土丘，断瓦残砖，灰蒙蒙天地之间，何处可以寻得往日的踪影？

秦都咸阳的故址，在今天的咸阳市渭城区窑店一带，屡经渭水改道的冲刷，已经是往事旧迹难寻。西汉建国以关中为本，刘邦称帝以后，在咸阳东南的渭水南岸，依据残存的秦宫旧址，重建帝国都城长安，将一时断绝的秦帝国遗业，又重新继承下来。西汉二百年，长安始终是帝都。东汉二百年，东都洛阳，长安是西都。历代至于隋唐，西都长安、东都洛阳的两都格局不变。宋都开封，元明清定都北京，帝国的政治文化中心，逐渐东移北上，关中终于冷落荒废，直到今天。

伟大的秦帝国，只存在了短短的十五年。秦帝国的首都咸阳，大约经过一百五十年的辉煌而突然毁灭。秦国关中形胜之地，居高临下控制中原大地的地理优势，延续一千二百余年方才自然衰落。不过，秦始皇所开创的皇权官僚集权体制的政治形态，却延续了两千余年。两千年来，秦帝国并没有死去，而是以不断改进变通的形式，一直延续到今天。与此相应，秦帝国兴亡的历史教训，自西汉建国以来直到今天，也不断地被总结，不断地被争论，不断地被提起，作为与大一统中国同生共死的课题，还将不断地持续下去。[1]

对秦帝国迅速灭亡的历史总结，最著名的莫过于贾谊的《过秦论》。贾谊是西汉初年著名的政论家，他叙述秦末风云突变的历史说：

"到了始皇帝，继承祖上余业，挥动长鞭而驾驭海内，吞并两周而灭亡诸侯，古来至尊王侯被践踏于地，往昔纷争万国被整合统一。"秦居高临下，征服天下的气势，宛若摧枯拉朽，是何等的不可一世。

然而，始皇帝猝死尸骨未寒，戍卒陈胜带领数百人"砍伐树木作为武器，高举竹竿用作旗帜，天下响应宛若流云汇合，携粮追随宛若物行影从。并起于山东各地的英雄豪杰，一举灭亡秦帝国"。秦急剧土崩瓦解，迅速灭亡的败相，宛若枯枝败叶被狂风席卷，又是何等的惨痛凄凉。

贾谊以为，秦帝国之所以速亡，秦始皇、秦二世和末代秦王嬴婴三位君王负有不可推卸的重大责任。三位君王的共同错误，就是面对已经变化了的形势而没有改变施政的方针。他说："始皇帝自我满足而不听从劝谏，坚持错误而一意孤行。秦二世继承始皇帝的方针政策不变，施政暴虐而加重祸患。到了秦王嬴婴的时

---

[1] 秦帝国的建立，是中国历史上具有划时代意义的最重大事件，前两千年的列国并立由此结束，后两千年的统一帝国由此开启。中国历史的基本走向，由此转折，由此规定。关于秦帝国二世而亡的历史教训，尽管两千年来探讨不断，如今看来，诸多重大问题，都需要重新审定。需要重新审定的理由，在于大量新资料的出土和大量新研究的问世，促使历史学界不得不再一次面对这个历久弥新的课题。我曾经有意于此，尝试之下，感到问题过于深沉复杂，新的史料要选择补入，旧的史书要重新审定，历史的过程要再叙述，历史的解释要再诠释，可能需要整整一部专著。因此之故，在本书2007年的中华书局版中，我完全没有涉及这个问题，留下遗憾，也受到质疑。在2010年的台北联经版中，因为我对于秦帝国和秦始皇的研究有了一些新的进展，于是增添了"秦亡的历史教训"这一节，目的在于表示我始终关注这个问题，在眼下和本书中只能以这种形式作有限的论述，真正的探讨，只有留待将来。

候，国势危弱而无辅无援，孤立无亲而救败无方。三位秦王，终身迷惑于过错而不能觉悟，终于导致秦帝国的崩溃速亡，不可不谓事在情理当中。"

贾谊进而以为，秦亡过错的首因在于始皇帝。他说：兼并天下的人崇尚诈计武力，安定危乱的人重视顺应平衡。攻取和守卫、开创和守成，事业不同，思路方法也不一样。然而，始皇帝结束战国统一天下以后，思路没有调整，政策没有改动，思想依然停留在战国，继续用战争时期的方针政策处理建设巩固的新局面，完全是药不对症，犯了攻守势异的政策性错误。这种施政的结果，激发国内外的种种矛盾，使秦帝国始终处于高速运转状态，民生困穷，紧迫而不得安宁，形成人心思乱，干柴遍地的"危民"态势。

二世即位以来，天下人民殷殷盼望政策的变化，希望新政府能够纠正始皇帝政策的偏差，减免赋税徭役，宽缓严刑峻法，使人民安居乐业。然而，二世不明察形势，不顺应民心，顽固坚持始皇帝的既定方针，骊山始皇帝陵尚未完工，又追随始皇帝故辙巡游天下，承接始皇帝遗业重开阿房宫工程。滥施刑法，杀宗亲，诛功臣，臣民困苦绝望，上自公卿大臣，下至庶民百姓，人人自危不安。从而，陈胜揭竿而起，登高一呼，宛若火星点燃干柴，天下响应成燎原之势，举国动乱成不可收拾的败亡态势。

嬴婴即位以后，仍然没有觉悟，孤立而没有辅佐，救败而没有方策。假若嬴婴有平庸的才能，能够得到中等人才的辅助，只要能够固守关中，依据险要的地势，就能够将诸侯各国阻止在秦国本土之外。由此秦国可以休养生息，重振国势，再创伟业。

我读历代有关秦亡的历史总结，就贴近历史具有真知灼见而言，没有超越贾谊《过秦论》者。贾谊出生于汉高帝六年（前201），也就是刘邦击败项羽，取得天下的第二年，以时代而论，他是汉初的人，时间紧接秦末，历历往事，如在眼前。贾谊是洛阳才子，他的恩师是河南太守吴公。吴公是秦丞相李斯的学生，也是李斯的同乡，对于秦朝末年的佚闻掌故，风云人物，可谓了如指掌。贾谊年少受吴公赏识，多受吴公教诲栽培，他对亡秦的了解感受，都得自直接的传授。贾谊受吴公推荐，出入于汉代宫廷，他受宠于汉文帝刘恒，参与诸多重大的政治决策。贾谊站在汉朝政府的立场上总结秦亡的经验教训，以史为鉴，为文景之治制作规划蓝图，他的《过秦论》，不是纸上谈兵，而是资治通鉴的实施。正是由于贾谊身处的这种特殊的环境，决定了《过秦论》对于秦亡的历史总结，无与伦比地贴近历史，其真知灼见，历两千年而活力不减，经世致用如在眼前。

不过，一代人有一代人的历史局限。过于远离历史，可能因为时代的久远而失真，过于贴近历史，也可能因为利害的纠葛而偏颇，特别是当我们处理一个具有连续性的历史文明的时候，有些真相和教训，需要岁月的荡涤、时间的冲刷，方才能够显现出来。

我整理秦末的这一段历史时，深感那是唯利无耻的英雄时代。在那个时代，人人唯利是图，个个急功近利，周围都是生死搏斗，到处遍布尔虞我诈，成者为王败者寇，建功立业的英雄豪杰们，何曾有暇于道德伦理。李斯入秦，先投靠吕不韦，吕不韦败亡，他紧跟秦王政。李斯向秦王政推荐同学韩非，又进谗言毒杀这位旧日同窗。沙丘之谋，李斯与赵高联手伪造遗诏，消灭政敌扶苏和蒙恬、蒙毅兄弟。当赵高与二世亲近而自己被疏远时，他又与老臣们联手欲诛赵高，结果反被赵高设圈套陷害。一切唯利是图，没有丝毫仁义道德。项羽与章邯在安阳结盟起誓，接受二十万秦军投降，三个月后，又在新安将投降的秦军坑杀了个干净。有何信义可言？只是为了眼前的打算。刘邦与赵高合谋杀秦二世共王关中，与秦军约降后再突然进攻。有何信义可言？都是阴谋诡计。[1]

在那个时代，角逐于历史舞台上的政治人物们质朴势利，不受道德伦理的约束，他们以为人生的根本在于利益，利益的所在，就是行动的所在，利益与道德无缘，当利益与道德不合的时候，抛弃道德。而道德伦理的规范建设，要到汉王朝建立近百年之后。

道德伦理，影响国家命运。我整理秦末的历史写到阿房宫骊山陵的修建，写到北击匈奴筑长城，南修鸿沟征南越时，强烈地感到一味地追求进取发展导致了社会的不稳，是秦帝国毁灭的原因之一。当我写到赵高设圈套陷害李斯，发动政变逼迫二世自杀时，又强烈地感到秦国多年奉行功利主义，忽视道德伦理的规范和人文教育体系的建设，终于走极端以致道德底线沦丧，上上下下人心离散，也是秦帝国毁灭的原因之一。

秦亡的历史教训，不可谓不深刻而现实。

---

[1] 这种背信弃义的阴谋诡计，在尔后的楚汉相争和陈平的生涯中，发展到登峰造极的地步，充分地展现了时代的风貌。就此，我在《楚亡：从项羽到韩信》中作了叙述，特别是在楚汉鸿沟之约和陈平为人行事的部分中，可以参见。

大事年表

前 256 年·秦昭王五十一年

刘邦一岁，生于楚国沛县。秦灭西周。嬴政四岁，与母亲一道在赵国邯郸艰难度日。李斯约二十五岁，在楚国上蔡为郡小吏。赵高约一岁，生于秦国。

前 255 年·秦昭王五十二年

刘邦两岁。秦相范睢死，蔡泽为相。李斯二十六岁，赴兰陵学于荀子。

前 254 年·秦昭王五十三年

刘邦三岁。韩、魏、赵诸国朝秦。

前 253 年·秦昭王五十四年

刘邦四岁。楚临时徙都巨阳。

前 252 年·秦昭王五十五年

刘邦五岁。燕太子丹质于邯郸，与嬴政相识，嬴政八岁。

前 251 年·秦昭王五十六年

刘邦六岁。嬴政九岁，与母亲一道自邯郸归咸阳。秦昭王薨，太子安国君立为秦王，子楚立为太子。赵平原君卒。

前 250 年·秦孝文王元年

刘邦七岁。李斯三十一岁，随荀子到赵国。十月，秦孝文王即位，三日卒。太子子楚立为秦王。

前 249 年·秦庄襄王元年

刘邦八岁，在沛县丰邑进学，与卢绾友爱。吕不韦为秦相国。秦灭东周，取成皋、荥阳，建三川郡。

前 248 年·秦庄襄王二年

刘邦九岁。《吕氏春秋》开始编撰。

前 247 年·秦庄襄王三年

刘邦十岁。五月，庄襄王死，嬴政立为秦王，十三岁。李斯三十四岁，入秦求为吕不韦舍人。信陵君统领五国联军攻秦。

前 246 年·秦王政元年

刘邦十一岁。嬴政十四岁，改元。张耳入信陵君门下为客。骊山始皇帝陵开始修建。

前 245 年·秦王政二年

刘邦十二岁。秦攻魏取卷。

前 244 年·秦王政三年

刘邦十三岁。秦将蒙骜攻韩。

前 243 年·秦王政四年

刘邦十四岁。信陵君卒。

前 242 年·秦王政五年

刘邦十五岁。蒙骜攻魏，建东郡。

前 241 年·秦王政六年

刘邦十六岁。楚国迁都寿春。赵国庞煖领赵、楚、魏、燕、韩五国军攻秦，败于函谷关。

前 240 年·秦王政七年

刘邦十七岁，傅。赵高十七岁，傅，入学室为史学童。嬴婴约此年生，一岁。蒙骜卒。夏太后卒。

前 239 年·秦王政八年

刘邦十八岁。嬴政二十一岁，王弟成蟜领军攻赵，反。嫪毐封长信侯，擅权。《吕氏春秋》编成。

前 238 年·秦王政九年

刘邦十九岁。嬴政二十二岁，行冠礼，带剑，亲政。李斯四十三岁，仕秦王。嫪毐作乱。迁太后于雍。春申君死。

前 237 年·秦王政十年

　　刘邦二十岁。李斯四十四岁，上《谏逐客书》。赵高二十岁，除为史。吕不韦免相，就国河南。迎太后入咸阳。

前 236 年·秦王政十一年

　　刘邦二十一岁。秦将王翦、桓齮、杨端和攻赵。

前 235 年·秦王政十二年

　　刘邦二十二岁。吕不韦与家属徙蜀，吕不韦自杀。

前 234 年·秦王政十三年

　　刘邦二十三岁。李斯四十七岁，向秦王推荐韩非。赵高二十三岁，约于此年入秦宫为尚书卒史。秦将桓齮攻赵。

前 233 年·秦王政十四年

　　刘邦二十四岁。嬴政二十七岁，赴河南县督战。韩非入秦，自杀于狱。李斯入韩。李牧破秦将桓齮。韩王称臣。

前 232 年·秦王政十五年

　　刘邦二十五岁。项羽生于楚国下相，一岁。秦军败于李牧。燕太子丹质于秦，逃归燕。

前 231 年·秦王政十六年

　　刘邦二十六岁。韩南阳假守腾降秦。

前 230 年·秦王政十七年

　　刘邦二十七岁。内史腾攻韩，俘韩王安，建颍川郡。韩国亡。

前 229 年·秦王政十八年

　　刘邦二十八岁。嬴政三十一岁。胡亥生，一岁。王翦、杨端和攻赵。

前 228 年·秦王政十九年

　　刘邦二十九岁。嬴政三十二岁，至邯郸，母帝太后卒。秦军破赵都邯郸，俘赵王安，赵迁代。秦置邯郸郡。

前 227 年·秦王政二十年

　　刘邦三十岁。荆轲刺秦王。王翦、辛胜攻燕。

前 226 年·秦王政二十一年

　　刘邦三十一岁，此前从张耳游。秦军攻取燕都蓟，燕迁辽东。王贲攻楚。新郑反。

前 225 年·秦王政二十二年

刘邦三十二岁。王贲水淹大梁，魏王假降。魏国亡。设右北平、渔阳、
辽西郡。李信、蒙武攻楚败。

前 224 年·秦王政二十三年

刘邦三十三岁。秦设上谷、广阳郡。王翦、蒙武攻楚，破楚都寿春，
俘楚王负刍。项燕立昌平君熊启为楚王，反秦。秦置泗水郡。

前 223 年·秦王政二十四年

刘邦三十四岁，为泗水亭长。楚王熊启死，项燕自杀，楚国亡。项羽
十岁。嬴政游至郢陈，三十七岁。

前 222 年·秦王政二十五年

刘邦三十五岁。王贲攻辽东，俘燕王喜，燕国亡。攻代，俘代王嘉，
赵国亡。王翦定荆江南地，降越君，设会稽郡。

前 221 年·秦王政二十六年

刘邦三十六岁。王贲攻齐，俘齐王建，齐国亡。统一天下。嬴政
三十九岁。李斯六十岁，为廷尉议帝号。项羽十二岁。

前 220 年·秦始皇二十七年

刘邦三十七岁。嬴政四十岁，第一次巡行，修驰道。

前 219 年·秦始皇二十八年

刘邦三十八岁。嬴政四十一岁，第二次巡游。客卿李斯六十二岁，随行。

前 218 年·秦始皇二十九年

刘邦三十九岁。嬴政四十二岁，第三次巡游。张良博浪沙刺杀始皇帝，
不果。

前 217 年·秦始皇三十年

刘邦四十岁。屠睢领秦军五路侵攻南越。

前 216 年·秦始皇三十一年

刘邦四十一岁。嬴政四十四岁，逢盗兰池。项羽十七岁，傅。

前 215 年·秦始皇三十二年

刘邦四十二岁。嬴政四十五岁，第四次巡游。李斯六十六岁，同行。

蒙恬伐匈奴。

前 214 年·秦始皇三十三年

刘邦四十三岁。征发五十万军民戍南越。蒙恬渡河筑长城。

前 213 年·秦始皇三十四年

刘邦四十四岁。李斯六十八岁，上言焚书。

前 212 年·秦始皇三十五年

刘邦四十五岁，徭使咸阳见到始皇帝。秦修直道。建阿房宫。扶苏出至上郡。嬴政四十八岁，称真人。

前 211 年·秦始皇三十六年

刘邦四十六岁。秦迁三万户至北河榆中。

前 210 年·秦始皇三十七年

刘邦四十七岁。亡命芒砀山。刘盈生，一岁。项羽二十三岁，在吴县遇见始皇帝。嬴政五十岁，第五次巡游，死于沙丘。李斯七十一岁，赵高四十七岁，胡亥二十岁，随从。

秦末七国大事月表

秦始皇三十七年·前 210 年

十月　始皇帝第五次巡游。

六月　巡游至平原津而病。

七月　丙寅，始皇帝死于沙丘平台宫。胡亥、赵高、李斯有沙丘之谋。

八月　扶苏死。胡亥一行车驾抵达咸阳，发丧。通告天下。

九月　始皇帝下葬。

秦二世元年·前 209 年

十月　二世即位。大赦。赵高为郎中令。杀蒙恬、蒙毅兄弟。

一月　二世东巡，到碣石、辽东、并海，至会稽刻石。

四月　二世一行回咸阳。诛杀诸公子、公主。恢复阿房宫工事，征调
　　　材官、骑士屯卫咸阳。

七月　秦　二世在咸阳。

　　　楚　陈胜起兵于大泽乡。攻占陈县，建立张楚政权、楚国复国。

八月　秦　二世诛杀汇报关东叛乱消息的使者。

　　　楚　吴广围荥阳。周文攻入关中。宋留攻南阳。

　　　赵　武臣为赵王，都邯郸，赵国复国。

九月　秦　戏水之战。章邯击退周文，整军关中。

　　　楚　周文军退出函谷关。项梁起兵会稽。刘邦起兵沛县。

　　　赵　李良略常山，张黡略上党。

　　　齐　田儋起兵狄，称齐王，齐国复国。

　　　燕　韩广至蓟，称燕王，燕国复国。

秦二世二年·前 208 年

<table>
<tr><td>十月</td><td>秦</td><td>秦军动员。王离军东调。</td></tr>
<tr><td></td><td>楚</td><td>周文在曹阳。吴广围荥阳。项梁收兵于会稽。刘邦在丰击破秦泗水监平军。</td></tr>
<tr><td></td><td>赵</td><td>李良定常山。</td></tr>
<tr><td></td><td>齐</td><td>齐王田儋立二月。</td></tr>
<tr><td></td><td>燕</td><td>燕王韩广立二月。</td></tr>
<tr><td>十一月</td><td>秦</td><td>章邯军主力出关,在曹阳、渑池击破周文军。敖仓破田臧军,荥阳破李归军。许破伍徐军。王离军塞井陉。</td></tr>
<tr><td></td><td>楚</td><td>周文战死渑池。吴广死荥阳。刘邦败秦泗水守壮兵于薛县,杀之于戚县。</td></tr>
<tr><td></td><td>赵</td><td>李良叛变。武臣、邵骚被杀,张耳、陈馀脱逃。</td></tr>
<tr><td></td><td>齐</td><td>齐王田儋立三月。</td></tr>
<tr><td></td><td>燕</td><td>燕王韩广立三月。</td></tr>
<tr><td>十二月</td><td>秦</td><td>李斯上《请行督责书》。章邯攻破张楚首都陈县。至新蔡迎击宋留。宋留降,传之咸阳。王离定上党。</td></tr>
<tr><td></td><td>楚</td><td>楚王陈胜立六月,败死。张楚亡。吕臣攻克陈。雍齿反丰降魏。刘邦攻丰不下。</td></tr>
<tr><td></td><td>赵</td><td>张耳、陈馀、田间击败李良。</td></tr>
<tr><td></td><td>魏</td><td>魏咎立为魏王,周市为相,魏国复国。</td></tr>
<tr><td></td><td>齐</td><td>齐王田儋遣田间救赵。</td></tr>
<tr><td></td><td>燕</td><td>燕王韩广立四月。</td></tr>
<tr><td>一月</td><td>秦</td><td>章邯左右校复攻下陈,吕臣会英布再攻下陈,章邯军再次攻克陈。</td></tr>
<tr><td></td><td>楚</td><td>楚王景驹立,秦嘉为上将军。刘邦赴留见景驹,遇张良。</td></tr>
<tr><td></td><td>赵</td><td>赵王歇立,都信都。</td></tr>
<tr><td></td><td>魏</td><td>魏王魏咎立二月。</td></tr>
<tr><td></td><td>齐</td><td>田儋指责景驹不请自立。</td></tr>
<tr><td></td><td>燕</td><td>燕王韩广立五月。</td></tr>
</table>

二月　秦　章邯进入砀郡。

　　　　楚　楚王景驹使公孙庆指责齐。项梁渡江北上，渡淮，陈婴、英布属。刘邦攻克砀。

　　　　赵　赵王赵歇立二月。

　　　　魏　魏王魏咎立三月。

　　　　齐　齐王田儋诛楚王景驹使者公孙庆。

　　　　燕　燕王韩广立六月。

三月　秦　章邯至栗，击败朱鸡石、余樊君军，包围临济。

　　　　楚　项梁军至下相。刘邦第二次攻丰不下。

　　　　赵　赵齐联军与王离军相持作战。

　　　　魏　魏王魏咎被章邯军围困于临济。

　　　　齐　齐王田儋立七月。

　　　　燕　燕王韩广立七月。

四月　秦　章邯围临济。王离战河北。

　　　　楚　楚王景驹立四月。项梁杀楚王景驹，入薛。刘邦到薛见项梁，请兵攻下丰邑。

　　　　赵　赵齐联军与王离军相持作战。

　　　　魏　临济急，周市赴齐魏豹之楚请救。

　　　　齐　齐王田儋立八月。

　　　　燕　燕王韩广立八月。

五月　秦　章邯围临济，王离战河北。

　　　　楚　项梁在薛，遣项它救魏。

　　　　赵　赵齐联军与王离军相持作战。

　　　　魏　魏王魏咎被章邯秦军围困于临济。

　　　　齐　齐王田儋领兵救魏。

　　　　燕　燕王韩广立九月。

六月　秦　章邯破楚齐援军，杀齐王田儋、魏相周市，败楚将项它，收降临济。王离战河北。

　　　　楚　项梁在薛拥立怀王，都盱台。刘邦至薛共立怀王。

366

	赵	赵齐联军与王离军相持作战。
	魏	魏王魏咎立七月，自杀，临济降秦。
	齐	齐王田儋立十月，救魏，兵败死。
	燕	燕王韩广立十月。
	韩	韩王韩成立，张良为司徒，韩国复国。
七月	秦	右丞相冯去疾、左丞相李斯、将军冯劫上书下狱。赵高为丞相。章邯围田荣于东阿。败于项梁，走濮阳。
	楚	项梁军救东阿，击败章邯。刘邦与项羽联军救东阿，破秦军濮阳东，东屠成阳。
	赵	赵齐联军与王离军相持作战。
	魏	魏豹得楚军援助徇魏地。
	齐	田假立为齐王。田荣被章邯围困于东阿。
	燕	燕王韩广立十一月。
	韩	韩王韩成与张良徇韩地。
八月	秦	李斯被刑。章邯兵败退守濮阳。王离军向章邯军靠拢。
	楚	项梁在濮阳再次击败章邯，乘胜至定陶。刘邦与项羽斩三川守李由于雍丘。
	赵	赵齐联军与王离军相持作战。
	魏	魏豹徇魏地。
	齐	田荣逐田假，立田儋子田市为王。田假立二月，走楚。田角走赵。
	燕	燕王韩广立十二月。
	韩	韩王韩成与张良徇韩地。
九月	秦	章邯大破项梁军于定陶，渡河北上。
	楚	怀王徙都彭城。宋义出使齐。项梁战死。刘邦还军砀。项羽还军彭城西。
	赵	赵齐联军与章邯、王离军作战。
	魏	魏豹为魏王，都平阳。
	齐	齐相田荣与楚、赵不和。

燕　燕王韩广立十三月。

韩　韩王韩成还军奔楚怀王。

后九月　秦　章邯破邯郸，徙其民河内，夷其城郭。王离围巨鹿。

楚　楚怀王立五月亲政。以宋义为上将军、项羽为次将救赵。
定怀王之约。刘邦奉怀王之约西进攻秦。

赵　赵国君臣走入巨鹿，为王离所围。

魏　魏王魏豹立二月。

齐　齐相田荣不肯救赵。

燕　燕王韩广立十四月。

韩　韩王韩成立五月。

秦二世三年·前 207 年

十月　秦　王离围巨鹿。章邯军巨鹿南棘原一带。

楚　宋义领军停驻安阳月余。刘邦破秦东郡尉于成武南。

赵　赵王赵歇立十一月。张耳、田间守巨鹿。陈馀收常山兵
数万人，军于巨鹿北。

魏　魏王魏豹立三月。

齐　齐王田市立四月。

燕　燕王韩广立十五月。遣将臧荼救赵。

韩　韩王韩成立六月。

十一月　秦　王离军围巨鹿。章邯军筑甬道饷王离。

楚　项羽杀宋义，将其兵走平原津，渡河救赵。

赵　张耳派遣张黡、陈泽向陈馀请兵五千攻击王离军，全军
覆没。张敖北收代兵至巨鹿。

魏　魏王魏豹领兵救赵。

齐　齐将田都、故齐王建孙田安从项羽救赵。

燕　燕将臧荼救赵抵巨鹿。

韩　韩王韩成立七月。

十二月　秦　王离巨鹿军败，被俘。章邯引兵向河内方向退却。

楚　项羽大破秦军巨鹿下，诸侯军皆属羽。刘邦在砀郡栗县

与魏军联合作战，破秦军。

赵　赵歇立十三月。楚救至，围解，还都信都。

魏　魏将皇訢、武蒲军与刘邦军在砀郡栗县联合作战。

齐　齐王田市立六月。

燕　燕将臧荼救赵。

韩　韩王韩成立八月。

一月　秦　章邯在棘原一带设防固守。

楚　项羽在巨鹿休整。刘邦在砀县休整。

赵　张耳怒陈馀，收将军印。

魏　魏王魏豹立六月，从项羽作战。

齐　田市立七月。

燕　燕王韩广立十八月。

韩　韩王韩成立九月。至颍川一带徇韩地。

二月　秦　章邯军在棘原一带固守。

楚　项羽攻击章邯。刘邦攻昌邑，遇彭越。西过高阳，遇郦食其、郦商兄弟，攻破陈留。

赵　赵王赵歇立十五月。赵军从项羽作战。

魏　魏王魏豹立七月。魏军从项羽作战。

齐　齐王田市立八月。田安、田都、田间、田角部齐军从项羽作战。

燕　燕王韩广立十九月。燕军臧荼部从项羽作战。

韩　韩王韩成立十月。至颍川一带徇韩地。

三月　秦　章邯军据漳水固守河内。

楚　项羽与章邯军对峙于漳水河内。刘邦破秦将杨熊于东郡白马。

赵　赵王赵歇立十六月。

魏　魏王魏豹立八月。

齐　齐王田市立九月。

燕　燕王韩广立二十月。

韩　韩王韩成立十一月。

四月　秦　章邯兵不利，使司马欣到咸阳请兵，赵高不见。

　　　楚　项羽急攻章邯，有利。刘邦攻颍川，略韩地。

　　　赵　赵将司马卬抵孟津北岸，切断河内郡与河东郡之交通。

　　　魏　魏王魏豹立九月。

　　　齐　齐王田市立十月。

　　　燕　燕王韩广立二十一月。

　　　韩　韩王韩成、申徒张良与刘邦军联合作战。

五月　秦　赵高欲诛司马欣，欣亡走告章邯，谋叛秦。

　　　楚　项羽与章邯对峙漳水河内。刘邦入三川郡，绝河津，败
　　　　　退再次进入颍川郡。

　　　赵　赵将司马卬欲渡河入关，被刘邦阻拦不成。

　　　魏　魏王魏豹立十月。

　　　齐　齐王田市立十一月。

　　　燕　燕王韩广立二十二月。

　　　韩　韩王韩成留守阳翟。申徒张良、将军韩信领兵随刘邦。

六月　秦　章邯与楚约降，未定。

　　　楚　项羽与章邯谈和，许而击之，在漳南、汙水破章邯军。
　　　　　刘邦攻南阳，围宛。

　　　赵　陈馀遗章邯书。

　　　魏　魏王魏豹立十一月。

　　　齐　齐王田市立十二月。

　　　燕　燕王韩广立二十三月。

　　　韩　韩王韩成立十四月。

七月　秦　赵高指鹿为马，专权。章邯投降项羽。

　　　楚　项羽与章邯盟于殷墟，约许封章邯雍王，秦军降。刘邦
　　　　　降下南阳，封其守齮。向武关方向进军。遣使者宁昌前
　　　　　往咸阳见赵高议和。

　　　赵　赵王赵歇立二十月。赵将申阳攻下河南县。

魏　魏王魏豹立十二月。

齐　齐王田市立十三月。

燕　燕王韩广立二十四月。

韩　韩王韩成立十五月。

八月　秦　望夷宫政变，赵高杀二世。嬴婴立为秦王，杀赵高。

楚　项羽整编秦军，命司马欣为上将军统领。刘邦攻破武关。

赵　赵王赵歇立二十一月。陈馀亡居南皮。

魏　魏王魏豹立十三月。

齐　齐王田市立十四月。

燕　燕王韩广立二十五月。

韩　韩王韩成立十六月。

九月　秦　秦王嬴婴遣兵拒刘邦。

楚　项羽军渡河南下。刘邦攻下峣关及蓝田。

赵　张耳领赵军从项羽。

魏　魏豹领魏军从项羽。

齐　田安、田都领齐军从项羽。

燕　燕将臧荼领燕军从项羽。

韩　申徒张良、将军韩信领军从刘邦。

汉元年·前 206 年

十月　秦　秦王嬴婴降，秦亡。

楚　楚怀王立十八月，在彭城。项羽将诸侯兵四十万至河南县。刘邦入咸阳城。

赵　赵王赵歇立二十三月，在信都。

魏　魏王魏豹立十五月，领军从项羽。

齐　齐王田市立十六月，在临淄。

燕　燕王韩广立二十七月，在蓟县。

韩　韩王韩成立十八月，在阳翟。

十一月　楚　项羽坑杀秦降卒二十万于新安。刘邦约法三章，秦民大悦，闭关。

赵　赵王赵歇立二十四月。

魏　魏王魏豹立十六月。

齐　齐王田市立十七月。

燕　燕王韩广立二十八月。

韩　韩王韩成立十九月。

十二月　楚　项羽破函谷关，入关中，军戏水。刘邦军灞上。鸿门宴和解。

　　　　赵　丞相张耳领赵军从项羽入关。

　　　　魏　魏王魏豹领魏军从项羽入关。

　　　　齐　将军田安、田都领齐军从项羽入关。

　　　　燕　将军臧荼领燕军从项羽入关。

　　　　韩　申徒张良、将军韩信领韩军从刘邦入关。

　一月　楚　项羽杀嬴婴，烧秦宫室。

　　　　赵　赵王赵歇立二十六月，在信都。丞相张耳领赵军从项羽入关。

　　　　魏　魏王魏豹立十八月，领军从项羽入关。

　　　　齐　齐王田市立十九月，在临淄。将军田安、田都领齐军从项羽入关。

　　　　燕　燕王韩广立三十月，在蓟县。将军臧荼领燕军从项羽入关。

　　　　韩　韩王韩成立二十一月，在阳翟。申徒张良、将军韩信领韩军从刘邦入关。

　二月　楚地　尊怀王为义帝。项羽分封十九王。

西楚霸王	项羽	楚将
衡山王	吴芮	楚将
九江王	英布	楚将
临江王	共敖	楚将

秦地

汉王	刘邦	楚将
雍王	章邯	秦将
塞王	司马欣	秦将

	翟王	董翳	秦将
赵地	常山王	张耳	赵将
	代王	赵歇	赵王
魏地	西魏王	魏豹	魏王
	殷王	司马卬	赵将
齐地	齐王	田都	齐将
	济北王	田安	齐将
	胶东王	田市	齐王
燕地	燕王	臧荼	燕将
	辽东王	韩广	燕王
韩地	韩王	韩成	韩王
	河南王	申阳	赵将

参考书举要

本书的写作基础，是笔者多年学习和研究中国古代史的心得和结果。可以说，有关中国古代史，特别是秦汉史的史料和历代学者们的研究成果，笔者大体上都是过了目，有所了解，尽可能吸取了的。从而，本书的内容当中，包含和融汇了大量的先贤硕学们的业绩成果，这是笔者首先需要申明和感谢的。

不过，由于本书是历史叙事而不是论文和研究著作，本书旧版中对先贤硕学业绩成果的参考和吸取，只有极少部分是在行文当中明确了作者和出处的。在这本新的改订版中，我尝试性地增添了注释，由于体例的限制和写作上的原因，我只能在自认为需要特别注意的地方予以说明而已，对于绝大部分未能明确作者和出处的部分，笔者本应列出一份详尽而完善的参考书目和论文目录来。不过，如此一来，笔者必将面临一个非常尴尬的局面，不得不把一份厚重的论文和专著目录提交给读者。这种做法，不管从哪个角度讲，几乎近于不可能。因此，在权衡各种利弊得失之后，笔者决定只提供一个最低限度的参考书举要。这个参考书目的选取标准有两条：一、自感对于本书的写作影响比较大；二、在本书写作过程中参考得比较多。以下就是循此选取的结果。

一、历史叙述类

黄仁宇：《万历十五年》，中华书局，1982 年，2006 年增订版
顾颉刚：《秦汉的方士和儒生》，上海古籍出版社，1982 年

西嶋定生：《武帝之死》，载《日本学者研究中国史论著选译》3，中华书局，1993 年

伏尔泰：《路易十四时代》，吴模信等译，商务印书馆，1997 年

吉本：《罗马帝国衰亡史》，席代岳译，台北：联经出版公司，2011 年

盐野七生：《ローマ人の物語》，东京：新潮社，1992 年

二、人物传记类

吴晗：《朱元璋传》，人民出版社，2003 年

林语堂：《苏东坡传》，作家出版社，1995 年

朱东润：《张居正大传》，东方出版中心，1999 年

安作璋、孟祥才：《汉高帝大传》，河南人民出版社，1997 年

张文立：《秦始皇评传》，陕西人民出版社，1996 年

李开元：《秦谜：重新发现秦始皇》，北京联合出版公司，2015 年

鹤间和幸：《秦の始皇帝》，吉川弘文馆，2001 年

藤田胜久：《司馬遷とその時代》，東京大学出版社，2001 年

佐竹靖彦：《劉邦》，中央公論新社，2005 年

三、古典类

司马迁：《史记》，中华书局，1989 年

班固：《汉书》，中华书局，1975 年

司马光：《资治通鉴》，中华书局，1976 年

洪兴祖：《楚辞补注》，中华书局，1983 年

王先谦：《荀子集解》，中华书局，1988 年

梁启雄：《韩子浅解》，中华书局，1985 年

张双棣：《淮南子校释》，北京大学出版社，1997 年

杨守敬、熊会贞：《水经注疏》，江苏古籍出版社，1989 年

杨宽：《战国史料编年辑证》，上海人民出版社，2001 年

韩兆琦：《史记笺证》，江西人民出版社，2005 年

王叔岷：《史记斠证》，中华书局，2007 年

四、专门史类

马非百：《秦集史》，中华书局，1982 年

杨宽：《战国史》，上海人民出版社，1998 年

林剑鸣：《秦史稿》，上海人民出版社，1981 年

王子今：《秦汉交通史》，中央党校出版社，1994 年

后晓荣：《秦代政区地理》，社会科学文献出版社，2009 年

霍印章：《秦代军事史》（《中国军事史》第四卷），军事科学出版社，1998 年

台湾三军大学编：《中国历代战争史》第二卷，中信出版社，2012 年

五、专题研究类

郭沫若：《十批判书》，科学出版社，1962 年

劳榦：《劳榦学术论文集》，艺文印书馆，1976 年

陈梦家：《汉简缀述》，中华书局，1980 年

钱穆：《先秦诸子系年》，河北教育出版社，2002 年

谭其骧：《长水集》，人民出版社，1987 年

田余庆：《秦汉魏晋史探微》，中华书局，1993 年

李开元：《汉帝国的建立与刘邦集团——军功受益阶层研究》，生活·读书·新知三联书店，2000 年

张金光：《秦制研究》，上海古籍出版社，2004 年

辛德勇：《历史的空间与空间的历史》，北京师范大学出版社，2005 年

阎步克：《从爵本位到官本位》，生活·读书·新知三联书店，2009 年

六、考古类

袁仲一：《秦始皇陵的考古发现与研究》，陕西人民出版社，2002 年

王学理：《咸阳帝都记》，三秦出版社，1999 年

徐卫民：《秦公帝王陵》，中国青年出版社，2002 年

七、地图类

谭其骧主编：《中国历史地图集》第二册，中国地图出版社，1982 年

史念海主编：《西安历史地图集》，西安地图出版社，1999 年

国家文物局主编：《中国文物地图集》，陕西分册（上下），西安地图出版社，1998 年

国家文物局主编：《中国文物地图集》，河南分册，中国地图出版社，1991 年

八、日文学术类

増淵龍夫：『中国古代の社会と国家』，1960 年，岩波書店，新版，1996 年

西嶋定生：『中国古代国家と東アジア世界』，東京大学出版社，1961 年，複刊，1980 年

守屋美都雄：『中国古代の家族と国家』，東洋史研究会，1968 年

佐藤武敏：『司馬遷の研究』，汲古書院，1997 年

藤田勝久：『史記秦漢史の研究』，汲古書院，2015 年

我是历史的行者

代结语

人生如行旅。行旅的人生，进出于历史当中。

我是爱旅游的人，手持地图，背负行囊，行走在大漠荒野中寻找故迹遗踪，是我少年时代以来的梦想。入史学之门以来，国内走得多了，东渡以后，国外也多走了。

也不知从何时起，我被视为华侨了。这种侨居外国的中国公民的法律定义，这种带有漂泊意味的世界公民的文化含义，似乎给我带来了一种游魂的宿命。我始终在永无止息地游走。

我去东南亚，追寻过华侨南下的踪迹，捕捉到多种文化混成的异国情调，马来半岛南端的华人之国新加坡，井井有条宛若跨国公司，却让我感到无文化的飘摇。我横贯北美大陆，从温哥华岛一直到圣劳伦斯河畔，自然的辽阔和历史的短浅，让我有人迹冷清之感。我到希腊，追踪欧洲文明的源头；我到罗马，景仰世界帝国的壮丽；瑞士独特幽静，我去伯尔尼访问爱因斯坦的旧居；德国整洁美丽，我到海德堡寻觅歌德的行迹；欧罗巴久远的历史、深厚的文化，让我感到人类文明的亲近。

我到南半球，在布里斯班从容漫游，到悉尼访亲问友。当我在黄金海岸仰望蓝天，当我骑马穿行东澳的草原森林时，我有飘然若仙之感，这里是天涯海角，抑或是人间乐园？当我透过饭店的玻璃窗凝望雨中的街景时，我想起毛姆笔下的异国风情，眼前浮现出高更隐逸后的奇异色彩。那时候，点点滴滴美丽的偶遇遐想，最是哀婉甜酸，<u>丝丝缕缕爬上心田</u>的情绪，竟然是我那遥远的故乡，日渐远去的童年回忆，青春岁月，连带着故国山河的旧创和顽强的生命。人生若旅，我仿佛行走到半生的尽头？

澳洲归来后，家父敦促我去巴黎、伦敦，说那才是近现代欧洲文明的中心，友人劝诱我去纽约、芝加哥，说那才是当今文明的尖顶。然而，此时此地的我，心已另有所系。多年来的东西南北，岁月长久的飘来游去，我心中总是无根，我感到失去自我的彷徨。当种种新奇浮华消退以后，一种质朴的返祖归根的情绪由我心底浸润开来。"归去来兮，田园将芜胡不归。既自以心为行役，奚惆怅而独悲。"幼小熟读成诵的《归去来辞》响起，陶公高远明澈，冥冥中引领我脱出迷津。

"悟已往之不谏，知来者之可追。实迷途其未远，觉今是而昨非。"于是我有所领悟。我欲回归中土，我欲呼唤祖灵，我欲沟通古今，我要以有限的生命，作文化和人生的归结。情思涌动之下，我萌发一种终生之志：将已经活在我心中的一段历史，即秦汉帝国的历史，作复活性的叙述。

我研治秦汉史将近三十年。三十年的生命投入，已经使我与秦汉先民心心相系，方方面面，最为周详熟悉。我与秦汉先民对话多年，秦汉的历史早已经活在我的心中，两千年前的往事情景，宛若就在我的眼前，万万千千的生命，正在开创着千变万化的经历，如同我所生活着的今天。那是一个活的人间世界，不管是儿女情长还是铁马金戈，皆是声音可闻，容貌可见，人情相通。那是一个通的人文世界，情感理性，思想行动，衣食住行，一切浑然一体，没有政治、经济、文化的领域划分，也没有诸如文史哲一类的门户区别。

然而，当我试图将构想形诸笔端时，却屡屡碰壁。我所熟悉、我能够运用的历史学的诸种文体形式，无法表达复活于我心中的历史。复活的历史，那种生动鲜活的境界，丰富多彩的变迁，那种古今交汇的融合，逆转时空的超越，无法用学院式的坚实学问来囊括，无法用科学的理性分析来包含，与此相应，也无法用考证、论文、论著，以至于笔记和通史的体裁来表现。长久苦痛之余，我不得不作新形式的寻求。

　　历史学的本源是历史叙事。历史叙事，是基于史实的叙事。司马迁一部《史记》，堪称中国历史叙事的顶峰。《史记》是伴随我一生的读物。我重读《史记》，在确认史实可靠之余，再次感叹太史公叙事之良美，思虑之周详。精彩动人的叙事，有根有据的史实，深藏微露的思想，正是《史记》魅力无穷的所在。我获得又一种感悟：打通文史哲，师法司马迁。

　　黄仁宇先生的《万历十五年》，是当代史学中一朵彩光异放的奇葩。黄先生用一种崭新的文体，融通史学、文学和思想，开启了一代新风。80年代，我初读《万历十五年》时，惊异于历史还可以这样表现，俯心低首引为模范表率，与诸位致力于新史学的同道相互激励，有意一起来开创新的史学的未来。时过境迁，我重温《万历十五年》，仔细体味之下，感悟到复活的历史，需要细腻的心理体验和当代意识的参与，需要一种优美的现代散文史诗。

　　秦汉帝国的历史，古来依靠的是文献史料。这些年来，得益于数量庞大的考古发掘，新出土的史料数量已经远远超过传世文献，结合新旧史料的历史学研究已经重新改写了历史。考古资料的运用和研究成果的引入，不但是复活历史的根据，也是直接的媒介。概略通检之下，使我想到发掘报告书和学术论文的活用。

秦汉时代，距今已有两千多年，数百年间亿万人生活过的历史所留下的文献遗物，不过是沧海一粟。我常常感叹，古代史研究，宛如在黑暗的汪洋大海中孤舟夜行，视线所及，只能见到灯光照亮的起落浪花。以数字比喻而言，我们所能知道的古史，不过万分之零点零零一，九千九百九十九点九九九是未知的迷雾。以极为有限的史料复活无穷无尽的远古，需要发散式的推理和点触式的联想，使我想到古史考证和推理小说之间的内在联系。历史学家，宛若柯南道尔笔下的福尔摩斯和克里斯蒂笔下的波罗。

我读吉本《罗马帝国衰亡史》，感慨于作者作为史家的博学多识和他高超的表现技巧。我读伏尔泰《路易十四时代》，他写一个伟大的时代而不是写一个伟大的国王的宗旨，使我深有同感。当我读完日本女作家盐野七生叙述罗马帝国千年历史的 12 册大著《罗马人的故事》后，我明白秦汉帝国的宏大历史画卷，需要连续系列的著述形式。法布尔的《昆虫记》我是小时候读过的，重新浏览之余，我记下了一条笔记："《昆虫记》以科学报告为材料，以散文形式写出，兼具科学性和文学性。内容以昆虫学为基础，掺入观察叙述、往事回忆、理论性议论、经历讲述等，可谓是一种自由的文体，值得试一试。"

地理是解读历史的钥匙，没有明确的空间关系的历史，宛若一锅迷糊的酱汤，不辨东西南北，始终晕头转向。《水经注》是研读中国古代史的地理指南，我与《水经注》的亲密接触，始于尾形勇先生的《水经注讲读》课。尾形勇先生是我在东大的指导老师，未能跟随他去大兴安岭考察嘎仙洞北魏石窟，是我留学时代的一大遗憾。不过，痛定思痛也有收获，从此以后，《水经注》成为我的案头书，读《水经注》书，走《水经注》路，成了我受用不尽的财富。

地理空间绝非文字说得清楚，自从谭其骧先生主编的《中国历史地图集》面世以来，我们对中国历代的历史地理，才有了可以索图查询的可靠依据。然而，仅仅索图查询而不亲临实地，仍然是纸上谈兵。山川气候、道路城邑、民俗风情，都需要去走，去看，去感受，去触摸，才能晓得。国破山河在，人去屋宇存。在时间中过去了的历史，往往有空间的遗留。复活历史的触点，常常就在你一脚踏上旧址的瞬间。今人不能身去往古，今人可以足行旧地，古往今来的交通，需要借助于实地考察。

　　田余庆先生和西嶋定生先生，是影响我学术和人生最深的两位恩师。田先生是我在北大的导师；进东大以后，我成了西嶋先生的再传弟子。田先生在精湛考论之余，极重实地考察，他主持大运河访古之行，行旅中解决了曹丕征吴之战中的地理问题。西嶋先生几乎年年到中国，研究所及，脚步几乎随之而至。

　　日本的中国古代史学界有出行考察的传统。近年来，同行中出了几位好走的友人。早稻田大学的工藤元男，他追踪大禹的传说，一头扎进四川西北的高山谷地，不时销声匿迹。学习院大学的鹤间和幸是秦始皇的研究者，他东西南北，追随始皇帝踪迹，求索在史实和传说之间。至于爱媛大学的藤田胜久，他寻司马迁足迹，几乎走遍了中国大地，独行之余，也不时邀我结伴同行，同享行旅的甘苦。

　　国内同行，艰苦的田野工作从来是由考古学者担当，他们不仅行走，几乎就住在田野上。我在阳陵发掘现场见到王学理先生时，对烈日下宛若乡野老农的考古学者，油然而生敬意。人大的王子今先生是考古出身历史学者，他主治秦汉交通史，木车牛马所及，怕已经走得山穷水尽。北大的罗新先生从中文到历史，他好访古奇，偕西人驱车西行，寻觅中恍惚与西天西王母失之交臂。

更有文化学者余秋雨先生，尝试用行走触摸文化的心髓，自称行者无疆。

行走是人类的天性，行走是古来的传统，行走是时代的新风。在古今风流的时尚当中，我再次开始新的旅程。这次新的行旅，不是去海外世界开眼，也不是去繁华都市染风，而是回归故国河山，深入荒山野地，去追寻先民故迹，去寻找往事遗留，去寻求梦想，去复活历史。这次新的行旅，我事前有充分的准备，周详检讨史料，再三索图查询，往事史实烂熟于胸，所求所索明了于心，往往是书中笔下所及，我随之跟踪而去。

我随历史去丰县、沛县，寻访汉高祖刘邦的龙兴之地，我去芒砀山怀古，连通了古今的武装割据。我又随历史去临潼始皇陵，哀泣亡秦的骨肉至亲，我远望驰道深入阿房，感慨秦帝国兴起之暴、瓦解之急。当我行走在渭水、骊山之间时，复活的兵马俑军团就在我的眼前，云水蒙蒙中，为我重演一场失载的大战。亡秦之战，决定于巨鹿。我随历史渡漳水，用屈原《国殇》悼念秦军阵亡将士，在感叹秦楚融合的瞬间，仿佛听到贝多芬《第九交响曲》的终章，圣洁美丽的欢乐女神，在呼唤人类和平。河南是中原文明的核心地，我曾经多次经过，却从来没有停留。于是我随历史去陈留开封，当我凭吊了信陵君的故宅，步步进入黄河中下游文明的深层时，我在失而复得的文明进程中感受到人类历史的顽强和坚忍。

我是历史的行者，当我行走在历史当中时，历史复活在我心中。我将复活的历史停留于纸上，笔录写成本书。

三联版后记

一本书，能够在不长的时期、在不同的地点、由不同的出版社以不同的形式出版，对于作者来说，是一件感到欣慰的事情。

本书最初的部分章节，发表于"象牙塔"网站，题名为《新战国时代的英雄豪杰》，时在2005年11月。2007年4月，中华书局出版了纸媒的初版，题名为《复活的历史——秦帝国的崩溃》。2010年4月，繁体字改订版由台北联经出版公司刊行，题名为《秦崩——从秦始皇到刘邦》。2015年4月的今天，新版由三联书店推出，沿用了联经版的书名。

对比中华版和联经版，三联版在内容和形式上都有比较大的变更。

一、全书增加了注释

本书写作的初衷，是作新型历史叙事的尝试。写作的宗旨是"打通文史哲，师法司马迁"，以《史记》为模范，在详实可靠的史实基础上，追求精彩动人的叙事，让深藏的思想以隐微的形式展现。自然，笔者的追求究竟实现了几分，需要时间的验证，连续的再版，正是验证的过程。

注释是学术著作的工具，用来标注立说的根据，也用来避免行文的烦琐，便利于作单独的说明。酝酿中华版时，我对要不要加注释有所狐疑。后来尊重编辑的意见，为不习惯注释的读者着想，只附加了参考文献，笼统地将主要的学术依据列出。联经版沿袭了中华版的形式，有补充而未作变更。

世上事，有所得必有所失。没有注释的书，流畅易读，不会使读者望而生畏。不过，专业书无注释，一些必要的说明只有割舍，难免会留下无依无据之"野狐禅"的面目。与三联的编辑洽谈再版时，他们的一句话打动了我：三联不取悦大众市场而追求学术品位。于是我选定三联，商定三联版的定位是为文化人制作的注释版。

二、增加了新的内容

新增的内容，计有三处：1. 第四章第四节"贵族后裔陈胜"，根据实地考察和文献调查的结果，补入了对于陈胜出生地和家世出身的新看法。2. 第七章第六节"李斯之死"，本书写作之初，原本打算将李斯之死与二世、赵高等一起放在秦亡的历史教训中盖棺论定，结果是书不由人，秦亡的历史教训太深广，本书的框架和篇幅完全容纳不下，删改割舍的结果，竟然将李斯之死遗漏了。经评论家指出，汗颜作补。3. 第八章第十节"秦亡的历史教训"，本是太深广太庞大的题目，几乎够写一本书，中华版没有，出联经版时，我有感于道德底线沦丧的现实，增补了此节以示未曾遗忘的情怀。

三、绘制了地图

写历史，走历史，重视地理空间，亲临实地考察，既是本书的特点，也是我人生的乐趣和追求。戏水之战，是我依据实地考察和出土文物，用合理的推测填补史书空白的尝试。巨鹿之战的路线，千百年来都是疑团，根据学界的最新研究成果，我在书中做了合理的复原。然而，古往今来的交往征战，没有地图的文字表现，永远有辞不达意的遗憾。幸运的是，得到行家里手的帮助，终于如愿绘制成功，堪称历来仅有的地图，我深以为自豪。

历史需要不断地再叙事。只有再叙事，才能重回历史现场，让历史复活。[1]历史再叙事，是基于新的发现和新的思考重新叙述历史，重新寻求关照当代的历史镜像。历史再叙事，是 21 世纪历史学的新取径，希望更多的历史学者关注于此。

---

[1] 关于历史再叙事的意见的论述，参见游逸飞《评李开元〈秦崩：从秦始皇到刘邦〉》，《新史学》二十二卷一期，2011 年 3 月。